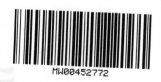

新完全マスター漢字
日本語能力試験 N1

石井怜子・青柳方子・大野純子・木村典子・斎藤明子・塩田安佐
鈴木英子・松田直子・岑村康代・村上まさみ・守屋和美・山崎洋子 著

スリーエーネットワーク

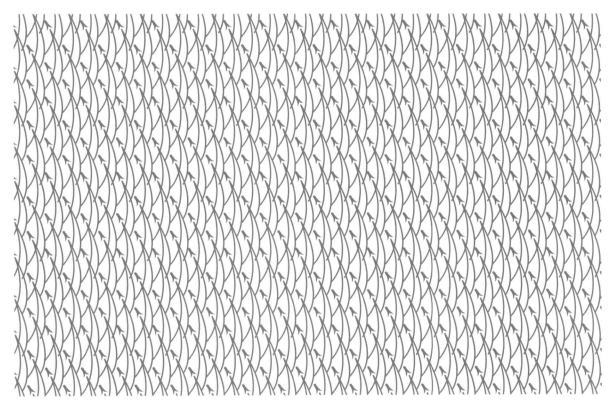

Published by 3A Corporation.
Trusty Kojimachi Bldg., 2F, 4, Kojimachi 3-Chome, Chiyoda-ku, Tokyo 102-0083, Japan

ISBN978-4-88319-546-6 C0081

First published 2010
Printed in Japan

はじめに

本書は、『完全マスター漢字日本語能力試験１級レベル』の改訂版です。多くの漢字教材では、個々の漢字の音訓を同時に学ぶという方法が取られていますが、上級レベルで漢字と漢字の言葉を系統的に学ぼうとすれば語としての学習が不可欠です。私たちは、そのことを踏まえて、訓読みと音読みを分け、その中でもできるだけ品詞や意味的なカテゴリーに分けて系統的に学ぶという方式を取ってきました。これは、例文、イラストやクイズによる意味理解のしやすさとあいまって、出版以来多くの学習者から「分かりやすく、覚えやすい」と支持されてきました。

日本語能力試験が改定され出題基準が公開されなくなったこと、並びに新しい日本語能力試験のＮ１レベルが、従来の１級よりも高いレベルまで測れるとされたことをきっかけに、本書では、この方式にさらに次の改善点を加えました。１つめは、学習する漢字と漢字の言葉の範囲を見直して、新たにいくつかの語と漢字の読み方を加えたことです。２つめは、漢字と漢字の言葉の運用力を伸ばすための知識を充実させ、知識をしっかり身につけるための練習もＮ１レベルに相応したものにしたことです。

１つめの改善点は、時代とともに必要とされる語彙が変わってきたことと新しいＮ１レベルの内容に対応しています。２つめの改善点は『新完全マスター漢字　日本語能力試験Ｎ２』で形成した漢字の応用力をより確かなものにし、その上に上級レベルの運用力を築くことを目指したものです。

私たちは多くの情報を視覚から得ています。日本語においては、言語的な視覚情報を必要に応じて素早く確実に処理するのに、漢字と漢字の言葉の知識及びその運用力が欠かせません。しかし、限られた時間で母語話者並みの知識をすべて学ぶことは、事実上困難であるといわざるをえません。そうした知識を詰め込むのではなく、むしろ、実際の言語活動で持てる知識を上手に活用する能力を身につけ、学習者がより自立していくことが、上級の漢字学習の目標の一つであると考えます。本書が、そのような目標達成の一助となることを願ってやみません。

本書の作成にあたっては、田中和佳子さんに温かい助言と励ましをいただきました。この場を借りてお礼を申し上げます。

著者代表　石井怜子

目　次

本書の使い方

目的

日本語能力試験Ｎ１レベルに必要な漢字の使い方と、読み方をしっかり身につけることを目的としています。

Ｎ１レベルになると、漢字が難しいだけでなく、その漢字でできている言葉の意味が難しいものが多くなりますから、読み方とともに言葉の意味や使い方も学習しましょう。

対象

Ｎ２レベルの漢字（注１）の勉強を終えた人を対象にしています。

学習範囲

日本語能力試験Ｎ１レベルの重要漢字677字を学習します。また、Ｎ２レベルの漢字について、Ｎ１レベルに必要な読み方と使い方も学習します。

構成

⑴全体の構成

第１部	訓読み	全11回
第２部	音読み・特別な読み方	全20回
第３部	力試し	模擬問題、チャレンジ

第１部と第２部の途中に、「広がる広げる漢字の知識」全４回があります。

⑵第１部と第２部の各回の構成

・学習のページ：

漢字リストと、絵や図を豊富に使った練習問題からできています。漢字と漢字の言葉について、読み方、意味、使い方を学習します。

第１部では、動詞のレベルを次のように分けています。

動詞Ａレベル：語彙のレベルがＮ２以下で、漢字のレベルがＮ１の動詞
動詞Ｂレベル：語彙のレベルがＮ１で、漢字のレベルがＮ２以下の動詞
動詞Ｃレベル：語彙のレベルがＮ１で、漢字のレベルもＮ１の動詞

漢字リストの内容は各部で違います。詳しい説明は、最後の「漢字リストについて」を見てください。また、練習問題の答えは、同じ回のページ下に載っています。

・テスト：

どのぐらい身についたかをチェックします。漢字の運用力がつくように工夫してあります。

(3)広がる広げる漢字の知識

漢字の読み方や使い方をより確実にして応用力をつけるための知識を紹介しています。

(4)第３部

・模擬問題：

日本語能力試験Ｎ１レベルの表記の問題と漢字を使った語彙の問題からできています。テストは５回あり、後のほうが少し難しくなっています。

・チャレンジ　漢字の意味：

今まで学習した知識を応用して、知らない漢字の言葉を理解するための練習です。

・チャレンジ　読解：

漢字の知識を読解に利用する練習です。本書全体を通じて学んだ知識を応用する問題もあります。

(5)付録

・訓読み・音読みが２つ以上ある漢字：

複数の音読み・訓読みがある漢字について、Ｎ５からＮ１レベルまでのものがまとめてあります。

・索引

音読み・訓読み・特別な読み方の漢字の言葉のどれからでも学習する回が分かるようになっています。

学習時間

１回分の学習所要時間は40～60分程度、テストの所要時間は約15分です。１回を２日で勉強するなら、約２か月で完成します。３～４か月かけて勉強すれば、余裕を持ってしっかり身につけることができるでしょう。

学習の進め方

(1)学習のページで、その回に学習する漢字とその漢字からできている言葉の学習をしてください。

(2)学習のページの練習問題と漢字リストは、どちらから先に勉強してもかまいません。

(3)学習のページの練習問題にある「読む問題」は、声を出して読みましょう。

(4)学習のページの練習問題にもテストにも、「漢字を選んで書く問題」があります。Ｎ１レベルの漢字は必ずしも書けることを目指す必要はありませんが、書く練習は漢字の形に注意して正確に覚えることにつながります。面倒がらずに書きましょう。

【注意】学習は、第１部から始めてください。また、回の順番に勉強してください。漢字リストに載っている言葉は、その回とそれまでの回の学習漢字だけで作られている言葉ですから、順番を変えて勉強すると、能率が大変悪く負担も大きくなります。

漢字リストについて

・第1部　訓読み

その回で学ぶ漢字の言葉、読み方、例文が載っています。

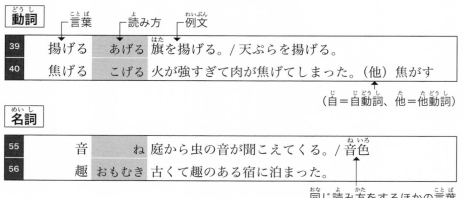

（自＝自動詞、他＝他動詞）

同じ読み方をするほかの言葉

・第2部　音読み・特別な読み方

音読み（第12回〜30回）の漢字リストには、その回で学ぶ漢字、読み方、その漢字を使ったN1レベルに必要な言葉が載っています。『新完全マスター漢字　日本語能力試験N2』と本書の第1部で学んだ訓読みがある場合は、それも載せてあります。

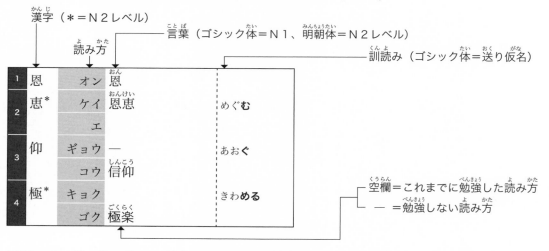

空欄＝これまでに勉強した読み方
—　＝勉強しない読み方

特別な読み方（第31回）の漢字リストには、訓読みや音読みでは読むことができないN1レベルの漢字の言葉、読み方、例文が載っています。

（注1）N2レベルの漢字は1,046字で『新完全マスター漢字　日本語能力試験N2』で学習します。

第1部

訓読み（くんよみ）

第1回　動詞Aレベル(1)

Ⅰ　次の絵は何を表していますか。表から漢字を選んで＿＿＿に入れ、読み方も書きなさい。

例）

例）小鳥を飼う。
（かう）

①

①酒に＿＿＿＿＿。
（　　　　　）

②

②袋を＿＿＿＿＿。
（　　　　　）

③

③川に＿＿＿＿＿て歩く。
（　　　　　て）

④

④金を＿＿＿＿＿。
（　　　　　）

⑤

⑤両手で顔を＿＿＿＿＿。
（　　　　　）

1	遭う	あう	旅行中にホテルで盗難に遭った。
2	飼う	かう	犬を３匹飼っている。
3	沿う	そう	線路が道に沿って続いている。
4	縫う	ぬう	この洋服は母が縫ってくれたものだ。
5	酔う	よう	酒を飲み過ぎて酔ってしまった。
6	奪う	うばう	男はバッグを奪って逃げた。
7	覆う	おおう	ソファーを美しい布で覆った。
8	狂う	くるう	気が狂う。/ 時計が狂う。/ 予定が狂う。
9	誘う	さそう	友達を映画に誘う。
10	誓う	ちかう	彼女を必ず幸せにすると心に誓った。
11	倣う	ならう	経験がないので、前例に倣ってやってみた。
12	扱う	あつかう	危険物を扱う。
13	従う	したがう	社長に従って視察（しさつ）に出かける。/ 命令に従う。
14	伴う	ともなう	父は兄を伴って出かけた。/ 危険を伴う仕事。

Ⅰ ①酔う（よう） ②縫う（ぬう） ③沿って（そって） ④奪う（うばう） ⑤覆う（おおう）

動詞Aレベル(2)

I　次の絵は何を表していますか。表から漢字を選んで＿＿＿に入れ、読み方も書きなさい。

①ギターを＿＿＿＿＿。
（　　　　　）

②花を＿＿＿＿＿。
（　　　　　）

③靴を＿＿＿＿＿。
（　　　　　）

④岩を＿＿＿＿＿。
（　　　　　）

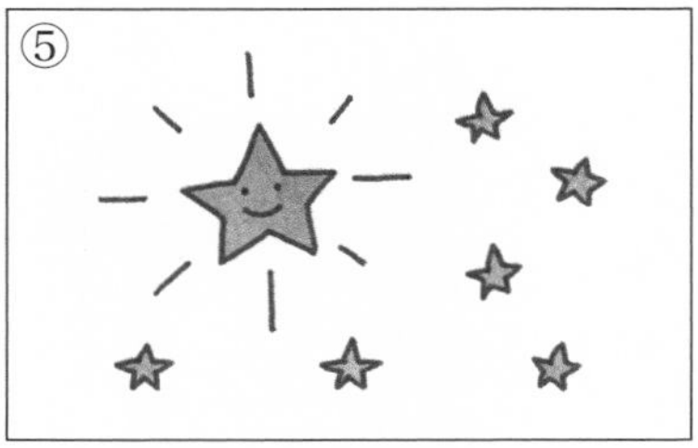

⑤星が＿＿＿＿＿。
（　　　　　）

⑥布団を＿＿＿＿＿。
（　　　　　）

15	聴く	きく	休日の朝はクラシック音楽を聴く。
16	裂く	さく	ハンカチを裂いて傷(きず)に巻いた。（自）裂ける
17	敷く	しく	新しい部屋にじゅうたんを敷いた。
18	炊く	たく	炊いたばかりのご飯はおいしい。
19	吐く	はく	船に酔って吐いてしまった。/ 本音(ほんね)を吐く。
20	履く	はく	新しい靴を履いて出かけた。
21	弾く	ひく	姉は上手にピアノを弾く。
22	描く	えがく	美しい風景を描く。/ 夢を描く。
23	渇く	かわく	暑くてのどが渇いた。
24	砕く	くだく	船は氷を砕いて、冬の海を進んだ。（自）砕ける
25	響く	ひびく	コツコツと足音が響く。
26	輝く	かがやく	ダイヤモンドがキラキラと輝く。/ 新人賞に輝く。
27	脱ぐ	ぬぐ	部屋に入ったらコートを脱いでください。
28	稼ぐ	かせぐ	彼は1年に1億円稼ぐそうだ。
29	騒ぐ	さわぐ	事故があったらしく、外で人が騒いでいる。

I ①弾く（ひく）　②描く（えがく）　③脱ぐ（ぬぐ）　④砕く（くだく）　⑤輝く（かがやく）　⑥敷く（しく）

第1回

動詞Aレベル(3)

I　次の絵は何を表していますか。表から漢字を選んで＿＿＿に入れ、読み方も書きなさい。

①砂の山を＿＿＿＿＿。
（　　　　）

②セーターが＿＿＿＿＿。
（　　　　）

③遠くへ＿＿＿＿＿。
（　　　　）

④コードを＿＿＿＿＿。
（　　　　）

⑤友達を＿＿＿＿＿。
（　　　　）

⑥鳥を＿＿＿＿＿。
（　　　　）

30	挿す	さす	きれいな花を髪に挿した。
31	致す	いたす	この仕事は私が致します。
32	崩す	くずす	山を崩して住宅地にする。（自）崩れる
33	脅かす	おどかす	銀行強盗はピストルを手に「金を出せ。」と脅かした。
34	励ます	はげます	練習がつらくてサッカーをやめたくなったとき、友達が励ましてくれた。
35	繰り返す	くりかえす	歴史は繰り返すといわれている。
36	撃つ	うつ	ここでは動物を撃ってはいけない。
37	討つ	うつ	討つか討たれるかの戦いをする。
38	跳ぶ	とぶ	だれがいちばん高く跳べるか、競争しよう。
39	酌む	くむ	古い友と酒を酌み交わす。
40	澄む	すむ	澄んだ空気を胸いっぱいに吸う。（他）澄ます
41	踏む	ふむ	車のブレーキを踏む。
42	恨む	うらむ	人を恨んでもよい結果にならない。
43	縮む	ちぢむ	ゴムは伸びたり縮んだりする。（他）縮める
44	悔やむ	くやむ	今になって悔やんでも遅い。
45	膨らむ	ふくらむ	桜（さくら）のつぼみが膨らみ始めた。/ 期待が膨らむ。（他）膨らます

I ①崩す（くずす） ②縮む（ちぢむ） ③跳ぶ（とぶ） ④踏む（ふむ） ⑤脅かす（おどかす） ⑥撃つ（うつ）

／40点

Ⅰ ＿＿＿の部分の読み方または漢字を選びなさい。（1点×7）

①はるか向こうに、雪に**覆われた**山々が連（つら）なっている。

1 おわれた　2 おうわれた　3 おおわれた　4 くつがわれた

②買ったばかりのTシャツなのに、洗ったら**縮んで**しまった。

1 ちちんで　2 ちぢんで　3 ちじんで　4 ぢぢんで

③何も**敷かずに**、芝生（しばふ）の上に寝転んだ。

1 しかずに　2 ひかずに　3 まかずに　4 おかずに

④人に**恨まれる**ようなことは何もしていない。

1 うとまれる　2 にくまれる　3 くやまれる　4 うらまれる

⑤山から流れ出る水は、**すんでいて**冷たかった。

1 済んでいて　2 登んでいて　3 住んでいて　4 澄んでいて

⑥世界各地の民族音楽を**きいた**。

1 効いた　2 引いた　3 聴いた　4 利いた

⑦雷（かみなり）が落ちて、大きな木が真（ま）っ二（ぷた）つに**さけた**。

1 列けた　2 裂けた　3 烈けた　4 冽けた

Ⅱ 次の言葉の読み方を書きなさい。また、その中から適当な言葉を選んで、＿＿＿に記号を入れなさい。（1点×9）

a **致す**（　　　す）	b **伴う**（　　　う）	c **響く**（ ひび　く）
d **従う**（　　　う）	e **誓う**（　　　う）	f **繰り返す**（　り　す）

例）教会に歌声が＿c＿。

①何度も同じことを＿＿＿＿＿。　②二度とうそをつかないと＿＿＿＿＿。

③命令におとなしく＿＿＿＿＿。　④この事業は大変な困難を＿＿＿＿＿。

Ⅲ （a・b）どちらかを選び、文を完成させなさい。選んだ語の読み方も書きなさい。（1点×8）

例）大きな鳥が空を（a 跳んで・b 飛んで）いる。

①盗難事件に（**a 会って・b 遭って**）以来、お金をたくさん持たないようにしている。

②シャツが（**a 乾いたら・b 渇いたら**）、アイロンをかける。

③ポケットにボールペンを（**a 挿し・b 指し**）たままだった。

④気持ちが悪くて、（**a 吐いて・b 履いて**）しまった。

例）	①	②	③	④
（ b ）と　んで	（　　）　　って	（　　）　いたら	（　　）　　し	（　　）　　いて

Ⅳ　漢字を選んで、正しい形にして入れなさい。また、読み方も書きなさい。（1点×10）

~~悔~~	飼	脱	弾	踏	誘	奪

例）学生時代に勉強しておけばよかったと悔やんでいる。
（くやんで）

①新しい車は快適で、ブレーキを＿＿＿＿＿と静かに止まる。
（　　　　　）

②一緒に旅行に行こうと友達を＿＿＿＿＿たが、忙しいと断られた。
（　　　　　た）

③このマンションは、小型のペットなら＿＿＿＿＿ことができる。
（　　　　　）

④こちらで靴を＿＿＿＿＿でから、お上がりください。
（　　　　　で）

⑤早く上手にピアノが＿＿＿＿＿ようになりたいものだ。
（　　　　　）

Ⅴ　＿＿＿の部分の読み方を書きなさい。（1点×6）

①戦いの相手を **a 討ち**、権力を手に入れた。　②個人情報は慎重（しんちょう）に **b 扱って** ください。

③昨晩は酒に **c 酔って** **d 騒いだ** ので、近所から苦情が来た。

④実際に会った彼の印象は、心に **e 描いて** いたイメージとあまりにも違っていた。

⑤電車が遅れて、予定が **f 狂った**。

a　　　　ち	b　　　　って	c　　　　って	d　　　　いだ	e　　　　いて
f　　　　った				

動詞Aレベル(4)

I　次の絵は何を表していますか。表から漢字を選んで＿＿＿に入れ、読み方も書きなさい。

①

①ハンカチを＿＿＿＿＿。
（　　　　　）

②

②写真を＿＿＿＿＿。
（　　　　　）

③

③机の上に花を＿＿＿＿＿。
（　　　　　）

④

④料理を皿に＿＿＿＿＿。
（　　　　　）

⑤
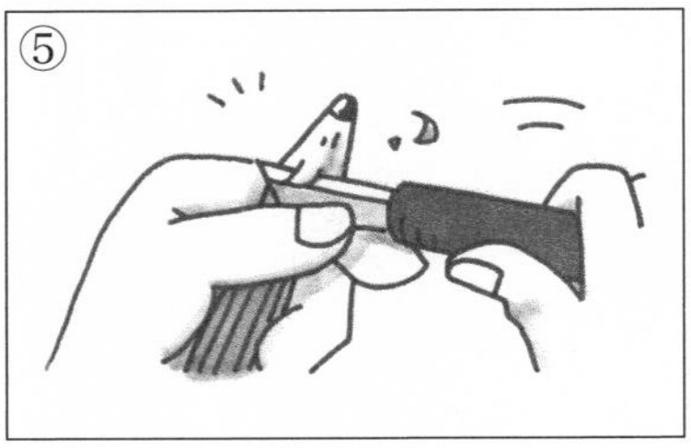

⑤鉛筆（えんぴつ）を＿＿＿＿＿。
（　　　　　）

1	刈る	かる	伸びた草を刈った。
2	釣る	つる	川で魚を釣る。
3	撮る	とる	家族全員で写真を撮った。
4	振る	ふる	手を振って友達と別れた。
5	掘る	ほる	庭に穴（あな）を掘って、池を作った。
6	彫る	ほる	指輪に２人の名前を彫った。
7	盛る	もる	皿に季節の果物を盛る。
8	至る	いたる	会議は深夜に至るまで続いた。
9	劣る	おとる	この機械は新しいのと比べて性能が劣る。
10	飾る	かざる	パーティーなので部屋に花を飾った。
11	腐る	くさる	この魚は腐っている。
12	削る	けずる	ナイフで木の表面を削る。/ 予算を削る。
13	茂る	しげる	夏の野山（のやま）は、草や木が茂っていた。
14	縛る	しばる	長い髪をゴムで縛る。

I ①振る（ふる） ②撮る（とる） ③飾る（かざる） ④盛る（もる） ⑤削る（けずる）

動詞Aレベル(5)

I　次の絵は何を表していますか。表から漢字を選んで＿＿＿に入れ、読み方も書きなさい。

①タオルを＿＿＿＿＿。
（　　　　　）

②＿＿＿＿＿て転ぶ。
（　　　　て）

③手を＿＿＿＿＿。
（　　　　　）

④老人に席を＿＿＿＿＿。
（　　　　　）

⑤友達に＿＿＿＿＿。
（　　　　　）

15	絞る	しぼる	ぞうきんはよく絞って使いなさい。/ 目標を絞る。
16	滑る	すべる	山の上からスキーで滑る。
17	迫る	せまる	試験が明日に迫り、落ち着かない。/ 借金の返済を迫る。
18	黙る	だまる	彼は返事もせず、黙ったままだった。
19	殴る	なぐる	いくら相手が悪くても、殴るのはよくない。
20	握る	にぎる	子供は母親の手をしっかり握った。
21	濁る	にごる	大雨の後は川の水が濁る。
22	巡る	めぐる	名所を巡る旅に出る。
23	潜る	もぐる	海に潜って貝を捕る。
24	譲る	ゆずる	父親が子供に財産を譲る。
25	謝る	あやまる	悪いことをしたら、すぐに謝るべきだ。
26	偏る	かたよる	栄養が偏らないように、バランスのよい食事を考える。
27	透き通る	すきとおる	川の底まで透き通って見えた。

I ①絞る（しぼる）　②滑って（すべって）　③握る（にぎる）　④譲る（ゆずる）　⑤謝る（あやまる）

第2回　動詞Aレベル(6)

I　次の絵は何を表していますか。表から漢字を選んで＿＿＿に入れ、読み方も書きなさい。

①

②

③

④

①コートを＿＿＿＿＿。
（　　　　　）

②医者に＿＿＿＿＿てもらう。
（　　　　て）

③パンが＿＿＿＿＿。
（　　　　　）

④机の上に書類を＿＿＿＿＿。
（　　　　　）

28	煮る	にる	肉と野菜を一緒に煮る。（自）煮える
29	診る	みる	熱があったので、医者に診てもらった。
30	飽きる	あきる	変化のない今の生活には飽きた。
31	飢える	うえる	世界中には飢えている人々がたくさんいる。
32	殖える	ふえる	都心でねずみが殖えているそうだ。（他）殖やす
33	訴える	うったえる	事故を起こした相手を訴える。
34	蓄える	たくわえる	災害に備えて、食料品や水を蓄える。
35	掛ける	かける	壁に絵を掛ける。/ 5に3を掛ける。/ 掛(か)け算(ざん)（自）掛かる
36	避ける	さける	混雑する時間を避けて通勤する。
37	漬ける	つける	汚れたハンカチを水に漬ける。
38	怠ける	なまける	仕事を怠けて遊んでばかりいる。
39	揚げる	あげる	旗(はた)を揚げる。/ 天ぷらを揚げる。
40	焦げる	こげる	火が強すぎて肉が焦げてしまった。（他）焦がす
41	妨げる	さまたげる	道路に倒れた木が、通行を妨げている。
42	載せる	のせる	車に荷物を載せる。/ 記事を載せる。（自）載る

I ①掛ける（かける）②診て（みて）③焦げる（こげる）④載せる（のせる）

動詞Ａレベル(7)

Ⅰ　次の絵は何を表していますか。表から漢字を選んで＿＿＿に入れ、読み方も書きなさい。

①

②

③

④

①ネクタイを＿＿＿＿＿。
（　　　　　）

②人に道を＿＿＿＿＿。
（　　　　　）

③きれいな景色を＿＿＿＿＿。
（　　　　　）

④地震で家が＿＿＿＿＿。
（　　　　　）

43	慌てる	あわてる	「火事だ。」の声に、慌てて外へ飛び出した。
44	隔てる	へだてる	川が２つの国を隔てている。（自）隔たる
45	企てる	くわだてる	悪い事を企てる。
46	兼ねる	かねる	副社長は、人事部長も兼ねている。
47	跳ねる	はねる	池で魚が跳ねた。
48	尋ねる	たずねる	先生に分からないところを尋ねた。
49	締める	しめる	ズボンのベルトを締める。
50	攻める	せめる	相手の弱点を攻めて、試合に勝った。
51	褒める	ほめる	長所を褒めて子供を育てる。
52	納める	おさめる	税金を納める。（自）納まる
53	勧める	すすめる	店員に勧められて、新製品を買った。
54	眺める	ながめる	遠くの山々を眺める。
55	慰める	なぐさめる	音楽は人の心を慰める。
56	揺れる	ゆれる	風でカーテンが揺れている。

Ⅰ①締める（しめる）　②尋ねる（たずねる）　③眺める（ながめる）　④揺れる（ゆれる）

第２回 **テスト**

／40点

Ⅰ ＿＿＿の部分の読み方または漢字を選びなさい。（１点×７）

①湿度が高いと食べ物が**腐り**やすい。

１　くさり　　２　かげり　　３　にごり　　４　くもり

②板に好きな絵を**彫って**版画を作る。

１　すって　　２　ほって　　３　けずって　　４　こすって

③弟は親に**黙って**３日間も家に帰らなかった。

１　もくって　　２　ねだって　　３　だまって　　４　こまって

④物質的に豊かになった反面、愛情に**飢えた**子供が増えている。

１　たえた　　２　うえた　　３　こえた　　４　さえた

⑤天ぷらの油が**跳ねて**手に軽いやけどをした。

１　たねて　　２　はねて　　３　とねて　　４　こねて

⑥何度も話し合いを重ね、ついに両者は合意に**いたった**。

１　倒った　　２　至った　　３　到った　　４　致った

⑦あの人の考え方は少し**かたよって**いる。

１　遍って　　２　編って　　３　扁って　　４　偏って

Ⅱ 次の言葉の読み方を書きなさい。また、その中から適当な言葉を選んで、＿＿＿に記号を入れなさい。（１点×11）

a **勧める**（　　　　める）	b **兼ねる**（　　　　ねる）	c **潜る**（　　　　る）
d **慰める**（　　　　める）	e **揺れる**（　　　　れる）	f **撮る**（　　　　る）

①今度の旅行は趣味（しゅみ）と仕事を＿＿＿＿＿＿。

②悲しんでいる友人を＿＿＿＿＿＿。

③コンクールに応募するように＿＿＿＿＿＿。

④大きな波で船が＿＿＿＿＿＿。

⑤記念写真を＿＿＿＿＿＿。

Ⅲ （a・b）どちらかを選び、文を完成させなさい。選んだ語の読み方も書きなさい。（1点×4）

①結婚しない人が（**a 増えて・b 殖えて**）いる。

②私が書いた投書が、新聞に（**a 乗った・b 載った**）。

①	②
（　　）　えて	（　　）　った

Ⅳ 漢字を選んで、正しい形にして入れなさい。また、読み方も書きなさい。（1点×10）

煮	攻	納	褒	飽	怠

①３か月分の授業料を＿＿＿＿た。
（　　　た）

②失敗をしかるよりも、よいところを＿＿＿＿べきだ。
（　　　）

③この学校のサッカー部は、守るのも＿＿＿＿のもほぼかんぺきだ。
（　　　）

④ここからの眺めは、一日中見ていても＿＿＿＿ないほど美しい。
（　　　ない）

⑤仕事を＿＿＿＿て、喫茶店でおしゃべりをした。
（　　　て）

Ⅴ ＿＿の部分の読み方を書きなさい。（1点×8）

①血液は酸素（さんそ）を運びながら、体内（たいない）を **a 巡って** いる。

②犯人は、**b 蓄えた** 金を持って外国に逃亡（とうぼう）しようと **c 企てて** いた。

③彼が裁判（さいばん）に **d 訴えられる** ことは **e 避けられない** だろう。

④私はみんなより日本語の作文の力が **f 劣って** いると思う。

⑤昨日まで **g 透き通って** いた湖の水が、大雨ですっかり **h 濁って** しまった。

a　　って	b　　えた	c　　てて	d　　えられる	e　　けられない
f　　って	g　き　って	h　　って		

動詞Bレベル(1)

Ⅰ　次の絵は何を表していますか。表から漢字を選んで＿＿＿に入れ、読み方も書きなさい。

①舞台の上で＿＿＿＿＿。（　　　　　）　②城を＿＿＿＿＿。（　　　　　）　③包丁（ほうちょう）を＿＿＿＿＿。（　　　　　）

Ⅱ　次の文を声に出して読みなさい。

①スポーツ**競**技会で速さを**競う**。

②優れた指**導**者が、チームを優勝へ**導いた**。

Ⅲ　左右の言葉を線で結んで文を作り、＿＿＿の部分の読み方を書きなさい。

①たばこで健康を・　　・a **背く**（　　　　く）。
②王の命令に　　・　　・b **接ぐ**（　　　　ぐ）。
③木と木を　　　・　　・c **損なう**（　　　なう）。

1	負う	おう	荷を負って歩く。/ けがを負う。/ 責任を負う。
2	舞う	まう	少女が美しく舞っている。
3	競う	きそう	車のスピードを競う。
4	担う	になう	荷物を肩に担う。/ 次の時代を担う。
5	養う	やしなう	病気の父に代わり、母が家族を養った。
6	損なう	そこなう	人々の信頼を損なう。
7	恥じらう	はじらう	結婚を申し込まれ、娘は恥じらいながらうなずいた。
8	見計らう	みはからう	帰宅時間を見計らって田中さんに電話をかけた。
9	説く	とく	仏の教えを人々に説く。
10	築く	きずく	土手を築く。/ 2人で幸せな家庭を築きたい。
11	背く	そむく	兄は、親に背いて家を飛び出した。
12	導く	みちびく	係りの人に導かれて席に着いた。/ 成功（せいこう）に導く。
13	接ぐ	つぐ	折れた足の骨を接いだ。
14	研ぐ	とぐ	切れなくなったナイフを研ぐ。
15	担ぐ	かつぐ	登山好きの兄は、大きな荷物を担いで山に登る。

Ⅰ①舞う（まう）②築く（きずく）③研ぐ（とぐ）Ⅱ①きそう ②みちびいた
Ⅲ①c そこなう ②a そむく ③b つぐ

動詞Bレベル(2)

Ⅰ　次の絵は何を表していますか。表から漢字を選んで＿＿＿に入れ、読み方も書きなさい。

①

②

③

①友達を＿＿＿＿＿。
（　　　　　）

②畑を＿＿＿＿＿。
（　　　　　）

③手帳に＿＿＿＿＿。
（　　　　　）

Ⅱ　次の文を声に出して読みなさい。

①収入の大半を交際**費**に**費やした**。

②**交**流会で名刺を**交わす**。

Ⅲ　左右の言葉を線で結んで文を作り、＿＿＿の部分の読み方を書きなさい。

①二度とないチャンスを・　　・a **明かす**（　　　　かす）。

②長いひげを　　　　　・　　・b **逃す**　（　　　　　す）。

③だれも知らない秘密（ひみつ）を・　　・c **生やす**（　　　　やす）。

16	召す	めす	奥様はよく和服をお召しになりますか。
17	記す	しるす	受付のノートに自分の名前を記す。
18	逃す	のがす	犯人を逃す。/ 機会を逃す。（自）逃れる
19	耕す	たがやす	機械化される以前は、畑を耕すのに多くの時間がかかった。
20	著す	あらわす	彼は自身が見た日本のようすを旅行記に著した。
21	志す	こころざす	兄は医者を志して勉強している。
22	明かす	あかす	真実を明かす。/ 夜を明かす。
23	生かす	いかす	釣った魚を生かしておく。/ 専門を生かす。
24	抜かす	ぬかす	スピーチでいちばん重要なところを抜かしてしまった。
25	生やす	はやす	祖父は長いひげを生やしている。
26	費やす	ついやす	研究に多くの時間を費やす。
27	交わす	かわす	初めて会った人と言葉を交わした。
28	冷やかす	ひやかす	恋人と歩いているところを友人に見られ、冷やかされた。

Ⅰ①冷やかす（ひやかす）②耕す（たがやす）③記す（しるす）　Ⅱ①ついやした　②かわす
Ⅲ①b　のがす　②c　はやす　③a　あかす

I 次の絵は何を表していますか。表から漢字を選んで_____に入れ、読み方も書きなさい。

①テラスで_____。
（　　　　　　　）

②鳥が卵を_____。
（　　　　　　　）

③ひもが_____。
（　　　　　　　）

II 次の文を声に出して読みなさい。

①**保存**するときは、温度を一定に**保つ**こと。

②年寄りを**尊**敬し、知恵を**尊ぶ**。

III 左右の言葉を線で結んで文を作り、_____の部分の読み方を書きなさい。

①四季の変化に・　　　　　・a **富む**（　　　　　　む）。

②長い人生を・　　　　　・b **営む**（　　　　　　む）。

③夫婦で農業を・　　　　　・c **歩む**（　　　　　　む）。

29	断つ	たつ	酒やたばこを断つのは難しい。
30	保つ	たもつ	健康を保つために、水泳を始めた。
31	尊ぶ	とうとぶ	先祖を尊び、墓（はか）にお参りする。
32	産む	うむ	先月、姉が2人目の子供を産んだ。
33	富む	とむ	国が富む。/ 彼は経験に富んだ人だ。
34	病む	やむ	胸を病んで、長い間入院した。
35	歩む	あゆむ	正しいと信じる道を歩む。
36	絡む	からむ	糸が絡んで、ほどけない。
37	涼む	すずむ	ひどい暑さですね。少し木の下で涼みましょう。
38	恵む	めぐむ	牧師（ぼくし）は貧しい男に金を恵んだ。
39	営む	いとなむ	兄はレストランを営んでいる。/ 生活を営む。
40	危ぶむ	あやぶむ	不景気で、会社の存続が危ぶまれている。

III ①a とむ ②c いとなむ ③b あゆむ
I ①涼む（すずむ） ②産む（うむ） ③絡む（からむ） II ①たもつ ②とうとぶ

／40点

Ⅰ ＿＿の部分の読み方または漢字を選びなさい。（１点×７）

①桜の花びらが風に吹かれて**舞って**いる。

1 ぬって　2 まって　3 ちって　4 そって

②美しい自然は**病んだ**心を慰めてくれる。

1 なやんだ　2 やんだ　3 むしばんだ　4 うんだ

③部長の信頼を**損なわない**ように、仕事に取り組んでいる。

1 こんなわない　2 そんなわない　3 こそなわない　4 そこなわない

④この神社は、学問の神様として**尊ばれて**いる。

1 うやまばれて　2 うらまばれて　3 とうとばれて　4 そんとばれて

⑤マラソンは、一定のスピードを**たもって**走ったほうがいい。

1 定って　2 持って　3 保って　4 維って

⑥彼は、わずか５年の間に30冊もの本を**著した**。

1 ものした　2 しるした　3 ちょした　4 あらわした

⑦運動会で、前を走る２人を**ぬかして**１等になった。

1 欠かして　2 放かして　3 抜かして　4 除かして

Ⅱ 次の言葉の読み方を書きなさい。また、その中から適当な言葉を選んで、＿＿に記号を入れなさい。（１点×11）

a 費やす（　　やす）	b 志す（　　す）	c 涼む（　　む）
d 説く（　　く）	e 営む（　　む）	f 召す（　　す）

①論文完成に多くの時間を＿＿＿＿。

②母と娘で小さな喫茶店を＿＿＿＿。

③大きい木の陰で＿＿＿＿。

④人としての道を＿＿＿＿。

⑤社会を変えるため、政治家を＿＿＿＿。

Ⅲ □には同じ漢字が入ります。［　　］から選び、＿＿＿の部分の読み方も書きなさい。

（1点×10）

~~遅~~	築	養	担	富	導	果

例）起きたのが□かったので、学校に□刻してしまった。

①この仕事は、海外での経験が**豊**□で、想像力に**□んだ**人が適任（てきにん）だ。

②非行少年たちを正しい方向に**□く**には、**指□者**自らが手本となられければならない。

③彼は一代で大きな**建□**会社を**□いた**。

④新製品の開発を**□う** **□当者**が集まり、会議を開いた。

⑤わが家（や）では5人の子供を**□う**ための**□育費**が家計の中の大きな割合を占める。

例）	遅	おそ　かった
①		んだ
②		く
③		いた
④		う
⑤		う

Ⅳ ＿＿＿の部分の読み方を書きなさい。（1点×12）

①中心選手が途中でけがを **a 負った** ため、試合に **b 負けて** しまった。

②少々 **c 危ない** 所へでも行く気がなければ、ジャーナリストとしての成功（せいこう）は **d 危ぶまれる**。

③たとえ **e 歩く** 速度は遅くても、**f 歩み** 続ければ必ずゴールに着くと信じて生きてきた。

④**g 逃げる** 泥棒を追いかけたが、もう少しのところで **h 逃して** しまった。

⑤最近酒を **i 断った** 彼は、友達の誘いを **j 断る** のに苦労している。

⑥この味を **k 生かす** には、**l 生** で食べるのがいちばんだ。

a　　　った	b　　　けて	c　　　ない	d　　　ぶまれる	e　　　く
f　　　み	g　　　げる	h　　　して	i　　　った	j　　　る
k　　　かす	l			

動詞Bレベル(4)

Ⅰ　次の絵は何を表していますか。表から漢字を選んで＿＿＿に入れ、読み方も書きなさい。

①

②

③

①店の軒が＿＿＿＿＿。
（　　　　　）

②人形を＿＿＿＿＿。
（　　　　　）

③本の表紙が＿＿＿＿＿。
（　　　　　）

Ⅱ　次の文を声に出して読みなさい。

①禁**煙**席なのに、なぜか**煙って**いる。

②**交**差点とは、道が**交わって**いる所のことだ。

Ⅲ　左右の言葉を線で結んで文を作り、＿＿＿の部分の読み方を書きなさい。

①急ぐと判断を　・　　　　・a **勝る**（　　　　る）。

②力では弟が兄より・　　　　・b **群がる**（　　　　がる）。

③甘い物に虫が　・　　　　・c **誤る**（　　　　る）。

1	反る	そる	乾燥して板が反ってしまった。
2	練る	ねる	小麦粉を練ってパンを作る。/ 作戦を練る。
3	煙る	けむる	たばこの煙で部屋が煙っている。
4	募る	つのる	旅行の参加者を募った。/ 恋しさが募る。
5	図る	はかる	皆の力で問題の解決を図ろう。
6	勝る	まさる	A社のエンジンは、B社のものより性能が勝っている。
7	操る	あやつる	機械を自由に操る。
8	誤る	あやまる	最初の方針を誤る。
9	受かる	うかる	試験に受かってうれしい。
10	群がる	むらがる	新製品の売り場に人が群がっている。
11	連なる	つらなる	遠くに連なる山々が見える。（他）連ねる
12	交わる	まじわる	平行線は、どこまで行っても交わらない。（他）交える

Ⅰ①連なる（つらなる）　②操る（あやつる）　③反る（そる）　Ⅱ①けむって　②まじわって

Ⅲ①c　あやまる　②a　まさる　③b　むらがる

第4回 動詞Bレベル(5)

Ⅰ　次の絵は何を表していますか。表から漢字を選んで＿＿＿に入れ、読み方も書きなさい。

①児童を＿＿＿＿＿。
（　　　　　）

②王様に＿＿＿＿＿。
（　　　　　）

③韓国(かんこく)を＿＿＿＿て
（　　　　て）
中国へ行く。

Ⅱ　次の文を声に出して読みなさい。

①子供に勉**強**を**強いる**。

②**老いた**両親と同居するために、**老**人向け住宅の展示場を見に行った。

③地球上のすべての生物が**絶える**なんて、**絶**対あるわけがない。

Ⅲ　左右の言葉を線で結んで文を作り、＿＿＿の部分の読み方を書きなさい。

①礼儀(れいぎ)を　・　　　・a **試みる**（　　　　みる）。

②自分の無知を・　　　・b **恥じる**（　　　　じる）。

③新しい方法を・　　　・c **重んじる**（　　　んじる）。

13	老いる	おいる	祖父は、老いてもまだ仕事を続けている。
14	強いる	しいる	人に無理を強いてはいけない。
15	率いる	ひきいる	団体を率いて旅行した。
16	恥じる	はじる	失敗を恥じることはない。
17	重んじる	おもんじる	相手の気持ちを重んじる。（＝重んずる）
18	帯びる	おびる	少年は悲しみを帯びた目をしていた。
19	省みる	かえりみる	自らを省みて、生活態度を改めよう。
20	試みる	こころみる	トレーニングの新しい方法を試みた。
21	経る	へる	メキシコを経て南米へ行った。/ 長い年月を経る。
22	絶える	たえる	突然、船からの通信が絶えた。
23	映える	はえる	夕日に紅葉(もみじ)が映える。/ 青い海に白いヨットが映える。
24	構える	かまえる	彼は試験だというのにのんびりと構えている。/ 店を構える。
25	仕える	つかえる	今の社長に仕えて20年が過ぎた。

Ⅰ①率いる（ひきいる）②仕える（つかえる）③経て（へて）　Ⅱ①しいる　②おいた　③たえる
Ⅲ①c　おもんじる　②b　はじる　③a　こころみる

Ⅰ　次の絵は何を表していますか。表から漢字を選んで＿＿＿＿に入れ、読み方も書きなさい。

①賞を＿＿＿＿＿。
（　　　　　　）

②花を＿＿＿＿＿。
（　　　　　　）

③動物が美人に＿＿＿＿＿話。
（　　　　　　）

Ⅱ　次の文を声に出して読みなさい。

①試合の結**果**がひどく、優勝への夢は**果てた**。

②**設**備が整った保育所を**設ける**。

Ⅲ　左右の言葉を線で結んで文を作り、＿＿＿＿の部分の読み方を書きなさい。

①親しい人に別れを・　　　　　　・a　**訪れる**（　　　　　れる）。

②この本は読むに　　・　　　　　　・b　**値する**（　　　　　する）。

③久しぶりに故郷（こきょう）を・　　　・c　**告げる**（　　　　　げる）。

26	生ける	いける	テーブルの上に花を生ける。/ 生（い）け花（ばな）
27	化ける	ばける	祭りのとき、男の子が女性の服を着てうまく女に化けた。
28	更ける	ふける	久しぶりに会った友人と夜が更けるまで語り合った。/ 夜更（よふ）け
29	老ける	ふける	父は母を亡くして急に老けた。
30	授ける	さずける	王が大臣に位を授ける。
31	設ける	もうける	優先席を設ける。/ 新しい制度を設ける。
32	挙げる	あげる	具体的な例を挙げて説明してください。/ 手を挙げる。
33	告げる	つげる	裁判官（さいばんかん）が裁判（さいばん）の開始を告げた。
34	和らげる	やわらげる	薬で痛みを和らげる。
35	果てる	はてる	楽しいおしゃべりは果てることがない。
36	定める	さだめる	新しく法律を定める。（自）定まる
37	乱れる	みだれる	風で髪が乱れてしまった。（他）乱す
38	敗れる	やぶれる	勝てると思ったチームに敗れた。
39	訪れる	おとずれる	ヨーロッパの古い町を訪れた。
40	値する	あたいする	彼の勇気ある行動は尊敬に値する。

Ⅲ①告げる（つげる）c　②値する（あたいする）b　③訪れる（おとずれる）a　Ⅱ①果てた（はてた）
Ⅰ①授ける（さずける）　②生ける（いける）　③化ける（ばける）　②設ける（もうける）

第4回 **テスト** ／40点

Ⅰ ＿＿＿の部分の読み方または漢字を選びなさい。（1点×7）

①その晩の月は、青みを<u>**帯びた**</u>色をしていた。

1 さびた　2 たびた　3 おびた　4 こびた

②この通りは、昔からの店が<u>**連なって**</u>いる。

1 つれなって　2 つらなって　3 れんなって　4 ならなって

③労働者に対して超過勤務を<u>**強いる**</u>ことは許されない。

1 しいいる　2 しいる　3 ごういる　4 つよいる

④ごみ問題の解決のためには、市民の意識の向上を<u>**図る**</u>必要がある。

1 とかる　2 はかる　3 かかる　4 さかる

⑤木村さんの家は、この辺りでいちばん立派な門を<u>**かまえて**</u>いる。

1 構えて　2 溝えて　3 購えて　4 講えて

⑥最近は、子供と老人にねらいを<u>**さだめた**</u>商品がよく売れているそうだ。

1 企めた　2 決めた　3 極めた　4 定めた

⑦ハンサムな彼の周りには、いつもファンが<u>**むらがって**</u>いる。

1 村がって　2 郡がって　3 都がって　4 群がって

Ⅱ 次の言葉の読み方を書きなさい。また、その中から適当な言葉を選んで、＿＿＿に記号を入れなさい。（1点×11）

a **設ける**（　　　ける）	b **募る**（　　　る）	c **誤る**（　　　る）
d **和らげる**（　　　らげる）	e **受かる**（　　　かる）	f **挙げる**（　　　げる）

①市役所に相談窓口を＿＿＿＿＿＿。

②日本語を教えるボランティアを＿＿＿＿＿＿。

③命令的な強い言い方を＿＿＿＿＿＿。

④難しい試験に＿＿＿＿＿＿。

⑤分かりやすいように具体例を＿＿＿＿＿＿。

Ⅲ □には同じ漢字が入ります。［　　］から選び、＿＿＿の部分の読み方も書きなさい。

（1点×10）

告	乱	敗	映	省	練

①自分を**□みる**と、なんと他人を傷（きず）つけてきたことかと**反□**させられる。

②そのころは国内で**内□**が続き、治安が**□れて**いた。

③婚約を両親に**報□**したときには、自分から彼女に別れを**□げる**ことになろうとは思ってもみなかった。

④次の試合に向け、皆で作戦を**□って**、**□習**を重ねた。

⑤一度くらい**失□**しても、人生に**□れた**ことにはならない。

①	みる
②	れて
③	げる
④	って
⑤	れた

Ⅳ ＿＿＿の部分の読み方を書きなさい。（1点×12）

①母校を **a 訪れた** ついでに、昔の友人の家を **b 訪ねた**。

②市長は、ごみを減らす **c 試み** の一つとして、ごみ収集の有料化を **d 試し** たいと述べた。

③体力が **e 勝って** いるからといって、必ずしも **f 勝つ** とは限らない。

④国にいる **g 老いた** 母は、私に会うたびに「お前も **h 老けた** ねえ。」と言う。

⑤さまざまな立場の人と **i 交わって**、意見を **j 交わす** べきだ。

⑥夕日に **k 映える** 山の姿（すがた）が、湖に **l 映って** いる。

a　れた	b　ねた	c　み	d　し	e　って
f　つ	g　いた	h　けた	i　わって	j　わす
k　える	l　って			

第5回
動詞Cレベル(1)

Ⅰ　次の絵は何を表していますか。表から漢字を選んで＿＿＿に入れ、読み方も書きなさい。

①動物が人を＿＿＿＿＿。
（　　　　　）

②トンネルが山を＿＿＿＿＿。
（　　　　　）

③ズボンを＿＿＿＿＿。
（　　　　　）

Ⅱ　次の文を声に出して読みなさい。

①尊敬する先生を**慕って**、この大学に入った。

②湖に舟が**漂って**いる。

③隣(となり)の家の子は、私によく**懐いて**いる。

④法律によって罪を**裁く**。

⑤彼は新しい勤務地に**赴いた**。

1	添う	そう	足の悪い祖母に付き添って病院へ行く。/ 期待に添う。
2	襲う	おそう	日本列島を大きな台風が襲った。/ 不安に襲われる。
3	慕う	したう	年を取ると、故郷(こきょう)を慕う気持ちが強くなる。
4	潤う	うるおう	雨が降って草木(くさき)が潤った。/ 家計が潤う。
5	漂う	ただよう	どこからか花の香りが漂ってくる。
6	繕う	つくろう	虫に食われたセーターを繕う。
7	賄う	まかなう	月15万円ですべてを賄う。
8	裁く	さばく	人が人を公平に裁くことは難しい。
9	嘆く	なげく	Aさんは成績が下がったと嘆いた。
10	懐く	なつく	うちの犬は、よその人に懐かない。
11	欺く	あざむく	人を欺くようなことはすべきではない。
12	赴く	おもむく	父は出張で九州(きゅうしゅう)に赴いた。
13	貫く	つらぬく	高速道路が町の中央を貫いている。/ 意思を貫く。

Ⅰ①襲う（おそう）　②貫く（つらぬく）　③繕う（つくろう）
Ⅱ①したって　②ただよって　③なついて　④さばく　⑤おもむいた

動詞Cレベル(2)

Ⅰ　次の絵は何を表していますか。表から漢字を選んで＿＿＿に入れ、読み方も書きなさい。

①

②

①頂上を＿＿＿＿＿。
（　　　　　）

②川の水に足を＿＿＿＿＿。
（　　　　　）

Ⅱ　次の文を声に出して読みなさい。

①彼は問題の解決に力を**尽くした**。

②反対派が、それまでの決定を**覆した**。

③私が父の会社を**継いだ**のは、二十歳のときだった。

④同じ間違いをしないように注意を**促す**。

⑤A社は業界（ぎょうかい）トップの地位が**揺らぎ**つつある。

⑥暴力で**脅されても**、決して従うまい。

⑦大国間（たいこくかん）の緊張（きんちょう）が強まれば、平和が**脅かされる**。

14	継ぐ	つぐ	父が亡くなった後、兄が事業を継いだ。
15	仰ぐ	あおぐ	空を仰ぐと、きれいな月が出ていた。/ 指示を仰ぐ。
16	揺らぐ	ゆらぐ	木の枝が風に揺らいでいる。/ 決心が揺らぐ。
17	侵す	おかす	基本的な人権（じんけん）は侵してはならない。
18	脅す	おどす	強盗はナイフで人を脅し、金を持って逃げた。
19	浸す	ひたす	タオルを水に浸した。
20	促す	うながす	1人でも多くの人が大会に参加するように促した。
21	施す	ほどこす	貧しい人にお金を施す。/ 装飾（そうしょく）を施す。
22	催す	もよおす	卒業式の後、パーティーが催された。
23	覆す	くつがえす	大波が船を覆す。/ 学説を覆す。
24	尽くす	つくす	失われた信頼の回復に全力を尽くす。
25	脅かす	おびやかす	犯罪が増え、市民の安全が脅かされる。

Ⅰ①仰ぐ（あおぐ）　②浸す（ひたす）
Ⅱ①つくした　②くつがえした　③ついだ　④うながす　⑤ゆらぎ　⑥おどされても　⑦おびやかされる

第5回

動詞Cレベル(3)

Ⅰ　次の絵は何を表していますか。表から漢字を選んで＿＿＿に入れ、読み方も書きなさい。

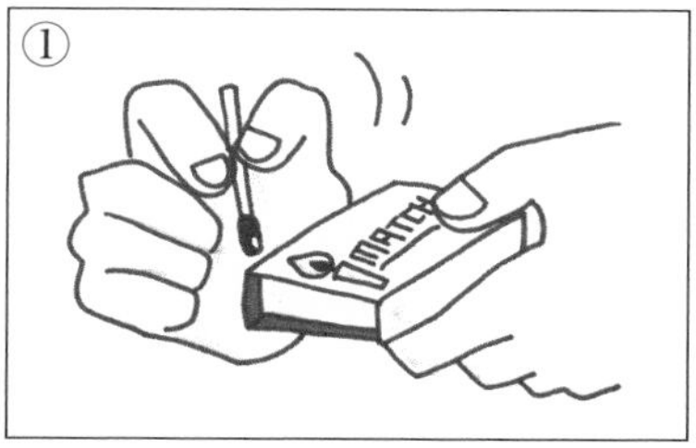

①マッチを＿＿＿＿＿。
（　　　　　）

②ボールが＿＿＿＿＿。
（　　　　　）

③水が＿＿＿＿＿。
（　　　　　）

Ⅱ　次の文を声に出して読みなさい。

①これは絹（きぬ）で**織った**高価な着物だ。

②母は手間のかかる**凝った**料理が得意だ。

③彼はオートバイでアフリカ横断に**挑む**そうだ。

④湖に**臨む**ホテルに泊まった。

⑤頂上までもう少しなのに、大きな岩が道を**阻んで**いる。

⑥努力を**惜しまず**、毎日練習に**励む**。

26	摘む	つむ	野原できれいな花を摘んだ。
27	挑む	いどむ	オリンピックの選手たちが世界記録に挑む。
28	臨む	のぞむ	海に臨む土地に家を建てた。/ 入学式に臨む。
29	励む	はげむ	彼女は毎日歌の練習に励んでいる。
30	弾む	はずむ	ゴルフのボールが弾んで池に落ちてしまった。/ 心が弾む。
31	阻む	はばむ	行く先を大きな川に阻まれて先に進めない。
32	謹む	つつしむ	謹んで新年のお喜びを申し上げます。
33	惜しむ	おしむ	空港で友人と別れを惜しんだ。
34	織る	おる	これは中国で織られたじゅうたんです。
35	凝る	こる	私は最近カメラに凝っている。
36	擦る	する	靴を擦って歩くので、底が減ってしまった。（自）擦れる
37	漏る	もる	この家は古いので、雨が漏って大変だ。（他）漏らす

Ⅱ①おった　②こった　③いどむ　④のぞむ　⑤はばんで　⑥おしまず　はげむ
Ⅰ①擦る（する）　②弾む（はずむ）　③漏る（もる）

テスト

/35点

Ⅰ ＿＿＿の部分の読み方または漢字を選びなさい。（1点×7）

①他人はごまかせても、自分を**欺く**ことはできない。

1　なつく　2　おもむく　3　きずつく　4　あざむく

②古い慣習が近代化を**阻んで**いる。

1　こばんで　2　うらんで　3　はずんで　4　はばんで

③緊急(きんきゅう)に手術を**施した**ので、命が助かった。

1　ほどごした　2　ほとごした　3　ほろこした　4　ほどこした

④出発の前日に送別会が**催された**。

1　さされた　2　もようされた　3　さいされた　4　もよおされた

⑤春から始まる新生活に心が**はずむ**。

1　外む　2　弾む　3　躍む　4　跳む

⑥その土地で**おられた**美しい着物をお土産に買った。

1　折られた　2　織られた　3　職られた　4　紡られた

⑦伝統文化を**うけつぐ**若者が増えてきた。

1　受け接ぐ　2　受け告ぐ　3　受け継ぐ　4　受け次ぐ

Ⅱ　次の言葉の読み方を書きなさい。また、その中から適当な言葉を選んで、＿＿＿に記号を入れなさい。（1点×11）

a **尽くす**　（　　　くす）	b **摘む**　（　　　む）	c **侵す**　（　　　す）
d **懐く**　（　　　く）	e **促す**　（　　　す）	f **潤う**　（　　　う）

①雨で、庭の草木(くさき)が＿＿＿＿＿。

②注文の品を早く届けるように＿＿＿＿＿。

③他国の領土を＿＿＿＿＿。

④問題解決のために最善を＿＿＿＿＿。

⑤お茶の葉を＿＿＿＿＿。

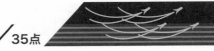

Ⅲ （a・b）のどちらかを選び、文を完成させなさい。選んだ語の読み方も書きなさい。

（1点×6）

①不況が進めば、私たちの生活はますます（**a 脅かされる・b 脅される**）ことになる。

②病気の友達を（**a 励む・b 励ます**）ために、皆で手紙を書いた。

③市長は、開会式に（**a 臨んで・b 望んで**）お祝いの言葉を述べた。

① （　　）	② （　　）	③ （　　）

Ⅳ ＿＿＿の部分の読み方を書きなさい。（1点×11）

①先のことを考えると決心が **a 揺らいだ** が、最初の方針を **b 貫いた**。

②「こんなはずではなかった」と **c 嘆いても** どうしようもない。

③尊敬する教授に指導を **d 仰いだ**。

④彼は常識を **e 覆す** ような学説を発表した。

⑤多くの人に **f 慕われて** いた医師は、**g 惜しまれ** つつ新しい勤務地へ **h 赴いた**。

⑥恋人たちは、**i 寄り添い** ながら浜辺（はまべ）を散歩している。

⑦冷えた足をお湯に **j 浸して** 温める。

⑧A湖の水でB町の市民の生活用水（ようすい）を **k 賄って** いる。

a　　らいだ	b　　いた	c　　いても	d　　いだ	e　　す
f　　われて	g　　しまれ	h　　いた	i　　り　　い	j　　して
k　　って				

第6回 動詞Cレベル(4)

Ⅰ　次の絵は何を表していますか。表から漢字を選んで＿＿＿に入れ、読み方も書きなさい。

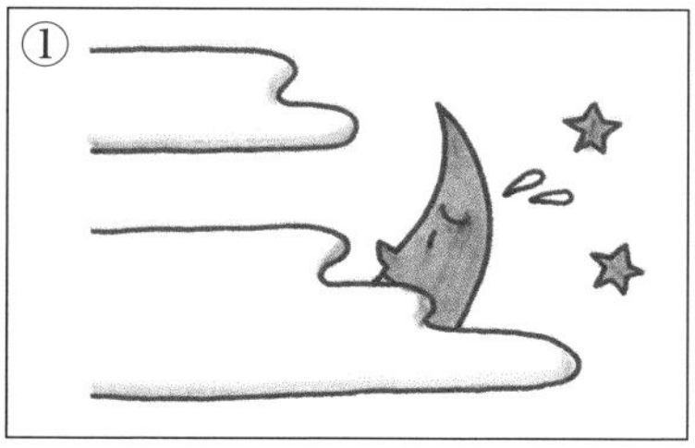

①雲が月の光を＿＿＿＿＿。
（　　　　　）

②車の流れが＿＿＿＿＿。
（　　　　　）

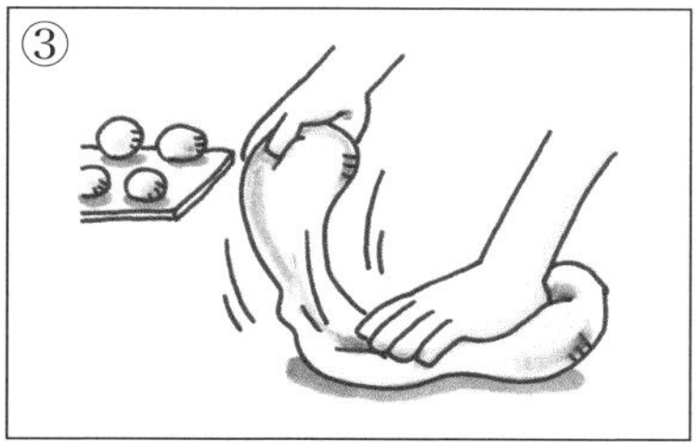

③もちが＿＿＿＿＿。
（　　　　　）

Ⅱ　次の文を声に出して読みなさい。

①富士山（ふじさん）は、日本が世界に**誇る**美しい山だ。

②飲み過ぎると、明日の仕事に**障り**ますよ。

③テストの準備を**怠った**ので、問題が解けなくて**焦って**しまった。

④株が急激（きゅうげき）に下がって、経済は大混乱に**陥った**。

1	焦る	あせる	試験が近づくと焦ってしまう。
2	悟る	さとる	人生の意味を悟る。
3	障る	さわる	無理を重ねると体に障る。
4	粘る	ねばる	この木に傷（きず）をつけると、粘った液が出る。/ 最後まで粘る。
5	諮る	はかる	この問題は専門委員会に諮って決めたい。
6	誇る	ほこる	日本には世界に誇る木造（もくぞう）建築がある。
7	偽る	いつわる	経歴を偽っていたことが分かって、議員は辞任（じにん）に追い込まれた。
8	怠る	おこたる	運転中は周りへの注意を怠ってはいけない。
9	陥る	おちいる	A社は、不況の中で経営危機に陥った。
10	遮る	さえぎる	カーテンで外からの光を遮る。
11	賜る	たまわる	それでは、校長先生よりお祝いの言葉を賜ります。
12	葬る	ほうむる	亡くなった人を葬る。
13	奉る	たてまつる	神に米や酒を奉る。
14	滞る	とどこおる	工事中で車の流れが滞っている。/ 家賃の支払いが滞る。
15	携わる	たずさわる	父は長年環境問題に携わっている。
16	取り締まる	とりしまる	スピード違反を厳（きび）しく取り締まる。

Ⅰ ①遮る（さえぎる）　②滞る（とどこおる）　③粘る（ねばる）
Ⅱ ①ほこる　②さわり　③おこたった　あせって　④おちいった

第6回 動詞Cレベル(5)

Ⅰ　次の絵は何を表していますか。表から漢字を選んで＿＿＿に入れ、読み方も書きなさい。

①

②

③

①花にカードを＿＿＿＿＿。（　　　　　）
②体を＿＿＿＿＿。（　　　　　）
③繰り返し＿＿＿＿＿。（　　　　　）

Ⅱ　次の文を声に出して読みなさい。

①台風の勢力が次第に**衰えて**きた。

②事実を**踏まえて**検討（けんとう）する。

③次の方は、呼ばれるまでこちらの部屋で**控えて**いてください。

④引っ越した部屋に新しい家具を**据える**。

⑤事故に**懲りて**、車の運転はやめた。

17	尽きる	つきる	最後まで戦ったが、ついに力が尽きた。
18	朽ちる	くちる	倒れた木が朽ちて土になる。
19	滅びる	ほろびる	大型動物は急激（きゅうげき）な気温の変化によって滅びた。（他）滅ぼす
20	染みる	しみる	汗がシャツに染みる。
21	顧みる	かえりみる	アルバムを見て、子供時代を顧みる。
22	懲りる	こりる	失敗しても、懲りずに同じことを繰り返す。
23	据える	すえる	部屋の真ん中に大きなテーブルを据えた。
24	添える	そえる	贈り物に手紙を添える。
25	堪える	たえる	夫を亡くした彼女は、悲しみにじっと堪えていた。
26	耐える	たえる	チームは厳（きび）しい練習に耐えて、ついに優勝した。
27	抑える	おさえる	怒（いか）りを抑えて冷静に対処する。
28	鍛える	きたえる	足を鍛えて好きな山登りを続けた。
29	唱える	となえる	同じ言葉を唱える。/ 異議を唱える。
30	控える	ひかえる	試験を明日に控える。/ そばで控える。/ 酒を控える。
31	衰える	おとろえる	年を取って体力が衰える。
32	踏まえる	ふまえる	現実を踏まえて将来の計画を立てる。

Ⅰ ①添える（そえる）　②鍛える（きたえる）　③唱える（となえる）
Ⅱ ①おとろえて　②ふまえて　③ひかえて　④すえる　⑤こりて

第6回

動詞Cレベル(6)

Ⅰ　次の絵は何を表していますか。表から漢字を選んで______に入れ、読み方も書きなさい。

①

②

③

④

①白髪を__________。
(　　　　　)

②子供が__________。
(　　　　　)

③ねじを__________。
(　　　　　)

④水が__________。
(　　　　　)

Ⅱ　次の文を声を出して読みなさい。

①新しい店の看板を**掲げる**。

②目的を**遂げる**ためには、努力を惜しまない。

③彼女は人込みに**紛れて**見えなくなった。

33	駆ける	かける	遅れそうだったので、駅から学校まで駆けた。
34	遂げる	とげる	日本は急速に経済成長を遂げた。
35	掲げる	かかげる	オリンピックの開会式で、国の旗(はた)を掲げて行進する。
36	染める	そめる	白い布を好きな色に染める。(自) 染まる
37	傷める	いためる	引っ越しで家具を傷めてしまった。
38	緩める	ゆるめる	仕事が終わって、ネクタイを緩めた。(自) 緩む
39	垂れる	たれる	垂れてくる汗をハンカチでふく。
40	廃れる	すたれる	流行はあっという間に廃れるものだ。
41	紛れる	まぎれる	大切な書類がどこかに紛れて見付からない。
42	免れる	まぬかれる	村は台風の被害を免れた。(＝まぬがれる)

Ⅰ①染める（そめる）　②駆ける（かける）　③緩める（ゆるめる）　④垂れる（たれる）
Ⅱ①かかげる　②とげる　③まぎれて

／40点

Ⅰ ＿＿＿の部分の読み方または漢字を選びなさい。（1点×9）

①「ちょっと言いすぎたかな。気に**障った**のなら許してくれ。」

1 ほこった　2 ねばった　3 さわった　4 はかった

②ここには戦争で亡くなった人が**葬られて**いる。

1 うめられて　2 ほうむられて　3 しばられて　4 しずめられて

③彼は管理者として、事故の責任を**免れる**ことはできない。

1 のがれる　2 のかれる　3 まねかれる　4 まぬかれる

④切れた電線が**垂れて**いるときは、すぐ電力会社に連絡してください。

1 おれて　2 たれて　3 かれて　4 とれて

⑤本当の気持ちを**偽り**、恋人に別れを告げた。

1 へだたり　2 きり　3 ちぎり　4 いつわり

⑥借金を重ね、借金地獄（じごく）に**陥る**人がいる。

1 おちいる　2 おちる　3 おとしいれる　4 さがる

⑦元日には、きれいな水をくんで神社に**奉る**ことになっている。

1 たまわる　2 たてまつる　3 ささげる　4 うけたまわる

⑧音楽会の切符がどこかに**まぎれて**しまい、どこを探しても見付からない。

1 績れて　2 粉れて　3 紛れて　4 精れて

⑨私の子供時代を**かえりみる**と、今より自然に触れる機会が多かった。

1 顧みる　2 省みる　3 振みる　4 踏みる

Ⅱ 次の言葉の読み方を書きなさい。また、その中から適当な言葉を選んで、＿＿＿に記号を入れなさい。（1点×11）

a **鍛える**（　　　える）	b **遂げる**（　　　げる）	c **控える**（　　　える）
d **耐える**（　　　える）	e **誇る**（　　　る）	f **携わる**（　　　わる）

①翻訳（ほんやく）の仕事に＿＿＿＿＿＿。

②毎日泳いで、体を＿＿＿＿＿＿。

③急速な経済成長を＿＿＿＿＿＿。

④油の多い料理を＿＿＿＿＿＿＿。

⑤成功（せいこう）を夢みて、厳（きび）しい労働に＿＿＿＿＿＿＿。

Ⅲ　（a・b）のどちらかを選び、文を完成させなさい。選んだ語の読み方も書きなさい。

（1点×6）

①明日も晴れそうだ。西の空が夕日で赤く（**a　染まって・b　染みて**）いる。

②安全管理を（**a　怠る・b　怠ける**）と、重大な事故につながる。

③非常時のための保存食も、2日で（**a　尽きた・b　尽くした**）。

① （　　）	② （　　）	③ （　　）

Ⅳ　＿＿＿の部分の読み方を書きなさい。（1点×14）

①何百年も続いた歴史のある国も、次第に **a　衰えて** ついに **b　滅びた**。

②昔からの習慣が、だんだん **c　廃れて** いく。

③**d　朽ちた** 木が強い風で倒れ、道を **e　遮って** いる。

④急いだため何度も失敗し、**f　焦る** とろくなことがないと **g　悟った**。

⑤この議案を次の会議に **h　諮る**。

⑥それでは、会長からお言葉を **i　賜りたい** と存じます。

⑦遅刻しそうだったので、学校まで **j　駆けて** 来た。

⑧「世界平和」と大きく書いたカードを **k　掲げ**、「戦争反対」を **l　唱え** ながら行進した。

⑨　彼は感情を **m　抑えて** いたために、ストレスで胃を **n　傷めた**。

a　　　えて	b　　　びた	c　　　れて	d　　　ちた	e　　　って
f　　　る	g　　　った	h　　　る	i　　　りたい	j　　　けて
k　　　げ	l　　　え	m　　　えて	n　　　めた	

第7回　い形容詞(1)

I　左右の言葉を線で結んで文を作り、＿＿＿の部分の読み方を書きなさい。

①胃の痛みが　・　　　　・a **貴い**。（　　　　い）。

②この世のすべての命は・　　　　・b **快い**。（　　　　い）。

③いい音楽を聴くのは　・　　　　・c **激しい**。（　　　　しい）。

④日本は天然資源（しげん）が　・　　　　・d **乏しい**。（　　　　しい）。

⑤今年の冬は寒さが　・　　　　・e **悔しい**。（　　　　しい）。

⑥失敗したのが　・　　　　・f **厳しい**。（　　　　しい）。

1	良い	よい	安くて良い品を買う。
2	粗い	あらい	このセーターは目が粗い。
3	淡い	あわい	春らしい淡い色の服を買った。/ もしかしたらと淡い期待を抱く。
4	堅い	かたい	彼は考え方が堅い。
5	臭い	くさい	たばこで部屋が臭い。/ 生臭（なまぐさ）い
6	渋い	しぶい	渋いお茶を飲む。/ 留学したいと言うと、父は渋い顔をした。
7	緩い	ゆるい	やせたので、ベルトが緩くなってしまった。
8	尊い	とうとい	お坊さんが人々に仏の尊い教えを説く。
9	貴い	とうとい	博物館には貴い資料が残されている。
10	醜い	みにくい	この鳥は、雄（おす）は美しいが雌（めす）は醜い。
11	快い	こころよい	快い音楽を聴きながら眠ってしまった。
12	危うい	あやうい	交通事故で大けがをし、一時は命も危うかった。
13	惜しい	おしい	大きな魚を釣ったのに、惜しいことに逃げられた。
14	怪しい	あやしい	現場から怪しい男が走り去った。
15	卑しい	いやしい	人の分まで取って食べるなんて卑しい。
16	厳しい	きびしい	あの先生は学生に厳しい。
17	悔しい	くやしい	弟に負けて悔しい。
18	詳しい	くわしい	この辞書は説明がとても詳しい。
19	寂しい	さびしい	家族と離れて暮らすのは寂しいものだ。/ 寂しい道
20	乏しい	とぼしい	彼は経験は乏しいが、仕事は熱心だ。
21	激しい	はげしい	台風の接近に伴い、雨と風が激しくなった。
22	著しい	いちじるしい	政治への不満が著しく高まっている。

I①c はげしい　②a とうとい　③b こころよい　④d とぼしい　⑤f きびしい　⑥e くやしい

い形容詞(2)

I　左右の言葉を線で結んで文を作り、＿＿＿の部分の読み方を書きなさい。

①幼いころ遊んだ山や川が　・　　・ a **慌ただしい**。
（　　　　ただしい）。

②今日着いて明日出発とは、　・　　・ b **懐かしい**。
（　　　　かしい）。

③競技会での彼の活躍（かつやく）は　・　　・ c **騒がしい**。
（　　　　がしい）。

④子供が電車の中を走り回って・　　・ d **華々しい**。
（　　　　しい）。

…………………………………………………………

⑤数字の１（いち）と７（しち）は　・　　・ e **酸っぱい**。
（　　　　っぱい）

⑥レモンジュースは　・　　・ f **甚だしい**。
（　　　　だしい）

⑦たくさんの細かい規則を守るのは　・　　・ g **煩わしい**。
（　　　　わしい）

⑧今回の地震では、特にＡ市の被害が・　　・ h **紛らわしい**。
（　　　　らわしい）

23	騒がしい	さわがしい	休み時間の教室は、いつも騒がしい。
24	懐かしい	なつかしい	このＣＤには、懐かしい曲が入っている。
25	悩ましい	なやましい	問題の解決策（さく）が見付からず、悩ましい。/ 悩ましい姿（すがた）
26	甚だしい	はなはだしい	深夜に電話をかけるとは、非常識も甚だしい。
27	華々しい	はなばなしい	彼女は映画スターとして、華々しい活躍（かつやく）をしている。
28	煩わしい	わずらわしい	役所の手続きは、時間がかかって煩わしい。
29	慌ただしい	あわただしい	引っ越しの準備で毎日が慌ただしい。
30	汚らわしい	けがらわしい	不正に得た金なんて汚らわしい。
31	紛らわしい	まぎらわしい	「職」と「識」は、似ていて紛らわしい。
32	平たい	ひらたい	この料理には平たい皿が合う。
33	酸っぱい	すっぱい	このみかんは酸っぱい。

I ①b なつかしい　②a あわただしい　③d はなばなしい　④c さわがしい　⑤h まぎらわしい
⑥e すっぱい　⑦g わずらわしい　⑧f はなはだしい

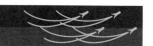

テスト

／35点

Ⅰ ＿＿＿の部分の読み方または漢字を選びなさい。（1点×8）

①焼いた魚を載せる**平たい**皿を買った。

1 へいたい　2 ひらたい　3 たいたい　4 さらたい

②今年も桜(さくら)の花が**淡い**ピンクのつぼみをつけた。

1 うすい　2 きよい　3 あわい　4 ひろい

③他人の失敗を喜ぶような**卑しい**心は持っていない。

1 とぼしい　2 いやしい　3 まずしい　4 くやしい

④Ａ国の**著しい**経済発展は、世界中の注目を浴びている。

1 あさましい　2 めざましい　3 はなばなしい　4 いちじるしい

⑤中学生のころは、男女の関係を**汚らわしい**もののように感じていた。

1 けがらわしい　2 きたならわしい　3 まぎらわしい　4 みだらわしい

⑥将来のためとはいえ、小学生から塾(じゅく)に行かせるべきなのか、**悩ましい**問題だ。

1 あさましい　2 のうましい　3 なやましい　4 やかましい

⑦お金がなかった彼が、急に金持ちになるなんて、どうも**あやしい**。

1 怪しい　2 奇しい　3 珍しい　4 妙しい

⑧才能の**とぼしい**ことを嘆くより、日々(ひび)努力することだ。

1 乏しい　2 貧しい　3 少しい　4 亡しい

Ⅱ 言葉を選んで、正しい形にして入れなさい。また、読み方も書きなさい。（1点×10）

激しい	臭い	良い	渋い	尊い	寂しい

①景気が＿＿＿＿＿なるにつれ、街(まち)には活気が戻ってきた。
（　　　　　）

②相手チームの＿＿＿＿＿攻めに遭って負けてしまった。
（　　　　　）

③道に迷い、＿＿＿＿＿山道を５時間も歩き回った。
（　　　　　）

④何だか＿＿＿＿＿と思ったら、魚が腐っていた。
（　　　　　）

⑤この寺院の壁には＿＿＿＿＿仏様の絵が描かれている。
（　　　　　）

Ⅲ　太字の言葉との関係を考えて、言葉を選んで＿＿＿に記号を入れなさい。読み方も書きなさい。（1点×12）

a 厳しい	b 快い	c 緩い	~~d 高い~~	e 良い	f 詳しい	g 酸っぱい	h 騒がしい

例）高い山に登るのは大変なので、**低い**山歩きを楽しんでいる。

①**甘い**のもおいしいけれど、私は少し＿＿＿＿＿みかんが好きだ。

②昼間は＿＿＿＿＿小学校だが、子供たちが家に帰ると**静かに**なる。

③いつも**嫌そうな**返事をする彼が、今日は「僕がやります」と＿＿＿＿＿返事をしてくれた。

④**大体**の話は昨日聞いたが、もう少し＿＿＿＿＿ことが聞きたい。

⑤強いチームにするためには、今までのような**楽な**練習ではなく、＿＿＿＿＿練習が必要だ。

⑥＿＿＿＿＿結び方だとほどけるから、**きつく**結んでください。

例）d	たかい	①		②	
③		④		⑤	
⑥					

Ⅳ　＿＿＿部分の読み方を書きなさい。（1点×5）

①寝坊して、<u>a 危うく</u> 試験開始に遅れそうになった。

②彼は口が <u>b 堅い</u> 男だから、信用できる。

③母に借金を申し込んだら、<u>c 渋い</u> 顔をされた。

④魚を捕ったが、網（あみ）の目が <u>d 粗い</u> ので逃げられてしまった。<u>e 惜しい</u> ことをした。

a　　うく	b　　い	c　　い	d　　い
e　　しい			

第8回 な形容詞

I ＿＿＿の部分の読み方を書き、つながる言葉をａ～ｅから選んで線で結びなさい。

①<u>**愚かな**</u>　・　　　・ a 生活
（　　　　　かな）

②<u>**惨めな**</u>　・　　　・ b 考え
（　　　　　めな）

③<u>**清らかな**</u>　・　　　・ c 色
（　　　　　らかな）

④<u>**滑らかな**</u>　・　　　・ d 水の流れ
（　　　　　らかな）

⑤<u>**鮮やかな**</u>　・　　　・ e 肌
（　　　　　やかな）

1	愚かな	おろかな	同じ間違いをするなんて、本当に愚かなことだ。
2	厳かな	おごそかな	教会で厳かに結婚式が行われた。
3	巧みな	たくみな	包丁（ほうちょう）を巧みに使って魚を料理する。
4	惨めな	みじめな	試合は10対１と惨めな結果となった。
5	哀れな	あわれな	両親を事故で亡くした子供が哀れだ。
6	盛んな	さかんな	日本では野球が盛んだ。
7	鮮やかな	あざやかな	秋になると鮮やかな色の紅葉（もみじ）が美しい。
8	穏やかな	おだやかな	父は穏やかな性格をしている。
9	細やかな	こまやかな	彼女は細やかな神経の持ち主（ぬし）だ。
10	健やかな	すこやかな	親は子供の健やかな成長を願うものだ。
11	速やかな	すみやかな	事件への速やかな対応を望む。
12	和やかな	なごやかな	会合は和やかに進められた。
13	華やかな	はなやかな	彼女は華やかなドレスを着て現れた。
14	緩やかな	ゆるやかな	緩やかな上り坂をのんびりと歩く。
15	清らかな	きよらかな	彼女は、子供のような清らかな心をしている。
16	滑らかな	なめらかな	タイルの表面は滑らかだ。/ 滑らかな話し方
17	朗らかな	ほがらかな	いつも彼女は朗らかな声であいさつをしてくれる。
18	月並みな	つきなみな	だれでも考えつく月並みな表現はつまらない。

I ①おろかな b ②みじめな a ③きよらかな d ④なめらかな e ⑤あざやかな c

副詞・その他

I ＿＿＿の部分の読み方を書き、意味の近い言葉をａ～ｆから選んで線で結びなさい。

①**仮に**100万円あったらどうしますか。　・　　・a　もう
（　　　に）

②電車は**既に**出てしまっていた。　・　　・b　もし
（　　　に）

③彼の数学の成績は**極めて**よい。　・　　・c　非常に
（　　　めて）

④**我が**国は海に囲まれている。　・　　・d　今度の
（　　　が）

⑤本人**若しくは**保護者の方にお知らせします。　・　　・e　私の
（　　しくは）

⑥総会は、**来る**日曜日に行います。　・　　・f　あるいは
（　　　る）

19	幾～	いく～	帰国まで、あと幾日ありますか。/ 幾多(いくた) / 幾つ(いく) / 幾分(いくぶん) / 幾ら(いく)
20	我が～	わが～	我が国の鉄道の安全技術は、世界的に見ても高い水準にある。
21	来る～	きたる～	運動会は、来る10月10日に行われます。
22	明くる～	あくる～	山に登った明くる日は、足が痛くてたまらない。
23	～沿い	～ぞい	線路沿いに小さな家が続いている。
24	～難い	～がたい	心の通った友人は、何(なに)ものにも代え難い。
25	仮に	かりに	それが仮に真実だとしても、今となってはどうしようもない。
26	殊に	ことに	日本庭園は美しい。殊に紅葉(こうよう)の季節は見事だ。
27	既に	すでに	その研究は既に10年前に発表されていた。
28	甚だ	はなはだ	甚だ申し訳ありませんが、ただ今入場できません。
29	専ら	もっぱら	休みの日には専ら寝てばかりいる。
30	極めて	きわめて	病気は極めて順調に回復しております。
31	飽くまで	あくまで	彼は飽くまで自分の意見を主張した。
32	及び	および	商品の注文は、電話及びはがきで受け付けております。
33	故(に)	ゆえ(に)	子供のしたこと故、どうぞお許しください。
34	並びに	ならびに	会長並びにご出席の皆様、本日はありがとうございました。
35	若しくは	もしくは	ご来場は、バス若しくは地下鉄が便利です。

I ①かりに　b　②すでに　a　③きわめて　c　④わが　e　⑤もしくは　f　⑥きたる　d

テスト

／30点

Ⅰ ＿＿＿の部分の読み方または漢字を選びなさい。（1点×8）

①この教会はとても**厳かな**感じがする。

1 おごそかな　2 きびやかな　3 おろそかな　4 きびしかな

②彼女は庭の草花（くさばな）にも**細やかな**愛情を注いでいる。

1 ほそやかな　2 こまやかな　3 すこやかな　4 さいやかな

③この地方は**穏やかな**気候で、冬でも10度以下にならない。

1 ゆるやかな　2 しなやかな　3 おだやかな　4 さわやかな

④多数の賛成を得るのは**極めて**難しい。

1 きわめて　2 きはめて　3 ごくめて　4 きょくめて

⑤時代を超えた**巧みな**技は、次の世代に受け継いでいきたい。

1 うまみな　2 たすみな　3 たくみな　4 うきみな

⑥**はなやかな**舞台を夢見て、毎日練習に励んでいる。

1 花やかな　2 麗やかな　3 華やかな　4 鼻やかな

⑦若者（わかもの）の間ではサッカーや野球などが**さかんだ**。

1 咲んだ　2 繁んだ　3 盛んだ　4 栄んだ

⑧道が込むので、私は通勤に**もっぱら**電車を利用している。

1 傍ら　2 専ら　3 博ら　4 果ら

Ⅱ 言葉を選んで＿＿＿に記号を入れ、読み方も書きなさい。（1点×12）

a 既に	b 飽くまで	c 仮に	d 並びに	~~e 殊に~~

例）毎日寒いが、今朝は＿＿＿＿冷える。

①ごみを減らすために、リサイクル＿＿＿＿包装の簡素（かんそ）化を、さらに進める必要がある。

②ホームに着いたときには、＿＿＿＿電車が出てしまっていた。

③＿＿＿＿消費税を5％高くした場合、経済にどんな影響があるかを計算した。

例）e	ことに	①		②		③	

a 沿い	b 来る	c 我が	d 難い

④カナダでの留学生活は忘れ＿＿＿＿＿＿思い出だ。

⑤天気のよい日に海岸＿＿＿＿＿＿を歩くのは気持ちがいいものだ。

⑥子供は皆かわいいが、＿＿＿＿＿＿子に勝るものはない。

④	わすれ	⑤	かいがん	⑥	こ

Ⅲ　言葉を選んで、正しい形にして入れなさい。また、読み方も書きなさい。（1点×10）

和やかな	速やかな	健やかな	朗らかな	哀れな	滑らかな

①飼い主（ぬし）に捨てられた猫が＿＿＿＿＿＿声で鳴いていた。
（　　　　　　）

②パーティーは終始＿＿＿＿＿＿雰囲気（ふんいき）だった。
（　　　　　　）

③警察の捜査（そうさ）で事件は＿＿＿＿＿＿解決された。
（　　　　　　）

④お子様の＿＿＿＿＿＿成長を、心からお祈り申し上げます。
（　　　　　　）

⑤子供たちの＿＿＿＿＿＿笑い声が聞こえてきた。
（　　　　　　）

第9回
名詞(1)道具

I　次の絵は何を表していますか。表から漢字を選んで＿＿＿に入れ、読み方も書きなさい。

例）＿縄＿　①＿＿＿＿　②＿＿＿＿　③＿＿＿＿　④＿＿＿＿　⑤＿＿＿＿
（　なわ　）（　　　）（　　　）（　　　）（　　　）（　　　）

1	鐘	かね	寺の鐘を聞きながら新年を迎える。/ 釣(つ)り鐘(がね)
2	鈴	すず	お土産に、きれいな音の鈴を買った。
3	笛	ふえ	竹で作った笛を吹く。
4	網	あみ	網で魚を捕る。
5	綱	つな	馬を綱でつなぐ。
6	縄	なわ	危険区域に縄を張り、立ち入り禁止にした。
7	鎖	くさり	きれいな貝に鎖をつけてネックレスにした。
8	筒	つつ	竹の筒に花を生けた。
9	器	うつわ	ガラスの器にサラダを盛る。
10	杯	さかずき	杯にたっぷり酒を注いだ。
11	柄	え	ナイフは柄の方を相手に向けて渡すものだ。
12	傘	かさ	電車の中の忘れ物では、傘がいちばん多い。
13	旗	はた	旗を振って選手を励ます。
14	鏡	かがみ	大きな鏡に全身を映す。
15	棚	たな	棚の上に箱を載せる。/ 戸棚(とだな) / 本棚(ほんだな)

I ①網（あみ）　②綱（つな）　③鈴（すず）　④旗（はた）　⑤鐘（かね）

名詞(2)人・衣服

I　次の絵は何を表していますか。表から漢字を選んで＿＿＿に入れ、読み方も書きなさい。

①花の＿＿＿＿＿　②＿＿＿＿＿　③＿＿＿＿＿　④＿＿＿＿＿　⑤＿＿＿＿＿　⑥＿＿＿＿＿

（　　　　）（　　　　）（　　　　）（　　　　）（　　　　）（　　　　）

16	双子	ふたご	あの双子の兄弟は、顔は似ているが、性格は対照的だ。
17	婿	むこ	父は息子がいないので、婿と酒を飲むのを楽しみにしている。
18	嫁	よめ	50年前、祖母はこの家に嫁に来た。
19	若者	わかもの	これからの時代を担うのは、君たち若者だ。
20	悪者	わるもの	このドラマでは、悪者が最後に必ず負ける。
21	我々	われわれ	地球の環境は、我々が守らなければならない。/ 我（われ）
22	鬼	おに	日本には鬼が登場する昔話がたくさんある。
23	頭	かしら	うちには二十歳を頭に、３人の男の子がいる。
24	侍	さむらい	江戸（えど）時代、侍は商人や農民よりも地位が高かった。
25	お供	おとも	社長のかばんを持って一日中お供をした。
26	地主	じぬし	彼はこの辺りの地主だ。/ 主（ぬし）/ 家主（やぬし）
27	麻	あさ	彼女は麻のワンピースを着ていた。
28	絹	きぬ	母の誕生日に絹のスカーフを贈った。
29	織物	おりもの	この地方は織物の産地だ。
30	柄	がら	姉は派手な柄の洋服が好きだ。/ 大柄（おおがら）/ 小柄（こがら）
31	丈	たけ	ズボンの丈を短くする。
32	喪服	もふく	葬式（そうしき）に黒い喪服で出席する。
33	紫	むらさき	赤と青の絵の具を混ぜると紫になる。
34	冠	かんむり	この冠は18世紀の王様のものだ。

I ①柄（がら）　②丈（たけ）　③冠（かんむり）　④双子（ふたご）　⑤お供（おとも）　⑥鬼（おに）

名詞(3)身体・感情

I　次の絵は何を表していますか。表から漢字を選んで______に入れ、読み方も書きなさい。

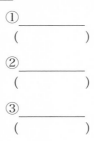

①______
(　　　　　)

②______
(　　　　　)

③______
(　　　　　)

35	傷	きず	ナイフで切った指の傷が痛い。/ 傷（きず）つく / 傷（きず）つける
36	舌	した	熱い物を食べて舌をやけどした。
37	唇	くちびる	唇が震えるほど寒い。
38	裸	はだか	温泉は好きだが、裸になるのが恥ずかしい。
39	癖	くせ	話すとき、髪の毛を触るのが彼女の癖だ。
40	姿	すがた	兄は後ろ姿が父にそっくりだ。
41	左利き	ひだりきき	父も私も左利きです。
42	身振り	みぶり	下手なドイツ語に身振りを交えて話した。
43	恥	はじ	簡単な漢字が分からず、恥をかいた。
44	誠	まこと	誠を尽くす。/ うそか誠か信じ難い。
45	魂	たましい	昔の人々は、自然界のあらゆる物に魂があると考えていた。
46	志	こころざし	若者よ、志を高く持て。
47	怒り	いかり	自分の利益（りえき）ばかり考える彼の態度に、怒りを感じる。
48	情け	なさけ	一人で暮らして、人の情けをしみじみと感じた。/ 情け深い（なさけぶかい）
49	過ち	あやまち	自分の犯した過ちを反省する。
50	償い	つぐない	何年かけても、罪の償いを致します。
51	戸惑い	とまどい	外国で暮らすと、習慣の違いに戸惑いを感じることが多い。
52	善しあし	よしあし	彼は、物事の善しあしを見分ける目を持っている。

I ①舌（した） ②唇（くちびる） ③身振り（みぶり）

/20点

I ＿＿の部分の読み方または漢字を選びなさい。（1点×9）

①**過ち**(1)を認めた犯人の**すがた**(2)が、新聞やテレビで報道された。

(1) 1 あやまち　2 あながち　3 ありがち　4 あらまち
(2) 1 次　2 茨　3 姿　4 婆

②彼は**志**の高さで尊敬されている。

1 こころえ　2 こころざし　3 こころみ　4 こころがけ

③木村の**頭文字**は、Kです。

1 あたまもじ　2 はじめぶんじ　3 かしらもじ　4 さきぶんじ

④被害者は、加害者に対して「罪の**償い**(1)をしろ。」と**怒り**(2)を表した。

(1) 1 つぐない　2 わざわい　3 とむらい　4 おこない
(2) 1 おこり　2 いかり　3 どおり　4 どうり

⑤兄は、**杯**(1)になるような小さい**うつわ**(2)を集めている。

(1) 1 さかはい　2 さかずき　3 さけづき　4 さけばい
(2) 1 筒　2 品　3 器　4 呂

⑥ここは伝統的な**おりもの**の生産で有名な町だ。

1 折物　2 操物　3 織物　4 繰物

II 次の言葉の読み方を書きなさい。また、その中から適当な言葉を選んで、＿＿に記号を入れなさい。（1点×11）

a 癖（　　）	b 棚（　　）	c 恥（　　）
d 傷（　　）	e 鎖（　　）	f 鏡（　　）

①彼は考えているとき、つめをかむ＿＿＿＿がある。

②大きい犬が＿＿＿＿につながれている。

③全身を＿＿＿＿に映して見る。

④＿＿＿＿口（ぐち）からばい菌（きん）が入ったらしい。

⑤「田中さん。」と後ろから声をかけたら知らない人で、＿＿＿＿をかいてしまった。

広がる広げる漢字の知識

1 音（おと）の濁り

「本棚（ほんだな）」を「ほんたな」と読まないのはなぜですか。

それは、「本」と「棚」のような独立した言葉どうしがつながってできた複合語の場合、後の言葉に「゛」がついて音（おと）が濁ることがあるからです。

ルール

複合語の場合、２番目の語の始めの音（おと）が濁ることがある。
ただし、「訓読みの動詞＋訓読みの動詞→複合動詞」の場合は濁りにくい。

【クイズ１】次の語の読み方を書きなさい。音（おと）が変化した所があったら＿＿を引きなさい。

例）勉強部屋（べんきょうべや）

①下書き（　　）	②役立つ（　　）	③青白い（　　）
④送り仮名（　　）	⑤目覚まし（　　）	⑥歯車（　　）
⑦日帰り（　　）	⑧長引く（　　）	⑨青空（　　）
⑩追い越す（　　）	⑪裏返す（　　）	⑫引き返す（　　）
⑬矢印（　　）	⑭区切る（　　）	⑮打ち消す（　　）

答え

【クイズ１】①したがき　②やくだつ　③あおじろい　④おくりがな　⑤めざまし　⑥はぐるま　⑦ひがえり　⑧ながびく　⑨あおぞら　⑩おいこす　⑪うらがえす　⑫ひきかえす　⑬やじるし　⑭くぎる　⑮うちけす
★「役立つ、長引く、裏返す、区切る」は（名詞または形容詞＋動詞）なので濁る。
「追い越す、引き返す、打ち消す」は（動詞＋動詞）なので濁らない。

第10回 名詞(4)自然

I　次の絵は何を表していますか。表から漢字を選んで＿＿＿に入れ、読み方も書きなさい。

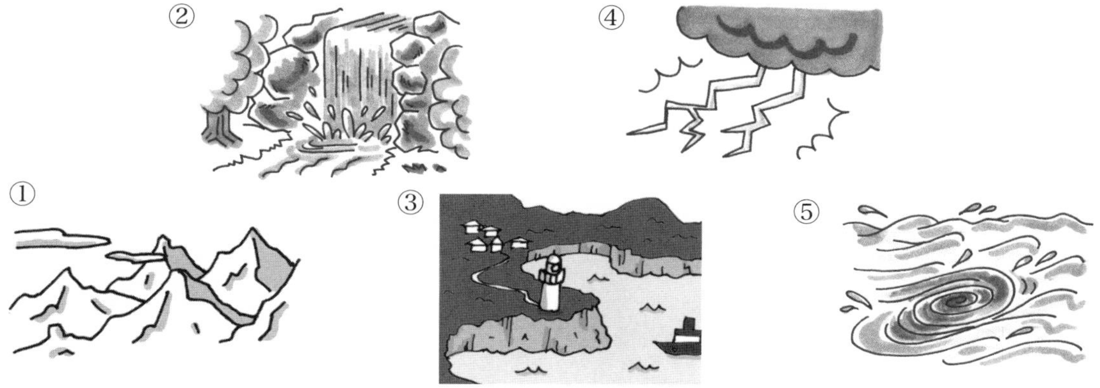

①＿＿＿＿（　　　）　②＿＿＿＿（　　　）　③＿＿＿＿（　　　）　④＿＿＿＿（　　　）　⑤＿＿＿＿（　　　）

1	丘	おか	丘に登ると海が見える。
2	峰	みね	山の峰に雪が積もると、冬がやってくる。
3	峠	とうげ	峠を越えれば、目的地までもうすぐだ。
4	岬	みさき	岬に白い灯台が立っている。
5	頂	いただき	山の頂は雲に隠れてよく見えない。
6	滝	たき	滝が勢いよく流れ落ちている。
7	沼	ぬま	この沼は深いので危険だ。
8	霧	きり	霧が晴れ、目の前に美しい景色が広がった。
9	霜	しも	寒いはずだ。庭に霜が降りている。
10	露	つゆ	朝日を受けて、草の葉の露が光る。
11	滴	しずく	入り口で、傘の滴を落とす。
12	雷	かみなり	雷の音がするから、夕立になるだろう。
13	稲光	いなびかり	稲光と同時に雷が鳴った。
14	泡	あわ	このせっけんはよく泡が立つ。
15	渦	うず	2つの川の流れが1つになった所に、渦ができている。
16	沖	おき	沖にヨットが浮かんでいる。
17	潮	しお	潮が引いた海岸で、貝を拾う。
18	津波	つなみ	地震の後、津波の被害が出た。
19	浜辺	はまべ	浜辺の砂で城を作って遊んだ。/ 浜（はま）

I ①峰（みね） ②滝（たき） ③岬（みさき） ④稲光（いなびかり） ⑤渦（うず）

第10回 名詞（5）植物・食物

I　次の絵は何を表していますか。表から漢字を選んで＿＿＿に入れ、読み方も書きなさい。

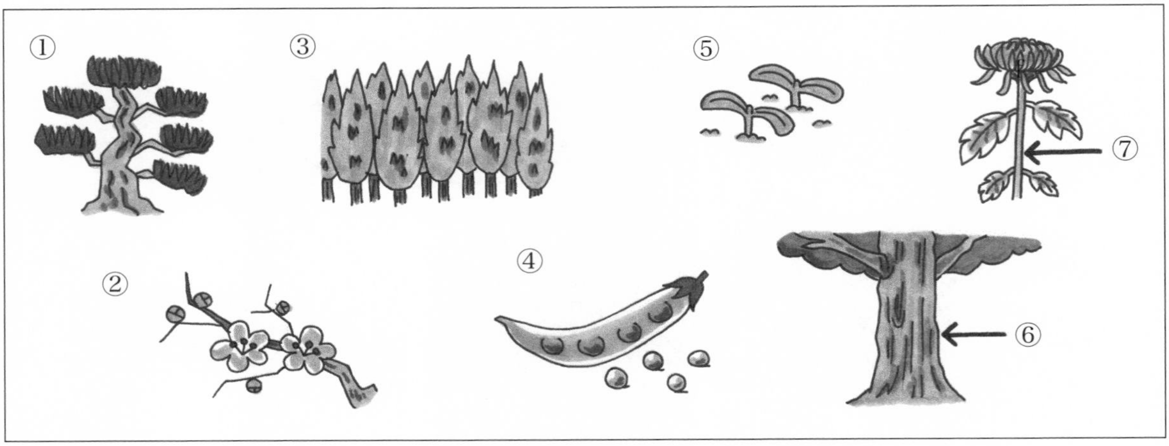

①＿＿＿＿（　　　）　②＿＿＿＿（　　　）　③＿＿＿＿（　　　）　④＿＿＿＿（　　　）　⑤＿＿＿＿（　　　）　⑥＿＿＿＿（　　　）　⑦＿＿＿＿（　　　）

20	梅	うめ	梅の花のいい香りがする。/ 梅干し
21	杉	すぎ	杉の木は建築用木材としてよく使われる。
22	松	まつ	海の近くではさまざまな形をした松が見られる。
23	桃	もも	3月3日は女の子の成長を祝う日で、桃の花を飾る。
24	桜	さくら	春には桜の下で花見をする。
25	芽	め	畑にまいた野菜の種から、芽が出てきた。
26	稲	いね	秋には田んぼの稲を刈る。
27	茎	くき	豆の葉や茎がどんどん伸びた。
28	芝	しば	庭の芝の手入れは大変だ。
29	筋	すじ	その野菜は筋を取って食べやすくしてから調理する。/ 小説の筋。/ 粗筋
30	苗	なえ	稲の苗を植える季節が来た。
31	幹	みき	この木は幹の太さが2メートルもある。
32	酢	す	この料理は酢をたっぷり使う。
33	汁	しる	レモンの汁を絞る。
34	乳	ちち	牛の乳をトラックで運ぶ。
35	芋	いも	芋には食物繊維が多く含まれている。
36	豆	まめ	豆は体によい食べ物だ。
37	豚	ぶた	この農場では、豚を100頭と牛を50頭飼っている。/ 豚肉
38	鶏	にわとり	鶏が産んだばかりの卵を取ってきた。

I ①松（まつ）②梅（うめ）③杉（すぎ）④豆（まめ）⑤芽（め）⑥幹（みき）⑦茎（くき）

第10回　名詞(6)建造物・形状

I　次の絵は何を表していますか。表から漢字を選んで＿＿＿に入れ、読み方も書きなさい。

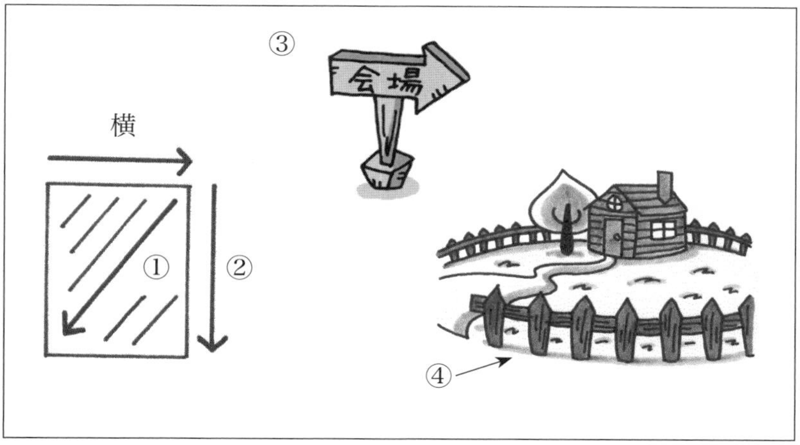

①＿＿＿＿＿
（　　　　　）

②＿＿＿＿＿
（　　　　　）

③＿＿＿＿＿
（　　　　　）

④＿＿＿＿＿
（　　　　　）

39	跡	あと	山道に動物の通った跡があった。/ 足跡（あしあと）
40	穴	あな	地面に穴を掘ってごみを埋める。
41	墓	はか	故郷（こきょう）にある先祖の墓に参る。
42	街	まち	この辺りは新しい店が増え、近代的な街に変わった。/ 街角（まちかど）
43	溝	みぞ	車のタイヤが溝に落ちてしまった。
44	扉	とびら	公演中は扉を閉めさせていただきます。
45	井戸	いど	井戸の水は、夏冷たく冬温かい。
46	お宮	おみや	子供の成長を願って、お宮にお参りをする。
47	垣根	かきね	家の周りに低い木を植え、垣根を作った。/ 垣（かき）
48	敷地	しきち	広い敷地に学校を建てる。
49	踏切	ふみきり	踏切では車は一時停止しなければならない。
50	道端	みちばた	道端に小さな花が咲いている。
51	縦	たて	縦４センチ横３センチの証明写真を撮った。
52	縁	ふち	黒の縁の眼鏡（めがね）を買った。
53	枠	わく	窓の枠を白く塗る。
54	塊	かたまり	パーティーのために肉を塊で買う。
55	斜め	ななめ	地震で建物が斜めに傾いてしまった。
56	矢印	やじるし	矢印に沿ってお進みください。

I ①斜め（ななめ）　②縦（たて）　③矢印（やじるし）　④垣根（かきね）

第10回 テスト

/20点

I ＿＿＿の部分の読み方または漢字を選びなさい。（1点×12）

①**岬**(1)の灯台には、50年前の**津波**(2)の**跡**(3)が残っている。

(1) 1 みさき	2 みなと	3 ふもと	4 すそ
(2) 1 しんぱ	2 しんは	3 つなみ	4 ずなみ
(3) 1 あし	2 から	3 あと	4 かた

②今日の観光は、朝と夕方で色が変わるという**沼**(1)と、５つの**滝**(2)を巡ります。

(1) 1 いけ	2 しお	3 ぬま	4 みずうみ
(2) 1 りゅう	2 たつ	3 かわ	4 たき

③その小説は、**粗筋**を聞いただけでも面白そうだ。

1 あらわけ　2 ゆるずし　3 ゆるわげ　4 あらすじ

④**枠**(1)の中に、**たて**(2)に字を書こうとしたが、**ななめ**(3)になってしまった。

(1) 1 まく	2 わく	3 かく	4 かど
(2) 1 緯	2 縦	3 建	4 断
(3) 1 偏め	2 斜め	3 坂め	4 緩め

⑤２人の間の**溝**は深まる一方だ。

1 みぞ　2 ほり　3 ふち　4 いど

⑥品種改良によって、寒い地方でも育つ**いね**が作り出された。

1 穂　2 殻　3 稲　4 種

⑦うどんの**しる**がとてもおいしかったので、残さず飲んでしまった。

1 液　2 流　3 汁　4 渦

II 左の言葉の読み方を書きなさい。そして、右の動詞と線で結びなさい。（1点×8）

例）雷（かみなり）・ ―― ・b が鳴る

例）雷（かみなり）・	・a が降りる
①**霧**（　　　　）・	・b が鳴る
②**霜**（　　　　）・	・c が垂れる
③**潮**（　　　　）・	・d が満ちる
④**峠**（　　　　）・	・e が晴れる
	・f を越える

第11回
名詞(7)野生・生活

I　次の絵は何を表していますか。表から漢字を選んで＿＿＿に入れ、読み方も書きなさい。

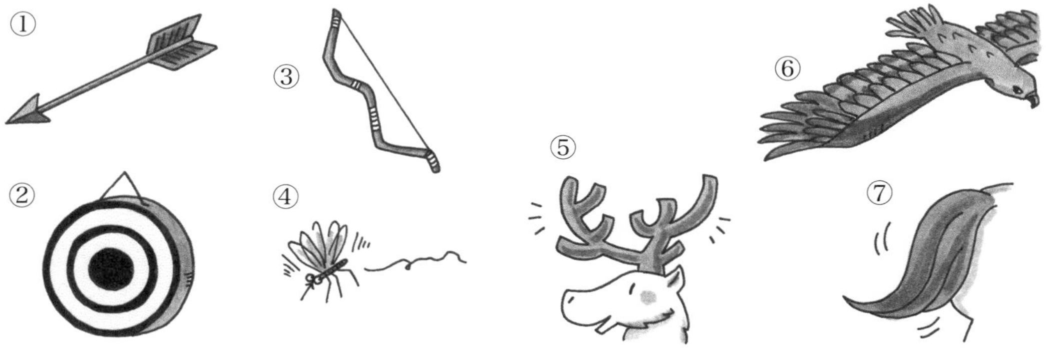

①＿＿＿（　　）　②＿＿＿（　　）　③＿＿＿（　　）　④＿＿＿（　　）　⑤＿＿＿（　　）　⑥＿＿＿（　　）　⑦＿＿＿（　　）

1	蚊	か	窓を開けて寝たら、蚊に刺されてしまった。
2	猿	さる	猿は群れを作って生活する。
3	蛇	へび	蛇が鳥の卵をねらっている。
4	尾	お	犬がうれしそうに尾を振っている。
5	殻	から	殻を破って中からひなが出てきた。/ 貝殻（かいがら）
6	角	つの	牛の頭に角が生えている。
7	翼	つばさ	大きな鳥が翼を広げて飛んでいる。
8	巣	す	木の上にある鳥の巣を見付けた。
9	雄	おす	動物は、一般的に雄のほうが目立つ。
10	雌	めす	雌の鳥が、何日も卵を温めている。
11	獣	けもの	足跡を頼りに獣を追う。
12	刃	は	硬い物を切ったら、包丁（ほうちょう）の刃が欠けてしまった。
13	矢	や	大昔は棒の先にとがった石をつけて矢を作った。
14	盾	たて	飛んでくる矢を盾で防ぐ。
15	弾	たま	ピストルに弾を入れる。
16	的	まと	的に向かってピストルを撃つ。
17	弓	ゆみ	弓を引いて飛ぶ鳥を落とした。
18	刀	かたな	江戸（えど）時代、侍だけが刀を持つことを許されていた。
19	鉛	なまり	鉛は体内（たいない）に入ると毒となる。
20	狩り	かり	狩りをするため、山の奥に入った。
21	獲物	えもの	網に獲物がかかる。

I ①矢（や） ②的（まと） ③弓（ゆみ） ④蚊（か） ⑤角（つの） ⑥翼（つばさ） ⑦尾（お）

第11回 名詞(8)経済・生活

I　次の言葉の読み方を書き、説明をａ～ｆから選んで線で結びなさい。

①**蔵**　・　　・a 劇
(　　　　)

②**札**　・　　・b 10円や100円などの額の小さいお金
(　　　　)

③**小銭**　・　　・c 物をしまっておくための建物
(　　　　)

④**芝居**　・　　・d スポーツや工芸などの技術
(　　　　)

⑤**手際**　・　　・e 文字や符号が書いてある小さい木や紙
(　　　　)

⑥**技**　・　　・f 物事の処理のしかた
(　　　　)

22	市	いち	昔、この辺りでは毎月10日に市が立った。
23	蔵	くら	川に沿って古い蔵が並んでいる。
24	富	とみ	彼は事業に成功(せいこう)して、多くの富を得た。
25	札	ふだ	お呼びしますので、番号札を取ってお待ちください。/ 名札(なふだ)
26	値	あたい	血液検査の結果、すべての値が正常だった。
27	小銭	こぜに	チップを渡すために小銭を用意した。
28	問屋	とんや	問屋は生産者から品物を買い入れ、商店に売る。
29	残高	ざんだか	銀行の通帳を見て残高を確認した。
30	お釣り	おつり	600円の物を買って1,000円払うと、お釣りは400円だ。
31	小遣い	こづかい	弟の小遣いは、月5,000円だ。
32	喪	も	喪の期間は、国や習慣によって違う。
33	技	わざ	一人前(いちにんまえ)の職人になるために技を磨く。
34	暦	こよみ	暦の上ではもう秋だというのに、暑い日が続いている。
35	公	おおやけ	父は公の機関に勤めている。/ 秘密(ひみつ)を公にする。
36	芝居	しばい	妹は芝居が好きで、役者を志している。
37	手際	てぎわ	ベテラン社員(しゃいん)の仕事は手際がいい。
38	偽物	にせもの	このダイヤモンドは偽物だ。
39	夜更かし	よふかし	夜更かしをして朝起きられない子供が増えている。

I ①くら c ②ふだ e ③こぜに b ④しばい a ⑤てぎわ f ⑥わざ d

第11回 名詞(9)時・空間

Ⅰ　次の言葉の読み方を書き、説明をａ～ｃから選んで線で結びなさい。

①**半端**　・　　　　・ａ　これから物事が起こりそうな様子。
（　　　　）

②**折**　・　　　　・ｂ　数や時間がそろわないこと。不完全なこと。
（　　　　）

③**兆し**　・　　　　・ｃ　その時。機会。
（　　　　し）

Ⅱ　次の文を声に出して読みなさい。

①彼女の**傍ら**にはいつも友人の京子(きょうこ)がいた。

②あの歌手が引退するとは**初耳**だ。

③ひもの**端**と端を結んでつなぐ。

④車の**陰**から、急に子供が飛び出してきた。

40	折	おり	お近くにいらっしゃった折には、ぜひお立ち寄りください。/ 時折(ときおり)
41	暇	ひま	忙しくて遊んでいる暇がない。
42	上	かみ	川上(かわかみ)は水がきれいだ。/ お客様は上座(かみざ)にお通ししましょう。
43	下	しも	川下(かわしも)は、汚くて泳げない。/ 下半期(しもはんき)の決算をする。
44	端	はし	この道は狭くて危ないから、端の方を歩きなさい。
45	隣	となり	隣の部屋からテレビの音が聞こえてくる。
46	源	みなもと	大きな川の源を探る。
47	果て	はて	宇宙の果ては、まだだれも知らない。
48	傍ら	かたわら	傍らに辞書を置き、英語の本を読んだ。
49	延べ	のべ	２人で３日かかった仕事の延べ人数は６人だ。
50	盛り	さかり	桜の花の盛りは、あっという間に過ぎる。
51	兆し	きざし	景気回復の兆しは全く見られない。
52	半端	はんぱ	1,000円を３人で分けると、半端が出てしまう。
53	影	かげ	太陽が傾くにつれて、影も長くなる。/ 人影(ひとかげ)
54	陰	かげ	木の陰で本を読む。/ 日陰(ひかげ)
55	音	ね	庭から虫の音が聞こえてくる。/ 音色(ねいろ)
56	趣	おもむき	古くて趣のある宿に泊まった。
57	本音	ほんね	本音を言うと、この仕事はやりたくないが、命令なのでやらざるをえない。
58	初耳	はつみみ	えっ、それは初耳ですね。全然知りませんでした。/ 初(はつ)
59	見晴らし	みはらし	見晴らしのいいマンションに住む。

Ⅰ①はんぱ　ｂ　②おり　ｃ　③きざし　ａ　Ⅱ①かたわら　②はつみみ　③はし　④かげ

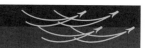

／15点

I ＿＿＿の部分の読み方または漢字を選びなさい。（1点×9）

①ある有名な絵が**偽物**(1)だったことが、新聞の報道によって**公**(2)にされた。

(1) 1　にせぶつ　2　にせもの　3　にたもの　4　にたもつ
(2) 1　おもて　2　おおやけ　3　きみ　4　こう

②北の**果て**から南の島まで、日本中を旅して回ろう。

1　かて　2　あて　3　はて　4　たて

③どんなに調べても、無責任なうわさの**源**は分からない。

1　みなとも　2　みなもと　3　みずもと　4　みずとも

④**時折**(1)吹く涼しい風に、秋の**兆し**(2)を感じる。

(1) 1　じおり　2　じせつ　3　ときおり　4　ときせつ
(2) 1　ひさし　2　ひざし　3　きさし　4　きざし

⑤**上半期**の決算の結果が公表された。

1　かみはんき　2　うえはんき　3　じょうはんき　4　うわはんき

⑥風の音や虫の**音**(1)に**おもむき**(2)を感じて、詩に表した。

(1) 1　いん　2　おと　3　おん　4　ね
(2) 1　興　2　趣　3　味　4　巧

II 左の言葉の読み方を書きなさい。そして、右の動詞と線で結びなさい。（1点×6）

①**獲物**　・　　・a　を過ぎる
（　　　）

②**夜更かし**　・　　・b　を磨く
（　　かし）

③**盛り**　・　　・c　をねらう
（　　り）

・d　をする

広がる広げる漢字の知識

2 言葉の構成

知らない熟語の意味が類推できるって本当ですか。

熟語の語の構成は、幾つかに分けられます。構成を考えると、知らない熟語でも意味が類推できます。

a．老人［老いた→人］⇒前の漢字が、後の漢字を説明・・・・・・・・・・・・物価、進路
b．読書［読む←本を］⇒後の字が前の動詞の目的語・対象語・・・・・・・・開会、着陸
c．身体［身＝体］⇒同じような意味の漢字を重ねる・・・・・・・・・・・・・道路、恋愛
d．大小［大⇔小］⇒反対やペアになる意味の漢字を重ねる・・・・・・・・・父母、勝敗
e．国立［国が立てる］⇒主語と述語の関係・・・・・・・・・・・・・・・・・地震、国有
f．不便［便利ではない］⇒否定の意味を表す漢字がつく・・・・・・・・・・未満、無効

ルール

知らない熟語は、語の構成を考えると意味が分かる。

【クイズ１】次の言葉は、「記」を使った熟語です。上のａ～ｆのどれになりますか。

①記事（　　）　②記録（　　）　③記名（　　）

【クイズ２】次の熟語は上のａ～ｆのどれになりますか。

①男女（　　）　②曲線（　　）　③市営（　　）　④集金（　　）　⑤学習（　　）
⑥防火（　　）　⑦不在（　　）　⑧分離（　　）　⑨乗降（　　）　⑩資金（　　）

【クイズ３】次の□に漢字を１字入れて、意味の通る文にしなさい。（　）の中の熟語の構成の種類をヒントにしなさい。

例）彼は土地の売買で財産を築いた。（ｄ）
①彼女が今どこに住んでいるかは□明です。（ｆ）
②子供のための図書館を作る資金が足りないので、募□をすることになった。（ｂ）
③今、部長から説明がありましたが、私から幾つか補□させていただきます。（ｃ）

2つの熟語を組み合わせて、言葉を作ることがあります。

例）日本の経済⇒日本経済　　　説明する責任⇒説明責任

　　温度を調節すること⇒温度調節

【クイズ4】左または右の言葉と組み合わせられないものを1つ選びなさい。

例）人間＋｛a 関係・b 社会・ⓒ経済・d 教育｝

① 　社会＋｛a 体制・b 問題・c 活動・d 改正｝

② 　観光＋｛a 旅行・b 事故・c 収入・d 開発｝

③ 　｛a 年齢・b 兄弟・c 入場・d 速度｝＋制限

④ 　｛a 異常・b 愛情・c 言語・d 文章｝＋表現

【クイズ5】□□の中の言葉から適当なものを選んで（　　）に入れて、意味の通る文にしなさい。

~~a 人間~~　　b 期間　　c 条件　　d 観光　　e 表現

例）この作家は、（　a　）観察の目が鋭い。

① 　この地方は、主に（　　）産業によって経済が成り立っている。

② 　あの人は感情（　　）がとても豊かだ。

③ 　3か月の実習（　　）が終わっても、一人前とはいえない。

④ 　就職するときは、労働（　　）をよく聞いておかなければならない。

長い熟語の意味が分からないときは、熟語の大きな構成を考えて、

意味の分からない所だけ辞書を引きましょう。

　　　　　例）高齢化社会＝高齢／化／社会

【クイズ6】上の例のように／を入れて、辞書に出ている言葉に分けてみましょう。

①幼児英語教育研究所　　　　　②開発商品出張販売研修員

③国立国会図書館資料室案内図　④卒業予定者会社説明相談会会場

⑤環境問題調査機関最終報告発表予定表

答え

④卒業／予定／者／会社／説明／相談／会／会場　⑤環境／問題／調査／機関／最終／報告／発表／予定／表

②開発／商品／出張／販売／研修／員　③国立／国会／図書／館（図書館）／資料／室／案内／図

【クイズ5】①d ②e ③b ④c 【クイズ6】①幼児／英語／教育／研究／所

【クイズ3】①問題 ②修正 ③順番 ①d ②b ③b ④a

【クイズ1】①a ②c ③b 【クイズ2】①d ②a ③e ④b ⑤c ⑥b ⑦c ⑧c ⑨d ⑩a

第２部 音読（おんよ）み・特別（とくべつ）な読（よ）み方（かた）

「する」がつく名詞(1)

Ⅰ ①～④の読み方を書きなさい。また、右の＿＿＿部分と意味が最も近いものを選んで、線で結びなさい。

> **みんなの掲示板**
> ☆7月1日より循環バスの時間が変更になります。
> 　循環バス（駅発～市内中央～病院～大学～駅着）
> ☆市民税の納入は6月30日までに。
> ☆写真撮影会　A公園で　6月20日　10時～13時

例）変更する　・
　（へんこう）する

・a　税金をおさめる。

①**掲示**する　　・
　（　　　　）する

・b　いい景色を写真にとる。

②**循環**する　　・
　（　　　　）する

・c　お知らせを皆に見える所に書いてしめす。

③**納入**する　　・
　（　　　　）する

・d　このバスは市内をまわる。

④**撮影**する　　・
　（　　　　）する

・e　予定をかえる。

Ⅱ 表の中の隣り合った漢字を使って①～⑤の意味に最も近い言葉を作りなさい。隣り合っていれば縦、横、斜めのどれでも構いません。

歓	選	択
迎	憩	縮
休	小	致
屈	退	一

例）することがなくてつまらないこと→（　退屈　）する
①喜んでむかえること→　　　　　　（　　　　）する
②仕事や勉強の途中でやすむこと→（　　　　）する
③意見などがぴったり合うこと→　（　　　　）する
④2つ以上のものからえらび取ること→（　　　　）する
⑤ちぢめて小さくすること→　　　（　　　　）する

ちょっと一休み

・「する」をつけて動詞になるものはどれ？　4つあります。
①納得　②理屈　③功績　④充実　⑤注射　⑥応援　⑦急激　⑧献立

No.	漢字	音読み	語例	訓読み
1	援	エン	援助(えんじょ)・応援(おうえん)・救援(きゅうえん)	
2	憶	オク	記憶(きおく)	
3	歓	カン	歓迎(かんげい)	
4	迎*	ゲイ		むか**える**
5	揮	キ	指揮(しき)・発揮(はっき)	
6	響	キョウ	反響(はんきょう)	ひび**く**
7	影	エイ	影響(えいきょう)	かげ
8	撮	サツ	撮影(さつえい)	と**る**
9	屈	クツ	屈折(くっせつ)・退屈(たいくつ)・理屈(りくつ)	
10	掲	ケイ	掲示(けいじ)	かか**げる**
11	継	ケイ	継続(けいぞく)・中継(ちゅうけい)	つ**ぐ**
12	憩	ケイ	休憩(きゅうけい)	
13	激	ゲキ	激増(げきぞう)・感激(かんげき)・急激(きゅうげき)・刺激(しげき)	はげ**しい**
14	献	ケン	文献(ぶんけん)	
		コン	献立(こんだて)	
15	貢	コウ	貢献(こうけん)	
16	悟	ゴ	覚悟(かくご)	さと**る**
17	功	コウ	功績(こうせき)・成功(せいこう)	
18	克	コク	克服(こくふく)	
19	射	シャ	注射(ちゅうしゃ)・発射(はっしゃ)・反射(はんしゃ)・放射(ほうしゃ)(能(のう))	
20	釈	シャク	解釈(かいしゃく)	
21	充	ジュウ	充実(じゅうじつ)・拡充(かくじゅう)・補充(ほじゅう)	
22	縮	シュク	縮小(しゅくしょう)・圧縮(あっしゅく)・恐縮(きょうしゅく)・短縮(たんしゅく)	ちぢ**む**
23	循	ジュン	循環(じゅんかん)	
24	昇	ショウ	昇進(しょうしん)・上昇(じょうしょう)	のぼ**る**
25	析	セキ	分析(ぶんせき)	
26	択	タク	採択(さいたく)・選択(せんたく)	
27	致	チ	一致(いっち)	いた**す**
28	納	ノウ	納入(のうにゅう)	おさ**める**
		ナッ	納得(なっとく)	
29	矛	ム	矛盾(むじゅん)	
30	盾	ジュン		たて
31	躍	ヤク	活躍(かつやく)	

II ①歓迎 ②休憩 ③一致 ④選択 ⑤縮小

I ①けいじ c ②じゅんかん d ③のうにゅう a ④さつえい b

第12回 テスト　／30点

I ＿＿＿の部分の読み方または漢字を選びなさい。（1点×7）

①彼は努力によって弱点を**克服**し、一流選手となった。

1　かっぷく　　2　かつふく　　3　こっぷく　　4　こくふく

②今年のスポーツ界は、新人の**活躍**が目立つ。

1　かつよう　　2　かっやく　　3　かつやく　　4　かっよく

③夕食の**献立**に必要な材料を買う。

1　こんだて　　2　けんたて　　3　けんりつ　　4　けんりゅう

④お忙しいところ、お越しいただいて**恐縮**です。

1　こうしょく　　2　きゅうしょく　　3　こうしゅく　　4　きょうしゅく

⑤災害被害者の救援プログラムが**採択**された。

1　さいたく　　2　さいしゃく　　3　さいかく　　4　さいとく

⑥英語の試験には、長い文章を**かいしゃく**する問題もある。

1　解借　　2　解釈　　3　解消　　4　解作

⑦運転中にトンネルで火事に遭い、最悪（さいあく）の事態を**かくご**した。

1　各互　　2　確悟　　3　覚互　　4　覚悟

II ＿＿＿の部分が同じ漢字のものを選びなさい。（1点×3）

①彼は教育界に大きな**こうせき**を残した人物である。

1　無理な命令に**閉こう**した。　　2　新しい企画（きかく）は**成こう**した。

3　男女が**こう互**に並んでいる。　　4　雨でも試合は**決こう**される。

②半年かかって、やっと歯の**ちりょう**が終わった。

1　社会に出て、お金の**価ち**を知る。　　2　この辺りは**ち安**が悪い。

3　全員の意見が**一ち**する。　　4　教室の机の**位ち**を決める。

③レポートを書くために、図書館で**ぶんけん**を探した。

1　留学は貴重な**体けん**となった。　　2　彼には何の**けん限**もない。

3　地域の発展に**貢けん**する。　　4　首相が記者**会けん**をした。

III ＿＿＿に入る言葉を下の［　　］から選び文を完成させなさい。また、読み方も書きなさい。

（1点×10）

掲示	充実	休憩	納得	歓迎	記憶

①社会の高齢（こうれい）化に伴い、お年寄りに対する医療と福祉（ふくし）の＿＿＿＿＿が望まれる。
（　　　　　）

②50分勉強したら、10分＿＿＿＿＿するようにしている。
（　　　　　）

③幼いころ住んでいた家のことを、今でもはっきり＿＿＿＿＿している。
（　　　　　）

④政府は、国民が＿＿＿＿＿できるように、詳しく説明をすべきだ。
（　　　　　）

⑤事務室の前に、合格者の番号が＿＿＿＿＿される。
（　　　　　）

Ⅳ　（　　　）に入れるのに最も適切なものを１つ選びなさい。（1点×2）

①私の夢は、オーケストラの指揮（　　　）になることだ。

1　官　　　2　家　　　3　者　　　4　士

②彼は、論理の矛盾（　　　）を突かれて、黙ってしまった。

1　所　　　2　点　　　3　性　　　4　面

Ｖ　＿＿＿の部分の読み方を書きなさい。（1点×8）

①光はガラスを通ると <u>**a 屈折**</u> する。

②優勝決定戦だけあって、試合内容はもちろん <u>**b 応援**</u> も華々しかった。

③岩石（がんせき）を <u>**c 分析**</u> したところ、<u>**d 放射性**</u> 物質を含んでいることが分かった。

④この作家の作品が、若者に与えた <u>**e 影響**</u> は大きい。

⑤インターネットビジネス関係の会社が <u>**f 急激**</u> に増えているらしい。

⑥テレビでオリンピックの開会式を <u>**g 中継**</u> している。

⑦運動をすると、血液の <u>**h 循環**</u> がよくなる。

a	b	c	d	e
f	g	h		

第13回 多くの言葉を作る漢字

Ⅰ　次の漢字を２つ選んで言葉を作り、できた言葉を、①～⑤の文の＿＿＿に入れて文を完成させなさい。読み方も書きなさい。

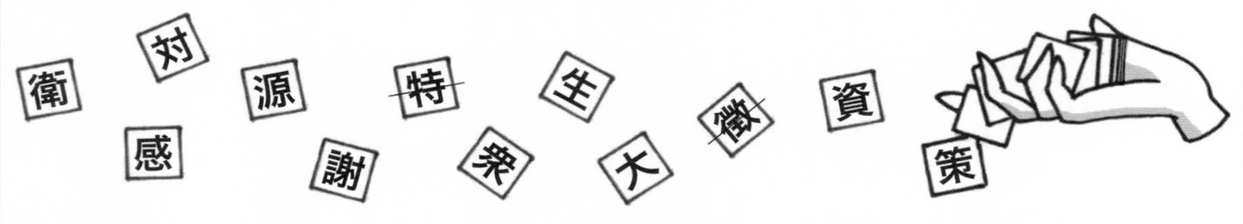

例）これは彼の書いた字だ。特徴があるから、すぐ分かる。
（とくちょう）

①日本は、天然＿＿＿＿＿＿が乏しい国だ。
（　　　　　　）

②地球の温暖化に対しては、早く＿＿＿＿＿＿をとらなければならない。
（　　　　　　）

③夏は食（しょく）中毒が発生しやすいので、台所の＿＿＿＿＿＿に気をつけてください。
（　　　　　　）

④留学生活でお世話になった人々に、とても＿＿＿＿＿＿している。
（　　　　　　）

⑤作曲家のＫ氏が作った曲は、＿＿＿＿＿＿に愛されて、今も歌われている。
（　　　　　　）

Ⅱ　＿＿＿の部分の読み方を書きなさい。

①新しいリーダーは考え方がやや**保守的**（　　　　　　）だ。

②社長のスケジュールを調整するのは、**秘書**（　　　　　　）の大事な仕事だ。

③彼は語学力を買われて、海外研修員に**推薦**（　　　　　　）された。

Ⅰ①資源（しげん）　②対策（たいさく）　③衛生（えいせい）　④感謝（かんしゃ）　⑤大衆（たいしゅう）
Ⅱ①ほしゅてき　②ひしょ　③すいせん

1	衛	エイ	衛生(えいせい)・護衛(ごえい)・自衛(じえい)・防衛(ぼうえい)	
2	概	ガイ	概説(がいせつ)・概念(がいねん)・概要(がいよう)・概略(がいりゃく)・概論(がいろん)・一概(いちがい)・大概(たいがい)	
3	源	ゲン	起源(きげん)・語源(ごげん)・財源(ざいげん)・資源(しげん)・水源(すいげん)・電源(でんげん)	みなもと
4	興	コウ	興業(こうぎょう)・新興(しんこう)・復興(ふっこう)	
		キョウ	興(きょう)じる/ずる・興味(きょうみ)・余興(よきょう)	
5	奮	フン	興奮(こうふん)	
6	根*	コン	根気(こんき)・根本(こんぽん)・球根(きゅうこん)	ね
7	拠	キョ	根拠(こんきょ)	
		コ	証拠(しょうこ)	
8	裁	サイ	裁判(さいばん)・制裁(せいさい)・独裁(どくさい)	さば**く**
9	策	サク	策(さく)・政策(せいさく)・対策(たいさく)・方策(ほうさく)	
10	視	シ	視覚(しかく)・視察(しさつ)・視点(してん)・視野(しや)・近視(きんし)・重視(じゅうし)・無視(むし)	
11	謝	シャ	謝罪(しゃざい)・謝絶(しゃぜつ)・感謝(かんしゃ)・月謝(げっしゃ)	あやま**る**
12	守*	シュ	守衛(しゅえい)・守備(しゅび)・保守(ほしゅ)	まも**る**
13	衆	シュウ	衆議院(しゅうぎいん)・観衆(かんしゅう)・公衆(こうしゅう)・大衆(たいしゅう)	
14	従	ジュウ	従業員(じゅうぎょういん)・従事(じゅうじ)・従来(じゅうらい)	したが**う**
15	障	ショウ	障害(しょうがい)・故障(こしょう)・保障(ほしょう)	さわ**る**
16	推	スイ	推進(すいしん)・推測(すいそく)・推定(すいてい)・推理(すいり)・類推(るいすい)	
17	薦	セン	推薦(すいせん)	
18	素	ソ	素質(そしつ)・素材(そざい)・簡素(かんそ)・元素(げんそ)・質素(しっそ)・水素(すいそ)・炭素(たんそ)・要素(ようそ)	
		ス	素直(すなお)・素晴(すば)らしい・素早(すばや)い	
19	創	ソウ	創刊(そうかん)・創作(そうさく)・創造(そうぞう)・創立(そうりつ)・独創(どくそう)	
20	徴	チョウ	徴収(ちょうしゅう)・象徴(しょうちょう)・特徴(とくちょう)	
21	討	トウ	討議(とうぎ)・討論(とうろん)・検討(けんとう)	う**つ**
22	秘	ヒ	秘書(ひしょ)・神秘(しんぴ)	
23	弁	ベン	弁解(べんかい)・弁護(べんご)・弁当(べんとう)・弁論(べんろん)・代弁(だいべん)	
24	密	ミツ	密集(みっしゅう)・密接(みっせつ)・密度(みつど)・過密(かみつ)・精密(せいみつ)・秘密(ひみつ)	
25	免	メン	免許(めんきょ)・免税(めんぜい)	まぬか**れる**
26	模	モ	模型(もけい)・模様(もよう)	
		ボ	規模(きぼ)	
27	覧	ラン	回覧(かいらん)・観覧(かんらん)・ご覧(らん)・展覧会(てんらんかい)	
28	良*	リョウ	良好(りょうこう)・良識(りょうしき)・良質(りょうしつ)・良心(りょうしん)・改良(かいりょう)・善良(ぜんりょう)・不良(ふりょう)	よ**い**

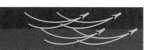

テスト

／30点

Ⅰ ＿＿＿の部分の読み方または漢字を選びなさい。（1点×6）

①女性の社会進出と出生率の低下には、**密接**な関係があるといわれている。

1　みっせい　　2　みつせつ　　3　みっせつ　　4　みつせい

②「安い品物は品質が悪い」とは、**一概**にはいえない。

1　いっかい　　2　いつがい　　3　いちがい　　4　いいかい

③この作業は単調なので、**根気**が必要だ。

1　ねっき　　2　こんけ　　3　こんき　　4　ねんき

④昨日の会談では、両国の安全**保障**について話し合われた。

1　ほうしょう　　2　ほしょう　　3　ほじょう　　4　ほうじょう

⑤彼女は、史上（しじょう）最年少（ねんしょう）で**べんごし**になった。

1　升語士　　2　弁語師　　3　升護師　　4　弁護士

⑥将来は国際交流の仕事に**じゅうじ**したい。

1　住持　　2　従事　　3　終始　　4　主事

Ⅱ ＿＿＿の部分が同じ漢字のものを選びなさい。（1点×2）

①古い蔵の中から**きちょう**な文化資料が発見された。

1　現代の社会を**象ちょう**する事件だ。　　2　**身ちょう**が2センチ伸びた。

3　君の意見を**尊ちょう**する。　　4　工場を**拡ちょう**する。

②あの先生は、豊かな人間性と**りょうしき**を備えた立派な方です。

1　ダム建設について地元の**りょう解**を取る。　　2　仕事と家庭を**りょう立**させる。

3　商品代金と**送りょう**が必要だ。　　4　**善りょう**な市民の声を聞く。

Ⅲ □には同じ漢字が入ります。[　　　] から選び、＿＿＿の部分の読み方も書きなさい。

（1点×12）

秘	~~覧~~	裁	視	創	免

例）国立美術館で開かれている a 展□会 は、もう b ご□ になりましたか。

①いろいろな文化に接して c □野 を広めると、今までとは違った d □点 で物事を考えられるようになる。

②この会社の e □立者 は、次々とアイデアを出して f 独□的 な製品を作り出した。

③医師の g □許 を持たないで、ずっと医院で働いていた男が逮捕（たいほ）された。今まで追及を h □れて いたらしい。

④不正な取引をした会社が i □かれ、厳しい j 制□ を受けた。

例）覧	a	てんらんかい
	b	ごらん
①	c	
	d	
②	e	
	f	
③	g	
	h	れて
④	i	かれ
	j	

Ⅳ （　　）に入れるのに最もよいものを１つ選びなさい。（1点×2）

①病人の状態は非常に悪く、面会（　　　）となっている。

1 謝罪　　2 不可　　3 不許　　4 謝絶

②その記事を書いた新聞記者は、情報（　　　）を決して明かそうとはしなかった。

1 元　　2 源　　3 先　　4 本

Ⅴ ＿＿＿の部分の読み方を書きなさい。（1点×8）

①a 大規模 なダム建設にあたり、b 模型 を作って構造を検討した。

②優勝に c 興奮 し、祝賀（しゅくが）会では、冷静なＫさんまで d 余興 にダンスを踊った。

③何の e 根拠 もなく、この工場が大気汚染（おせん）の原因だと主張しているのではない。f 証拠 はたくさんある。

④この料理は、g 素材 もいいが、コックの腕も h 素晴らしい。

a	b	c	d	e
f	g	h らしい		

広がる広げる漢字の知識

3 音の変化

学という漢字を「学生」と読んだり、「学校」と読んだりするのはなぜですか。

それは、漢字を２つ使って熟語を作るとき、音が変わることがあるからです。

例えば、	ガ㋗		㋕		ガッカ
	学	＋	科	⇒	学科
	ガ㋗		㋖ュウ		ガッキュウ
	学	＋	級	⇒	学級
	ガ㋗		㋙ウ		ガッコウ
	学	＋	校	⇒	学校　　のように

前の漢字の終わりの音が㋗で、後の漢字の始めが

カ行（カ、キ、ク、ケ、コ）のときは、**㋗は小さいッになります。**

ほかにも音が変わることがありますか。

はい、前の漢字の終わりの音が㋖、㋠、㋡、ン⃝のときも変わることがあります。

例） ニ㋠		㋖		ニ㋡キ	ハ㋡		㋪ョウ		ハッピ⃝ョウ	サン⃝		㋭		サンポ⃝
日	＋	記	⇒	日記	発	＋	表	⇒	発表	散	＋	歩	⇒	散歩

音の変化のルール

前の字の終わりの音 ＼ 後の字の始めの音	前の字の終わりの音「キ、ク、チ、ツ」が小さい「ッ」になる場合				後の字の始めの「ハ行」が「パ行」になる場合
	カ行	サ行	タ行	ハ行	ハ行
キ	石器（せっき）	―	―	―	―
ク	作家（さっか）	―	―	―	―
チ	日記（にっき）	一層（いっそう）	一体（いったい）	一方（いっぽう）	一方、一般（いっぽう、いっぱん）
ツ	結果（けっか）	雑誌（ざっし）	決定（けってい）	失敗（しっぱい）	失敗、発表、出発（しっぱい、はっぴょう、しゅっぱつ）
ン	―	―	―	―	散歩、心配（さんぽ、しんぱい）

ルール

熟語の場合、前の漢字の終わりの音が「キ、ク、チ、ツ、ン」で、後の漢字が「カ行、サ行、タ行、ハ行」で始まるとき、音が変化する。*

＊ 例外もあるので、一語ずつ読み方を確認しながら覚えよう。
　また、助数詞はこのルールに従わない。

【クイズ１】 次の熟語の読み方と、音が変化した所に＝を書きなさい。

例）学校（がっこう）　　①接近（　　　　　）　　②一変（　　　　　）
③楽観（　　　　　）　　④全般（　　　　　）　　⑤進歩（　　　　　）
⑥質素（　　　　　）　　⑦薬局（　　　　　）　　⑧発揮（　　　　　）
⑨圧倒（　　　　　）　　⑩日課（　　　　　）　　⑪一帯（　　　　　）
⑫神秘（　　　　　）　　⑬日誌（　　　　　）　　⑭密接（　　　　　）
⑮一致（　　　　　）　　⑯出費（　　　　　）　　⑰物体（　　　　　）

答え

【クイズ１】①せっきん ②いっぺん ③らっかん ④ぜんぱん ⑤しんぽ ⑥しっそ ⑦やっきょく ⑧はっき ⑨あっとう ⑩にっか ⑪いったい ⑫しんぴ ⑬にっし ⑭みっせつ ⑮いっち ⑯しゅっぴ ⑰ぶったい

第14回 「する」がつく名詞(2)

Ⅰ ＿＿＿の部分の読み方を（　　）に書きなさい。また、□の漢字の意味を表すものを下のａ～ｅから選んで［　　］に書きなさい。

例）商品はすべて30%引き。ただし新製品は除外（じょがい）します。　除［ b ］

①中学生のころ、親や先生に**反抗**（　　　　）した。　抗［　　］

②現在の状況を**把握**（　　　　）する。　握［　　］

③選挙で**棄権**（　　　　）した人に、その理由をインタビューした。　棄［　　］

④済んでしまったことを**後悔**（　　　　）するな。　悔［　　］

a　さからう	~~b　のぞく~~	c　すてる	d　くやむ	e　つかむ

Ⅱ ＿＿＿の部分の読み方を書きなさい。

①この新しい法律は、**改善**（　　　　）ではなく**改悪**（　　　　）だ。

②弟は**革新**（　　　　）的だが、兄は**保守**（　　　　）的だ。

③注文の伸びが**停滞**（　　　　）している。販売**促進**（　　　　）のＰＲが必要だ。

④わがままなのも困るが、彼のように**我慢**（　　　　）するばかりなのもいけない。

⑤厚かましかった彼が、最近は**遠慮**（　　　　）することを覚えた。

⑥あの力士（りきし）は、先場所は**活躍**（　　　　）したのに、今場所は**不振**（　　　　）だ。

Ⅰ①はんこう　a　②はあく　e　③きけん　c　④こうかい　d

Ⅱ①かいぜん　かいあく　②かくしん　ほしゅ　③ていたい　そくしん　④がまん　⑤えんりょ

⑥かつやく　ふしん

1	握	アク	握手(あくしゅ)	にぎ**る**
2	把	ハ	把握(はあく)	
3	悪*	アク	悪(あく)・悪化(あっか)・改悪(かいあく)	わる**い**
4	我	ガ	自我(じが)	われ / わ
5	悔	カイ	後悔(こうかい)	くや**む** / くや**しい**
6	革*	カク	革新(かくしん)・革命(かくめい)・改革(かいかく)・変革(へんかく)	かわ
7	勘	カン	勘(かん)・勘違い(かんちが)・勘弁(かんべん)	
8	棄	キ	棄権(きけん)・破棄(はき)・放棄(ほうき)	
9	抗	コウ	抗議(こうぎ)・抗争(こうそう)・対抗(たいこう)・反抗(はんこう)	
10	催	サイ	開催(かいさい)・主催(しゅさい)	もよお**す**
11	削	サク	削減(さくげん)	けず**る**
12	除*	ジョ	除外(じょがい)・解除(かいじょ)・削除(さくじょ)・免除(めんじょ)	のぞ**く**
13	渉	ショウ	交渉(こうしょう)	
14	干*	カン	干渉(かんしょう)	ほ**す**
15	振	シン	振興(しんこう)・振動(しんどう)・不振(ふしん)	ふ**る**
16	審	シン	審議(しんぎ)・審査(しんさ)・審判(しんぱん)・不審(ふしん)	
17	促	ソク	促進(そくしん)・催促(さいそく)	うなが**す**
18	滞	タイ	滞在(たいざい)・滞納(たいのう)・停滞(ていたい)	とどこお**る**
19	渋	ジュウ	渋滞(じゅうたい)	しぶ**い**
20	定*	テイ		さだ**める**
		ジョウ	案の定(あんのじょう)・勘定(かんじょう)	
21	底*	テイ	根底(こんてい)・到底(とうてい)	そこ
22	抵	テイ	抵抗(ていこう)・大抵(たいてい)	
23	徹	テツ	徹する(てっ)・徹底(てってい)・徹夜(てつや)	
24	廃	ハイ	廃棄(はいき)・廃止(はいし)	すた**れる**
25	荒*	コウ	荒廃(こうはい)	あ**れる** / あら**い**
26	冒	ボウ	冒険(ぼうけん)・冒頭(ぼうとう)	
27	慢	マン	慢性(まんせい)・我慢(がまん)・自慢(じまん)	
28	誘	ユウ	誘導(ゆうどう)	さそ**う**
29	慮	リョ	遠慮(えんりょ)・考慮(こうりょ)・配慮(はいりょ)	
30	惑	ワク	疑惑(ぎわく)・迷惑(めいわく)・誘惑(ゆうわく)	まど**う**

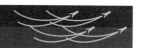

第14回 テスト

/30点

Ⅰ ＿＿＿の部分の読み方または漢字を選びなさい。（1点×8）

①「お**勘定**は前払いでお願いいたします。」という張り紙があった。

1 かんじょ　2 がんじょ　3 がんじょう　4 かんじょう

②非常時には、係員が皆様を**誘導**いたします。

1 しゅうとう　2 ゆうどう　3 しゅうどう　4 ゆどう

③子供の反抗は、**じが**に目覚めたことの表れだ。

1 自画　2 自我　3 自己　4 自家

④両国の代表は固い**あくしゅ**を交わした。

1 投手　2 拍手　3 握手　4 招手

⑤高速道路の**じゅうたい**は、30キロに及んでいる。

1 重態　2 重帯　3 渋滞　4 従滞

⑥このアパートは古いので、電車が通るたびに**しんどう**が伝わる。

1 震働　2 震導　3 振動　4 振働

⑦自然を破壊（はかい）するようなダム建設には、強く**こうぎ**する。

1 講義　2 広義　3 交議　4 抗議

⑧他人の**めいわく**になる行為（こうい）は、取り締まるべきだと思う。

1 米惑　2 迷或　3 迷惑　4 謎或

Ⅱ ＿＿＿の部分が同じ漢字のものを選びなさい。（1点×2）

①**ふしん**者を見かけたら、すぐ警察に電話してください。

1 最近、食欲**不しん**だ。　2 彼は**しん頼**できない。

3 人の**しん理**は不思議だ。　4 資格の**しん査**を受ける。

②市民団体が新しい制度の導入に**ていこう**している。

1 彼は**大てい**のことなら、引き受けてくれる。　2 **てい気圧**が通る。

3 地動説（ちどうせつ）は、今は**てい説**となっている。　4 その説は、**根てい**から否定された。

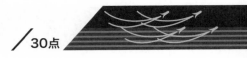

Ⅲ □には同じ漢字が入ります。□から選び、＿＿の部分の読み方も書きなさい。

（1点×12）

底	徹	荒	悪	革

①不景気のせいか、商品の売れ行きが **a □く**、経営状態は更に **b □化** した。

②国民は政治に不満を持っていたが、**c □命** のような大きな変化ではなく、緩やかな **d 改□** を求めていた。

③生徒が **e □れて**、**f □廃** している学校の再生を図る。

④部長が若かったころは、連日 **g □夜** するほど仕事に **h □した** そうだ。

①	a　く	
	b	
②	c	
	d	
③	e　れて	
	f	
④	g	
	h　した	

Ⅳ （　）に入れるのに最もよいものを１つ選びなさい。（1点×2）

①赤字なので、（　　）削減に努める。

1 経営　　2 会計　　3 出費　　4 経費

②会社に賃上げ（ちんあ）の（　　）交渉を要求する。

1 集団　　2 団体　　3 集中　　4 全体

Ⅴ ＿＿の部分の読み方を書きなさい。（1点×6）

①彼は **a 自慢** ばかりしている。

②次期オリンピックの **b 開催** 国が決定した。

③**c 配慮** に欠けていたら、円満な人間関係は築けない。

④私は相続の権利を **d 放棄** する。

⑤昔の人にとって、海を越えて旅することは **e 冒険** だった。

⑥授業料 **f 免除** の手続きをとる。

a	b	c	d	e
f				

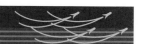

第15回 「する」がつく名詞(3)

Ⅰ ＿＿＿の部分と意味が最も近い言葉を右から選んで、線で結びなさい。＿＿＿の部分の読み方も書きなさい。

①彼は会社の事務所をかねる自宅を建てた。 ・　　・a 勧誘する（　　　　）

②相手の主張を認めてゆずる。 ・　　・b 譲歩する（　　　　）

③この物質は酸素(さんそ)があればもえる。 ・　　・c 沈黙する（　　　　）

④何を聞いてもだまるばかりだ。 ・　　・d 兼用する（　　　　）

⑤音楽サークルに入るようにさそう。 ・　　・e 燃焼する（　　　　）

Ⅱ 次の言葉と右の動詞を線で結んで、文を完成させなさい。＿＿＿の部分の読み方も書きなさい。

例）借りた本を ・　　・a 交代する（　　　　）

①1時間ごとに運転を ・　　・b 該当する（　　　　）

②デザインが ・　　・c 返却する（ へんきゃく ）

③賞金を ・　　・d 実践する（　　　　）

④推薦条件に ・　　・e 類似する（　　　　）

⑤誤りを ・　　・f 獲得する（　　　　）

⑥健康体操を ・　　・g 訂正する（　　　　）

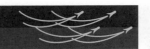

Ⅲ　例のように、左と右の言葉を組み合わせて言葉を作りなさい。

例）化石・　　　　　・a　期限

①生活　・　　　　　・b　排水

②返却　・　　　　　・c　農家

③兼業　・　　　　　・d　燃料

④損失　・　　　　　・e　補償

1	該	ガイ	_{がいとう}該当	
2	獲	カク	_{かくとく}獲得	える
3	勧	カン	_{かんこく}勧告・_{かんゆう}勧誘	すすめる
4	却	キャク	_{へんきゃく}返却	
5	拒	キョ	_{きょぜつ}拒絶・_{きょひ}拒否	
6	携	ケイ	_{けいたい}携帯・_{ていけい}提携	たずさわる
7	兼	ケン	_{けんぎょう}兼業・_{けんよう}兼用	かねる
8	誇	コ	_{こちょう}誇張	ほこる
9	錯	サク	_{さっかく}錯覚・_{さくご}錯誤	
10	似*	ジ	_{るいじ}類似	にる
11	償	ショウ	_{べんしょう}弁償・_{ほしょう}補償	つぐなう
12	譲	ジョウ	_{じょうほ}譲歩	ゆずる
13	践	セン	_{じっせん}実践	
14	贈*	ゾウ	_{きぞう}寄贈	おくる

15	妥	ダ	_{だきょう}妥協・_{だけつ}妥結・_{だとう}妥当	
16	代*	ダイ		かわる
		タイ	_{こうたい}交代	
17	挑	チョウ	_{ちょうせん}挑戦	いどむ
18	訂	テイ	_{ていせい}訂正・_{かいてい}改訂	
19	摘	テキ	_{してき}指摘	つむ
20	燃*	ネン	_{ねんりょう}燃料	もえる
21	焼*	ショウ	_{ねんしょう}燃焼	やく
22	排	ハイ	_{はいじょ}排除・_{はいすい}排水	
23	白*	ハク	_{はくじょう}白状・_{こくはく}告白・_{めいはく}明白	しろい
24	没	ボツ	_{ぼっしゅう}没収・_{ぼつらく}没落	
25	沈*	チン	_{ちんぼつ}沈没	しずむ
26	黙	モク	_{ちんもく}沈黙	だまる

第15回 テスト

/25点

Ⅰ ＿＿＿の部分の読み方または漢字を選びなさい。（1点×7）

①母校に自分の著書を**寄贈**する。

1　きぞう　　2　ぎぞう　　3　きぞ　　4　きそ

②あの人は、何でも**誇張**して話すので、どこまで本当か分からない。

1　こじょう　　2　こっちょう　　3　こうちょう　　4　こちょう

③日本では、12世紀の末に貴族（きぞく）が**没落**して、その後武士の政治が始まった。

1　ぼつりゃく　　2　もつりゃく　　3　ぼつらく　　4　もつらく

④A社は男女差別を是正（ぜせい）するように、国から**かんこく**された。

1　観告　　2　勧告　　3　歓告　　4　権告

⑤大好きな女性に、心を込めて愛を**こくはく**する。

1　告報　　2　告白　　3　口白　　4　口報

⑥手作業の技術は、本を読んだだけで身につくものではない。**じっせん**あるのみだ。

1　実選　　2　実習　　3　実線　　4　実践

⑦条件に**がいとう**する人は、なかなかいない。

1　核当　　2　咳当　　3　劾当　　4　該当

Ⅱ ＿＿＿の部分が同じ漢字のものを選びなさい。（1点×3）

①会社側は、賃金アップの要求を**きょぜつ**した。

1　登校**きょ否**の子供が増えている。　　2　これは**きょ容**できない間違いだ。

3　古いデータを**消きょ**する。　　4　区役所に**転きょ**届を出す。

②A社はB社と技術**ていけい**をすることにした。

1　ハイキングに水筒を**けい帯**する。　　2　スポーツ**中けい**を楽しむ。

3　野菜作りで**生けい**を立てる。　　4　我がチームの**けい勢**は不利だ。

③景気が**ていたい**して、なかなか回復しない。

1　議会は首相の**交たい**を求めた。　　2　**たい金**を持ち歩くのは危ない。

3　スポーツ大会の出場を**辞たい**する。　　4　週末は道路がよく**渋たい**する。

Ⅲ　AとBの漢字を組み合わせて言葉を作り、文を完成させなさい。＿＿＿部分の読み方も書きなさい。（1点×8）

A	挑　~~依~~　獲　実　訂　指	B	戦　却　正　~~頼~~　摘　得

例）1週間だけ仕事を手伝ってくれと＿依頼＿された。
（　いらい　）

①自分の欠点は、他人に＿＿＿＿＿されてはじめて気づくこともある。
（　　　　　）

②私には難しい仕事だと思うが、それでも＿＿＿＿＿したい。
（　　　　　）

③優勝して、見事金メダルを＿＿＿＿＿した。
（　　　　　）

④報道内容に間違いがあったとして、新聞社は＿＿＿＿＿する記事を載せた。
（　　　　　）

Ⅳ　（　　）に入れるのに最もよいものを1つ選びなさい。（1点×2）

①娘の結婚相手を親が勝手に決めるとは、時代（　　　）も甚だしい。

1　無知　　2　遅刻　　3　錯誤　　4　誤解

②高級時計の類似（　　　）が売られているのが見付かった。

1　品　　2　形　　3　製　　4　版

Ⅴ　＿＿＿の部分の読み方を書きなさい。（1点×5）

①反対を叫ぶデモ隊（たい）を **a 排除** する。

②判決は **b 妥当** なものだった。

③子供がいたずらして壊したパソコンは、責任を持って **c 弁償** させていただきます。

④彼女は突然 **d 沈黙** を破って話しだした。

⑤両者はお互いに **e 譲歩** した。

a	b	c	d	e

第16回 「する」がつく名詞(4)

Ⅰ ＿＿の部分と意味が最も近い言葉を右から選んで、線で結びなさい。＿＿の部分の読み方も書きなさい。

①お湯がわく。	・	・a **腐敗**する（　　　　　）
②敵(てき)の侵入(しんにゅう)をはばむ。	・	・b **束縛**する（　　　　　）
③食べ物がくさる。	・	・c **沸騰**する（　　　　　）
④「頑張(がんば)れ」とはげます。	・	・d **阻止**する（　　　　　）
⑤行動の自由を規則でしばる。	・	・e **激励**する（　　　　　）

Ⅱ □から言葉を選んで、①～⑤の意味を表す４字の言葉を作りなさい。（　　）に読み方も書きなさい。

~~理解~~	分裂	緩和	奉仕	妨害	販売

例）お互いの立場や考えを分かり合うこと→ 相互｜理解（そうご　りかい）

①人に頼んで商品をうること→ 委託｜　　（　　　　　）

②利益(りえき)を考えずに、世の中のために働くこと→ 社会｜　　（　　　　　）

③規則による制限をゆるめること→ 規制｜　　（　　　　　）

④意見が合わずに組織(そしき)がわかれること→ 内部｜　　（　　　　　）

⑤道路上で、車や人の通行のじゃまをすること→ 交通｜　　（　　　　　）

1	緩	カン	緩和（かんわ）	ゆる**い**
2	還	カン	還元（かんげん）・返還（へんかん）	
3	享	キョウ	享受（きょうじゅ）	
4	吟	ギン	吟味（ぎんみ）	
5	辛*	シン	香辛料（こうしんりょう）	から**い**
6	衰	スイ	衰退（すいたい）	おとろ**える**
7	遷	セン	変遷（へんせん）	
8	阻	ソ	阻止（そし）	はば**む**
9	拓	タク	開拓（かいたく）	
10	託	タク	委託（いたく）	
11	諾	ダク	承諾（しょうだく）	
12	探*	タン	探検（たんけん）	さぐ**る** / さが**す**
13	窒	チツ	窒息（ちっそく）	
14	衷	チュウ	折衷（せっちゅう）	
15	呈	テイ	進呈（しんてい）	
16	縛	バク	束縛（そくばく）	しば**る**
17	繁	ハン	繁栄（はんえい）	
18	赴	フ	赴任（ふにん）	おもむ**く**

19	腐	フ	腐敗（ふはい）	くさ**る**
20	沸*	フツ	沸騰（ふっとう）	わ**く**
21	騰	トウ		
22	抱*	ホウ	介抱（かいほう）・辛抱（しんぼう）	だ**く** / いだ**く** / かか**える**
23	奉	ホウ	奉仕（ほうし）	たてまつ**る**
24	倣	ホウ	模倣（もほう）	なら**う**
25	妨	ボウ	妨害（ぼうがい）	さまた**げる**
26	揺	ヨウ	動揺（どうよう）	ゆ**れる**
27	抑	ヨク	抑圧（よくあつ）・抑制（よくせい）	おさ**える**
28	濫	ラン	濫用（らんよう）	
29	励	レイ	激励（げきれい）	はげ**ます**
30	裂	レツ	破裂（はれつ）・分裂（ぶんれつ）	さ**く**
31	露	ロ	露骨（ろこつ）	つゆ
		ロウ	披露（ひろう）	
32	披	ヒ		
33	暴*	ボウ		あば**れる**
		バク	暴露（ばくろ）	

I ①c　ふっとう　②d　そし　③a　ふはい　④e　げきれい　⑤b　そくばく
II ①委託販売　いたくはんばい　②社会奉仕　しゃかいほうし　③規制緩和　きせいかんわ
④内部分裂　ないぶぶんれつ　⑤交通妨害　こうつうぼうがい

第16回 テスト

/30点

Ⅰ ＿＿＿の部分の読み方または漢字を選びなさい。（1点×11）

①政治家による権力の**濫用**が問題になっている。

1　かんよう　　2　はんよう　　3　がんよう　　4　らんよう

②新築したホールが市民に**披露**された。

1　はろ　　2　はろう　　3　ひろう　　4　ひいろう

③彼なら新しい**赴任**先でも、活躍してくれるだろう。

1　とにん　　2　ふにん　　3　とうにん　　4　ふうにん

④足が痛かったが、**辛抱**して歩いた。

1　しんほう　　2　しんぼう　　3　しんぽう　　4　じんほう

⑤その写真集を見ると、地域の50年間の**変遷**がよく分かる。

1　へんこう　　2　へんかん　　3　へんせん　　4　へんよう

⑥人気俳優（はいゆう）の秘密を**暴露**する記事が出た。

1　ぼうろ　　2　ばくろ　　3　ばくろう　　4　ぼうろう

⑦もちがのどに詰まって、**窒息**するところだった。

1　しつそく　　2　しっそく　　3　ちつそく　　4　ちっそく

⑧このデザインは、あるデザイナーの作品を**模倣**したのではないかと疑われている。

1　もほう　　2　ぼほう　　3　もぼう　　4　ほぼう

⑨この地方の人々は、自然の恵みを**享受**してきた。

1　きょうじゅう　　2　きょじゅう　　3　きょうしゅう　　4　きょうじゅ

⑩この料理は材料がよく**吟味**されている。

1　ごんみ　　2　こんみ　　3　きんみ　　4　ぎんみ

⑪先着50名様に記念品を**しんてい**致します。

1　新程　　2　進呈　　3　申提　　4　慎定

Ⅱ ＿＿＿の部分が同じ漢字のものを選びなさい。（1点×3）

①戦争中は言論の自由が**よくあつ**されていた。

1　物事に**意よく**的に取り組む。　　2　**入よく**時間は午後10時までです。

3　消費を**よく制**する。　　4　**よく日**の午前中に届けてほしい。

②物価高の**よういん**を分析する。

1　計画の**概よう**を説明する。　　2　社長が逮捕（たいほ）されて、社員は**動よう**した。

3　生活**よう式**が変化した。　　4　ゆっくり**休よう**したので、体調（たいちょう）がいい。

③国の**ぼうえい**策について、議論が沸騰した。

1　町内で**ぼう火**活動を行う。　　2　将来が**有ぼう**な青年だ。

3　この企画は**ぼう険**だが、面白い。　　4　営業**ぼう害**で訴えられた。

Ⅲ　□の中の漢字を使って、文を完成させなさい。＿＿の部分の読み方も書きなさい。（1点×8）

委（取り消し線）	害	承	検	元	破

例）ビルの管理を外部に□託する。

①彼は南極**探□**に続いて、北極にも出掛けた。

②企業（きぎょう）は消費者に利益（りえき）を**還□**すべきである。

③大地震で水道管が**□裂**した。

④取引先の会社から**□諾**の返事が来たのは、1週間後のことだった。

例）	委	いたく
①		
②		
③		
④		

Ⅳ　（　　）に入れるのに最もよいものを1つ選びなさい。（1点×2）

①週1回、ボランティアとして奉仕（　　　）を行っている。

1　活動　　2　行動　　3　協力　　4　貢献

②渋滞（　　　）のために、新しい道路建設が計画されている。

1　減少　　2　緩和　　3　廃止　　4　規制

Ⅴ　＿＿の部分の読み方を書きなさい。（1点×6）

①住民はごみ処理場の建設を **a 阻止** しようとした。

②この町は昔、商業都市として **b 繁栄** した。

③計画はそれぞれの案を **c 折衷** したものになった。

④彼は小説に政治の **d 腐敗** を描いた。

⑤新しい市場を **e 開拓** するために調査を行った。

⑥ここはかつては炭鉱（たんこう）都市として栄えていたが、今ではすっかり **f 衰退** してしまった。

a	b	c	d
e	f		

第17回
な形容詞(1)

I　次のような人を、どんな人だといいますか。「プラスイメージの言葉」を［　　］から選んで答えなさい。読み方も書きなさい。

~~a 敏感~~	b 誠実	c 勇敢	d 優秀	e 謙虚	f 慎重	g 賢明

例）ちょっとした変化によく気がつく人→　［ a ］（　びんかん　）な人

①勉強やスポーツがほかの人よりよくできる人→　［　　］（　　　　）な人

②威張(いば)らないで、人の意見をよく聞く人→　［　　］（　　　　）な人

③自分の良心に従って、一生懸命(いっしょうけんめい)行動する人→　［　　］（　　　　）な人

④失敗しないように注意して行動する人→　［　　］（　　　　）な人

⑤火事の建物に飛び込んで、子供を助けた人→　［　　］（　　　　）な人

⑥物事を正しく判断する力がある人→　［　　］（　　　　）な人

1	敢	カン	勇敢(ゆうかん)	
2	寛	カン	寛容(かんよう)	
3	潔	ケツ	簡潔(かんけつ)・清潔(せいけつ)・不潔(ふけつ)	
4	賢*	ケン	賢明(けんめい)	かしこい
5	剣	ケン	真剣(しんけん)	
6	謙	ケン	謙(けん)そん	
7	虚	キョ	謙虚(けんきょ)	
8	秀	シュウ	優秀(ゆうしゅう)	
9	尚	ショウ	高尚(こうしょう)	
10	丈	ジョウ	丈夫(じょうぶ)・大丈夫(だいじょうぶ)	たけ

11	慎	シン	慎重(しんちょう)	
12	迅	ジン	迅速(じんそく)	
13	粋	スイ	粋(すい)・純粋(じゅんすい)	
14	誠	セイ	誠実(せいじつ)	まこと
15	丁	チョウ	～丁目(ちょうめ)・包丁(ほうちょう)	
		テイ	丁寧(ていねい)	
16	寧	ネイ		
17	軟*	ナン	柔軟(じゅうなん)	やわらかい
18	敏	ビン	敏感(びんかん)	
19	愉	ユ	愉快(ゆかい)	

Ⅱ　次のような人を、どんな人だといいますか。「マイナスイメージの言葉」を □ から選んで
　　答えなさい。読み方も書きなさい。

a 鈍感　b 貧乏　c 冷淡　d 怠慢　e 頑固　f 陰気

①自分の意見にこだわり、絶対に変えようとしない人→ □ （　　　　　）な人

②いつも暗い顔をしている人→ □ （　　　　　）な人

③人の気持ちや変化に全く気がつかない人→ □ （　　　　　）な人

④心が冷たくて、他人が困っていても気にしない人→ □ （　　　　　）な人

⑤なまけていて、仕事や勉強を一生懸命やらない人→ □ （　　　　　）な人

⑥お金や財産がない人→ □ （　　　　　）な人

20	陰	イン	陰気	かげ
21	頑	ガン	頑固・頑丈・頑張る	
22	吉	キチ	―	
		キツ	不吉	
23	軽*	ケイ	軽快・軽減・軽率・軽べつ	かるい
24	酷	コク	残酷・冷酷	
25	駄	ダ	駄作・無駄・無駄遣い	

26	怠	タイ	怠慢	なまける / おこたる
27	胆	タン	大胆	
28	淡	タン	淡水・冷淡	あわい
29	鈍*	ドン	鈍感	にぶい
30	貧*	ヒン	貧血・貧困・貧弱	まずしい
		ビン	貧乏	
31	乏	ボウ		とぼしい
32	忙*	ボウ	多忙	いそがしい
33	厄	ヤク	厄介	やっかい

（答え・上下逆さ表記）
Ⅱ ①e ②f ③a ④c ⑤d ⑥b
① がんこ ② いんき ③ どんかん ④ れいたん ⑤ たいまん ⑥ びんぼう

第17回 テスト

/30点

Ⅰ ＿＿＿の部分の読み方または漢字を選びなさい。（1点×8）

①からすを**不吉**な鳥だと嫌う人もいる。

1 ふきつ　2 ふきち　3 ぶきつ　4 ぶきち

②彼は**怠慢**な生活態度を注意された。

1 たいまん　2 だいまん　3 たまん　4 だんまん

③子供向けの昔話の中には、**残酷**な結末（けつまつ）のものも多くある。

1 さんごく　2 ざんこく　3 さんごっく　4 ざんこっく

④彼のことが好きなのに、なぜか**冷淡**な態度を取ってしまう。

1 れいたん　2 れいかん　3 れいえん　4 れいなん

⑤被害者の救済は、**迅速**になされるべきだ。

1 じんそく　2 じゅっそく　3 きゅうぞく　4 とうぞく

⑥濃い味に慣れると、人の舌は**鈍感**になってしまう。

1 とんかん　2 どんかん　3 じゅんかん　4 しゅんかん

⑦誤りを認め、**けんきょ**に反省する姿勢（しせい）は立派だ。

1 廉虚　2 謙虚　3 嫌虚　4 兼虚

⑧自分には厳しく部下には**かんよう**な上司は、なかなかいない。

1 勘溶　2 観要　3 感養　4 寛容

Ⅱ ＿＿＿の部分が同じ漢字のものを選びなさい。（1点×3）

①彼女の澄んだひとみは、**じゅんすい**な心の表れに違いない。

1 仕事が**じゅん調**に進む。　2 式の**じゅん備**を整える。

3 **単じゅん**な計算もできない。　4 君の意見は**矛じゅん**している。

②彼女の恋人は、**せいけつ**な感じのする青年だ。

1 カルシウムが**けつ乏**する。　2 要点を**簡けつ**に述べてほしい。

3 **多数けつ**で方針を決めた。　4 **けつ論**を急ぐことはない。

③その子は、**しんけん**な表情で話をした。

1 **しん実**は一つだけだ。　2 **熱しん**に本を読む。

3 今後の**方しん**を示す。　4 両国の友好と**しん善**を願う。

Ⅲ　AとBの漢字を組み合わせて言葉を作り、文を完成させなさい。＿＿＿の部分の読み方も書きなさい。（1点×10）

A　頑　丈　多　鈍　優　愉　　B　感　快　秀　固　夫　忙

①田中さんは成績も＿＿＿＿＿＿で生活態度もよく、模範(もはん)的な学生だ。
（　　　　　　で）

②学生時代の友人たちと10年ぶりに会って、＿＿＿＿＿＿な時を過ごした。
（　　　　　　な）

③信念を変えないというのは、見方を変えれば＿＿＿＿＿＿だということでもある。
（　　　　　　だ）

④彼女は仕事と子育てに追われて＿＿＿＿＿＿な日々を過ごしている。
（　　　　　　な）

⑤おかげさまで＿＿＿＿＿＿で、病気一つしません。
（　　　　　　で）

Ⅳ　＿＿＿の部分の読み方を書きなさい。（1点×9）

①少女は **a 貧乏** な暮らしのせいか、やせて **b 貧弱** な体つきをしていた。

②その料理人は **c 包丁** を **d 丁寧** に研いだ。

③行政の **e 柔軟** な対応が望まれる。

④人柄が **f 誠実** で、その上仕事もできたら最高だ。

⑤英語ができないのに一人でアメリカを旅行するとは、**g 大胆** だね。

⑥新型のエコカーは、走りが **h 軽快** だ。

⑦この病気は、完全に治すのは難しい **i 厄介** な病気だ。

a	b	c	d	e
f	g	h	i	

広がる広げる漢字の知識

4 形声文字（けいせいもじ）

漢字の８割を占める形声文字（けいせいもじ）*は、

意味を表す部分［形（けい）］ と **音（おと）を表す部分［声（せい）］** からできています。

［形（けい）］			［声（せい）］		
木	（木）	＋	冓	（こう）	＝構（こう）
言	（言葉）	＋	冓	（こう）	＝講（こう）
貝	（お金）	＋	冓	（こう）	＝購（こう）

よく使われる漢字の音（おん）の読み方を覚えると、
知らない漢字でも読み方の予想がつきます。

ルール

音（おと）を表す部分が同じ漢字は、同じ発音をすることが多い。

【クイズ１】次の漢字を音（おん）読みで発音して、共通の部分を（　）の中に書きなさい。

① 付　府　符　腐　（　　　）　　② 険　検　験　剣　（　　　）

音（おと）を表す部分が同じ漢字でも、違う発音をすることもあります。

(a) 違う発音をする漢字が少ないもの。

例）青（せい）　清（せい）　晴（せい）　精（せい）　請（せい）　／　情（じょう）

(b) 複数の読み方に分かれるもの。

例）皮（ひ）　疲（ひ）　被（ひ）　／　波（は）　破（は）

(c) 読み方が一つ一つ異なるもの。

例）根（こん）　／　銀（ぎん）　／　眼（がん）

＊形声文字（けいせいもじ）のほかに、「川・木・山・日・鳥」のようにその物の形を表した「象形文字（しょうけいもじ）」、「上・下・本・天」のように状況やようすを表した「指事文字（しじもじ）」、「林・明・休・鳴」のように象形文字（しょうけいもじ）や指事文字（しじもじ）を組み合わせて作った「会意文字（かいいもじ）」などがあります。

【クイズ2】○の中の漢字を、同じ音（おと）を表す部分（声（せい））でグループに分け、（　）の中に読み方を書きなさい。

士	帳	館	官
~~課~~	張	低	誌
志	底	~~果~~	抵
長	管	仕	~~菓~~

例）	①	②	③	④
（か） 菓　果 課	（　　）	（　　）	（　　）	（　　）

【クイズ3】次の漢字は、音（おと）を表す部分が共通していますが、1つだけ読み方が違うものがあります。読み方が違うものを○で囲んで、その読み方を書きなさい。

例）（　とく　）　時　持　寺　(特)

①（　　　）　駐　住　柱　注

②（　　　）　返　版　飯　販

③（　　　）　方　訪　放　防

④（　　　）　招　照　超　紹

⑤（　　　）　校　効　交　較　郊

【クイズ4】次の漢字は、同じ部分を持っていますが、読み方が違います。
（　　）の中に音（おん）読みを書きなさい。

①1　車（　　　）　2　庫（　　　）　3　軍（　　　）　4　連（　　　）

②1　子（　・　）　2　字（　　　）　3　季（　　　）　4　学（　　　）

答え

【クイズ1】①（付）ふ　②（㑒）けん
【クイズ2】①（かん）管、官、館　②（し）志、誌、仕、士
③（ちょう）長、帳、張　④（てい）底、低、抵　（①～④は入れ替え可能）
【クイズ3】①住（じゅう）、ほかは「ちゅう」　②返（へん）、ほかは「はん」　③防（ぼう）、ほかは「ほう」
④超（ちょう）、ほかは「しょう」　⑤較（かく）、ほかは「こう」
【クイズ4】①1　しゃ　2　こ　3　ぐん　4　れん　②1　し・す　2　じ　3　き　4　がく

第18回
な形容詞(2) 副詞

Ⅰ　いろいろな情報をどう判断・評価しますか。下の［　　］から選んで、＿＿＿に入れなさい。
（　　）に読み方も書きなさい。

特殊	透明	過剰	平凡	奇妙

①特別なことは起こらない、普通の人生→　＿＿＿＿＿な人生
（　　　　　　）

②あまり例がない、普通とは違ったケース→　＿＿＿＿＿なケース
（　　　　　　）

③８メートル下の底までよく見える湖→　＿＿＿＿＿な湖
（　　　　　　）

④需要（じゅよう）より供給のほうが多い。→　商品が＿＿＿＿＿だ。
（　　　　　　）

⑤家のポストに10万円を投げ込む事件→　＿＿＿＿＿な事件
（　　　　　　）

Ⅱ　＿＿＿の部分の言葉の説明を右から選んで線で結びなさい。読み方も書きなさい。

例）創立記念パーティーを<u>盛大</u>に行う。・　　　・a　程度が激しいこと
（せいだい）

①<u>**膨大**</u>な資料を整理する。・　　　・b　非常に盛んで大規模なこと
（　　　　　　）

②この<u>**壮大**</u>な宮殿（きゅうでん）は、17世紀に建てられた。・　　　・c　規模が大きくて立派なこと
（　　　　　　）

③これは、<u>**精巧**</u>に作られた時計だ。・　　　・d　回数が多いこと
（　　　　　　）

④最近地震が<u>**頻繁**</u>に起こる。・　　　・e　量や数が非常に多いこと
（　　　　　　）

⑤今年の夏は<u>**猛烈**</u>な暑さだった。・　　　・f　細かいところまでよくできていること
（　　　　　　）

Ⅲ　＿＿＿の部分と反対の意味の言葉を右から選んで、線で結びなさい。

①**柔軟**な人は、社会の変化にうまく対応していける。・　　　・a　陽気

②そんな**抽象的**な計画では、すぐには実行できない。・　　　・b　粗末

③いつも暗い顔をして、**陰気**な印象を与える。・　　　・c　具体的

④彼女はプールのある**豪華**な家に住んでいる。・　　　・d　頑固

1	滑	カツ	円滑（えんかつ）	すべ**る** / なめ**らか**
2	肝	カン	肝心（かんじん）	
3	奇	キ	奇数（きすう）	
4	貴	キ	貴族（きぞく）・貴重（きちょう）	とうと**い**
5	窮	キュウ	窮屈（きゅうくつ）・窮乏（きゅうぼう）	
6	驚*	キョウ	驚異（きょうい）	おどろ**く**
7	厳	ゲン	厳重（げんじゅう）・厳密（げんみつ）	きび**しい** / おごそ**か**
8	巧	コウ	精巧（せいこう）	たく**み**
9	豪	ゴウ	富豪（ふごう）	
10	華	カ	豪華（ごうか）	はな**やか**
11	細*	サイ	細工（さいく）	ほそ**い** / こま**かい**
12	詳	ショウ	詳細（しょうさい）	くわ**しい**
13	惨	サン	悲惨（ひさん）	みじ**め**
14	邪	ジャ	無邪気（むじゃき）	
15	殊	シュ	特殊（とくしゅ）	こと**に**
16	剰	ジョウ	過剰（かじょう）	

17	盛	セイ	盛装（せいそう）・盛大（せいだい）・全盛（ぜんせい）	も**る** / さか**ん**
		ジョウ	繁盛（はんじょう）	
18	鮮	セン	新鮮（しんせん）	あざ**やか**
19	粗	ソ	粗末（そまつ）	あら**い**
20	壮	ソウ	壮大（そうだい）	
21	抽	チュウ	抽象（ちゅうしょう）・抽選（ちゅうせん）	
22	透	トウ	透明（とうめい）	す**く**
23	薄*	ハク	薄弱（はくじゃく）	うす**い**
24	頻	ヒン	頻繁（ひんぱん）	
25	膨	ボウ	膨大（ぼうだい）・膨張（ぼうちょう）	ふく**らむ**
26	朴	ボク	素朴（そぼく）	
27	凡	ボン	平凡（へいぼん）	
28	魔	マ	悪魔（あくま）・邪魔（じゃま）	
29	妙	ミョウ	妙（みょう）・奇妙（きみょう）・巧妙（こうみょう）	
30	烈	レツ	強烈（きょうれつ）	
31	猛	モウ	猛烈（もうれつ）	

Ⅳ _____ の部分の言葉の読み方を書きなさい。また、意味を ☐ から記号で選びなさい。

> a 全力で物事をするようす　　b 全然・全く（〜ない）　　c 大急ぎで
> d ゆっくり変化するようす　　e 多くの人（動物）がそろって何かをするようす
> f ゆっくりと落ち着いて何かをするようす

例）一生懸命頑張ったおかげで、いい作品ができた。→ ☐ a
　　（いっしょうけんめい）

①演奏会が終わると、人々は**一斉**に拍手した。→ ☐
　　　　　　（　　　　　　）

②○○部長、社長がお呼びですので、**至急**社長室へお越しください。→ ☐
　　　　　　　　　（　　　　　　）

③水族館で、大きな魚が**悠々**と泳ぐのを見た。→ ☐
　　　　　　　（　　　　　　）

④今後**一切**お酒は飲むまい。→ ☐
　（　　　　　　）

⑤日本での生活にも**徐々**に慣れてきました。→ ☐
　　　　　（　　　　　　）

主に副詞を作る漢字

32	宜	ギ	適宜・便宜	
33	懸	ケン	懸賞・懸命・一生懸命	
		ケ	懸念	
34	至	シ	至急	いたる
35	若*	ジャク	若干	わかい / もしくは
36	如	ジョ	欠如・突如	
37	徐	ジョ	徐行・徐々に	
38	斉	セイ	一斉に	
39	切*	セツ		きる
		サイ	一切	
40	早*	ソウ	早急（さっきゅうとも読む）	はやい
		サッ		
41	即	ソク	即座に・即する	すなわち
42	銘	メイ	銘々	
43	悠	ユウ	悠々	

Ⅳ①いっせい e ②しきゅう c ③ゆうゆう f ④いっさい b ⑤じょじょ d
Ⅲ①d c ③a ④b
Ⅱ①ほうしん ②そうたん e ③ぜいこう c ④てきぎ d ⑤はんしゃ a
Ⅰ①平凡 ②特殊 ③透明 ④過剰 ⑤荷物 きもつ

第18回 テスト

/30点

I ＿＿＿の部分の読み方または漢字を選びなさい。（1点×8）

①出発前に確認したはずなのに、**肝心**のパスポートを忘れてきてしまった。

1　かんしん　2　かんじん　3　がんじん　4　がんしん

②事件を**詳細**に記録したメモが発見された。

1　ようさい　2　ようざい　3　しょうさい　4　しょうざい

③一般に物質は熱せられると**膨張**する。

1　ぼうちょう　2　ほうちょ　3　ほうじょう　4　ぼうじょ

④手続きが終わった人から、**適宜**お帰りください。

1　てきぎ　2　てきとう　3　てっせん　4　てっし

⑤ご自分の名札を**銘々**お取りください。

1　それぞれ　2　めいめい　3　おのおの　4　かくかく

⑥夢で見たことが現実になるなんて、**奇妙**なことだ。

1　きびょう　2　きみょう　3　くびょう　4　くみょう

⑦歴史上の大きな発明や発見は、**そぼく**な疑問がきっかけで生まれることも多い。

1　素拍　2　素朴　3　粗目　4　粗木

⑧心配された妨害もなく、会議は**えんかつ**に進んだ。

1　円割　2　円滑　3　円活　4　円渇

II ＝＝＝の部分が同じ漢字のものを選びなさい。（1点×2）

①地球は**そうだい**な宇宙の中にある小さな星にすぎない。

1　試験の**出だい**傾向を分析する。　2　建物は**土だい**が大切だ。

3　社長の考えを**だい弁**する。　4　彼の**だい胆**な発言に驚いた。

②大**ふごう**ともなれば、自分の飛行機に乗り、何億円もする家を現金で買うのだろう。

1　道に**財ふ**が落ちていた。　2　強風（きょうふう）のため電車は**ふ通**になった。

3　携帯電話はあっという間に**ふ及**した。　4　**豊ふ**な天然資源を有効に利用する。

Ⅲ □の中の漢字を使って、文を完成させなさい。＿＿の部分の読み方も書きなさい。

鮮	殊	気	重	命

（1点×8）

①窓を開けて、**新□**な空気を入れましょう。

②留学したことは、私にとって**貴□**な体験だった。

③赤ちゃんの**無邪□**な笑顔を見ると、自然にほほえみたくなる。

④医師は患者の命を救おうと、**懸□**な努力をした。

①	
②	
③	
④	

Ⅳ （　　）に入れるのに最もよいものを１つ選びなさい。（1点×2）

①入試案内には募集人員（じんいん）は若干（　　）と書いてある。

1　名　　2　数　　3　人　　4　者

②景気の今後の見通しは（　　）透明である。

1　非　　2　無　　3　反　　4　不

Ⅴ ＿＿の部分の読み方を書きなさい。（1点×10）

①Ａ国の大統領が来日するため、都内は **a 厳重** な警備体制がとられている。

②この店はよく **b 繁盛** している。

③黙っていた彼が **c 突如** 怒り出した。

④この車は後ろの座席に３人座っても **d 窮屈** ではありません。

⑤地雷（じらい）は **e 悪魔** の兵器と呼ばれている。

⑥事故の現場は **f 悲惨** な状況だった。

⑦会社を辞めて独立したいと言ったら、妻は **g 即座** に賛成してくれた。

⑧100メートルを９秒台で走るという、高校生としては **h 驚異的** な記録が出た。

⑨この家具は、見事な **i 細工** が施されている。

⑩この薬は副作用が **j 懸念** されている。

a	b	c	d	e
f	g	h	i	j

名詞（1）身体・健康

Ⅰ　あなたは次のようなとき、病院の何科に行きますか。記号と読み方を書きなさい。

例）転んでけがをしたとき→　　e（　　げか　　）

①胃が痛いとき→　　　　　　　　（　　　　　）

②泳いで耳に水が入ったとき→　　（　　　　　）

③子供が熱を出したとき→　　　　（　　　　　）

④妊娠したとき→　　　　　　　　（　　　　　）

⑤ボールが目に当たったとき→　　（　　　　　）

⑥歯が痛いとき→　　　　　　　　（　　　　　）

○○○病院	
7階	a　産婦人科
6階	b　耳鼻科　c　眼科
5階	d　歯科
4階	~~e　外科~~
3階	f　内科
2階	g　小児科
1階	受付・会計

Ⅱ　□□□の中から言葉を選んで解答欄に記号で入れなさい。読み方も書きなさい。

> a 胃　　b 足の甲　　c 腸　　d 手の甲　　~~e 胴~~　　f 眼球　　g 筋肉　　h 肺

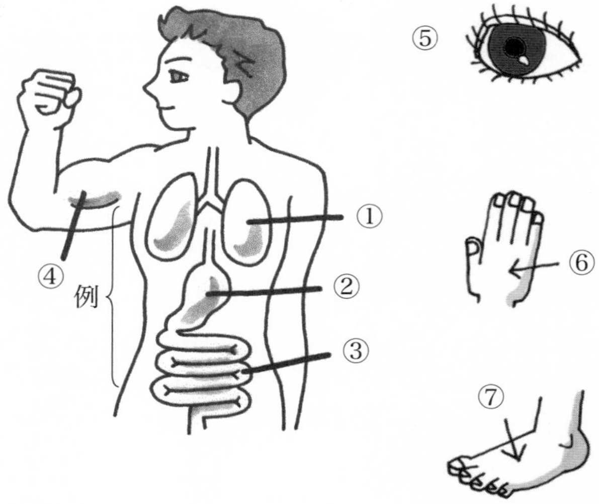

例）e	どう
①	
②	
③	
④	
⑤	
⑥	
⑦	

Ⅲ　次の言葉のグループの中には、種類が違うものが１つあります。○をつけなさい。

例）〔 1　脂肪　　②　果汁　　3　筋肉　　4　血管 〕

①〔 1　手術　　2　外科　　3　負傷　　4　睡眠 〕

②〔 1　腸　　　2　肺　　　3　発足　　4　胴 〕

No.	漢字	音	例	訓
1	解*	カイ		とく
		ゲ	解熱(げねつ)	
2	患	カン	患者(かんじゃ)	
3	眼	ガン	眼科・眼球・近眼(がんか・がんきゅう・きんがん)	
4	菌	キン	菌・細菌・ばい菌(きん・さいきん・きん)	
5	筋	キン	筋肉(きんにく)	すじ
6	甲	コウ	甲(こう)	
7	姿	シ	姿勢(しせい)	すがた
8	脂	シ	脂肪(しぼう)	
9	肪	ボウ		
10	歯*	シ	歯科(しか)	は
11	耳*	ジ	耳鼻科(じびか)	みみ
12	鼻*	ビ		はな
13	児*	ジ		
		ニ	小児科(しょうにか)	
14	寿	ジュ	寿命(じゅみょう)	
15	命*	メイ		いのち
		ミョウ	寿命(じゅみょう)	
16	取*	シュ	取材(しゅざい)	とる
17	摂	セツ	摂取(せっしゅ)	
18	汁	ジュウ	果汁(かじゅう)	しる
19	傷	ショウ	重傷・中傷・負傷(じゅうしょう・ちゅうしょう・ふしょう)	きず/いためる
20	診	シン	診察・診断・診療(しんさつ・しんだん・しんりょう)	みる
21	睡	スイ	睡眠(すいみん)	
22	眠*	ミン		ねむる
23	染	セン	感染・伝染(かんせん・でんせん)	そめる/しみる
24	汚*	オ	汚染(おせん)	けがらわしい/よごす/きたない
25	腸	チョウ	腸(ちょう)	
26	聴	チョウ	聴覚・聴講(ちょうかく・ちょうこう)	きく
27	胴	ドウ	胴(どう)	
28	尿	ニョウ	尿・し尿(にょう・にょう)	
29	妊	ニン	妊娠(にんしん)	
30	娠	シン		
31	肺	ハイ	肺(はい)	
32	発*	ハツ		
		ホツ	発作・発足(ほっさ・ほっそく)（はっそくとも読む）	
33	疲*	ヒ	疲労(ひろう)	つかれる
34	剖	ボウ	解剖(かいぼう)	
35	麻	マ	麻酔(ますい)	あさ
36	酔	スイ		よう
37	耗	モウ	消耗(しょうもう)	
38	痢	リ	下痢(げり)	

III ② 3 ④ 4

II ① h ② a ③ c ④ i ⑤ f ⑥ d ⑦ g ⑧ b

I ① ないか ② じびか ③ しょうにか ④ きんにく ⑤ ふくつう ⑥ しか ⑦ あしのうら

テスト

/30点

Ⅰ ＿＿＿の部分の読み方または漢字を選びなさい。（1点×7）

①日本女性の平均**寿命**は、男性に比べて長い。

1 じゅみょう　2 じゅうめい　3 じゅめい　4 じゅうみょう

②死亡の原因を調べるために**解剖**をする。

1 かいぼう　2 かいぶ　3 げぼう　4 かいばい

③暑い中で運動をして、体力をすっかり**消耗**した。

1 しょぼう　2 しょうぼう　3 しょうもう　4 しょもう

④**尿**の検査をする。

1 びょう　2 にょう　3 すい　4 りょう

⑤**果汁**100%のジュースを飲む。

1 かゆう　2 かしる　3 かじゅう　4 かじる

⑥根拠もないのに他人を**中傷**するのはやめよう。

1 じゅうよう　2 ちゅよう　3 じゅしょう　4 ちゅうしょう

⑦この種類の犬は**どう**が長いのが特徴です。

1 胴　2 胸　3 腰　4 腕

Ⅱ ＿＿＿の部分が同じ読み方のものを選びなさい。（1点×2）

①古くなった牛乳を飲んだら、**下痢**をしてしまった。

1 天**下**　2 **下**車　3 部**下**　4 目**下**

②この病気は季節の変わるころ**発作**を起こしやすい。

1 反**発**　2 **発**生　3 **発**足　4 **発**言

Ⅲ □に漢字を入れて、文を完成しなさい。＿＿＿の部分の読み方も書きなさい。（1点×8）

例）丈夫で、ほとんど病□をしたことがありません。

①農薬で大地が□**染**されている。

②毎週日曜日も仕事で、**疲**□がたまる。

③健康のため**睡**□時間を十分取るようにしている。

④先生の経済学の授業をぜひ**聴**□させてください。

例）	気	びょうき
①		
②		
③		
④		

Ⅳ　（　　）に入れるのに最もよいものを１つ選びなさい。（１点×２）

①病院へ行ったら、まず受付に診察（　　）を出してください。

1　券　　2　紙　　3　証　　4　札

②久しぶりにサッカーで汗を流したせいで、筋肉（　　）を起こした。

1　痛　　2　症　　3　病　　4　感

Ⅴ　＿＿＿の部分の読み方を書きなさい。（１点×11）

①医者は **a 患者** にカルシウムや鉄分（てつぶん）を十分 **b 摂取** するように言った。

②試合には強気の **c 姿勢** で臨みたい。

③**d 妊娠中** も適度の運動をしたほうがいい。

④どこかいい **e 歯科医院** を紹介してください。

⑤**f 解熱** 用の薬は、この病気には使わないほうがいい。

⑥**g 小児科** は予防注射を受ける **h 幼児** でいっぱいだった。

⑦**i 脂肪** の取り過ぎは健康によくない。

⑧手術の前に **j 麻酔** をする。

⑨**k 細菌** 兵器は開発も製造も国際条約で禁止されている。

a	b	c	d
e	f	g	h
i	j	k	

Ⅰ 次の言葉の記号を、図の適当なところに入れなさい。読み方も書きなさい。

| a 書斎 | b 廊下 | c 玄関 | d 居間 | e 台所 | f 花壇 | g 塀 |

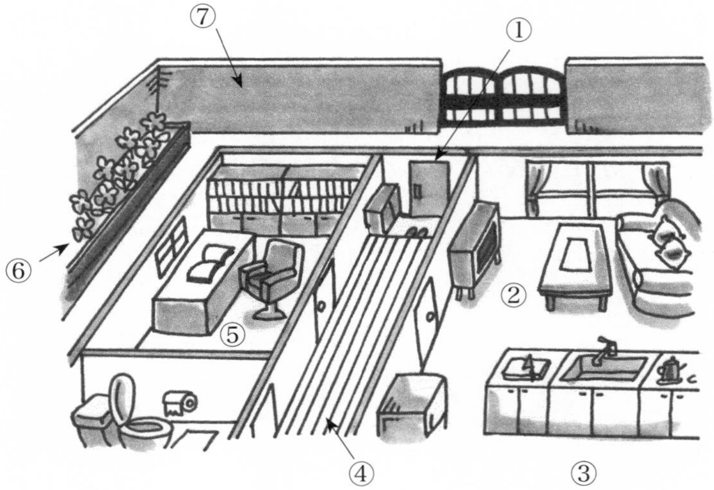

①	
②	
③	
④	
⑤	
⑥	
⑦	

建造物

1	花*	カ	花壇 かだん	はな
2	壇	ダン		
3	玄	ゲン	玄関 げんかん	
4	斎	サイ	書斎 しょさい	
5	炊	スイ	炊事 すいじ	たく
6	井	セイ	―	い
		ショウ	天井 てんじょう	
7	扇	セン	扇子・扇風機 せんす せんぷうき	

8	繕	ゼン	修繕 しゅうぜん	つくろう
9	荘	ソウ	別荘 べっそう	
10	卓	タク	食卓・電卓 しょくたく でんたく	
11	邸	テイ	邸宅 ていたく	
12	棟	トウ	～棟 とう	
13	塀	ヘイ	塀 へい	
14	寮	リョウ	寮 りょう	
15	廊	ロウ	廊下 ろうか	

Ⅱ　言葉と絵を線で結びなさい。＿＿の部分の読み方も書きなさい。

例）　①　②　③　④　⑤

a **蛇口**（　　　）　b **真珠**（　　　）　c **花瓶**（　　　）　d 手帳（てちょう）　e **植木鉢**（　　　）　f **文房具**（　　　）

Ⅲ　（　　）に入る適当な言葉を［　　］から選んで入れなさい。＿＿の部分の読み方も書きなさい。

切り　削り　抜き

①ペンケースに小さい**鉛筆**（　　　）も入れてある。（　　　　　）

②**缶**（　　　）を忘れたので、缶詰を開けることができなかった。（　　　　　）

③**栓**（　　　）で勢いよくビール瓶を開けた。（　　　　　）

日用品

16	鉛	エン	鉛筆（えんぴつ）	なまり
17	化*	カ		ばける
		ケ	化粧（けしょう）	
18	粧	ショウ		
19	缶	カン	缶（かん）・缶詰（かんづめ）	
20	蛍	ケイ	蛍光灯（けいこうとう）	
21	砂*	サ	砂糖（さとう）	すな
22	糖	トウ		
23	剤	ザイ	洗剤（せんざい）	
24	蛇	ジャ	蛇口（じゃぐち）	へび

25	珠	シュ	真珠（しんじゅ）	
26	栓	セン	栓（せん）	
27	装*	ソウ		
		ショウ	衣装（いしょう）	
28	沢	タク	光沢（こうたく）	
29	陶	トウ	陶器（とうき）	
30	鉢	ハチ	鉢（はち）	
31	瓶	ビン	瓶（びん）・瓶詰（びんづめ）・花瓶（かびん）	
32	粉*	フン	粉末（ふんまつ）・花粉（かふん）	こな／こ
33	房	ボウ	暖房（だんぼう）・文房具（ぶんぼうぐ）・冷房（れいぼう）	

第20回 **テスト** ／25点

Ⅰ ＿＿＿の部分の読み方または漢字を選びなさい。（1点×10）

①その教会の**天井**には、素晴らしい絵が描かれている。

1　てんせい　　2　てんじょう　　3　てんしょん　　4　てんい

②彼は高原に**別荘**を持っている。

1　べつそう　　2　べっそう　　3　べっしょう　　4　べつしょう

③床に白い**粉末**がこぼれていた。

1　ぶんまつ　　2　ふんまつ　　3　ふんみ　　4　ぶんみ

④すてきな**真珠**のネックレスですね。

1　しんじゅ　　2　じんしゅ　　3　しんしゅう　　4　じんじゅう

⑤この布は絹のような**光沢**がある。

1　こうざわ　　2　こうさわ　　3　こうだく　　4　こうたく

⑥水分の補給には、**糖分**が入っていないお茶などの飲料がいい。

1　どうぶん　　2　とうぶん　　3　とぶん　　4　どふん

⑦この**陶器**は、江戸（えど）時代の物です。

1　かんき　　2　とうき　　3　どき　　4　せっき

⑧**すいじ**や掃除などの家事には、終わりがない。

1　吹事　　2　水事　　3　吸事　　4　炊事

⑨冬なので、**かだん**には何も咲いていなかった。

1　華檀　　2　花壇　　3　花団　　4　華段

⑩A国大使が首相**かんてい**を訪れた。

1　官低　　2　官抵　　3　官邸　　4　官底

Ⅱ ＿＿＿の部分が同じ漢字のものを選びなさい。（1点×2）

①今日は涼しいので、**れいぼう**は要らない。

1　**待ぼう**の赤ん坊が生まれた。　　2　酸素（さんそ）が**欠ぼう**する。

3　災害を**ぼう止**する。　　4　**文ぼう具**屋で鉛筆を買った。

②**でんたく**を使って、お金の計算をする。

1　仕事を外部に**委たく**する。　　2　**食たく**に皿を並べる。

3　決議を**採たく**する。　　4　シャツを**洗たく**する。

Ⅲ（　　）に入れるのに最もよいものを１つ選びなさい。（1点×2）

①モーターの耐久性（たいきゅうせい）テストは、実験（　　　）で行っている。

　1　門　　2　館　　3　棟　　4　屋

②大学の寮（　　　）を払う。

　1　賃　　2　金　　3　費　　4　料

Ⅳ ＿＿＿の部分の読み方を書きなさい。（1点×11）

①**a 玄関** のドアの **b 修繕** を頼んだ。

②戸棚の奥から桃の **c 缶詰** が出てきた。

③俳優（はいゆう）は、**d 衣装** を身に着けて舞台用の **e 化粧** をすると、その役になりきるのだそうだ。

④そろそろ出掛けるから、ガスの **f 栓** と **g 書斎** の電気をもう一度確認して。

⑤**h 扇風機** をつけたまま寝ると、風邪（かぜ）を引く。

⑥目立つように、**i 蛍光ペン** で印をつける。

⑦空の **j ビール瓶** を片付けてください。

⑧**k 洗剤** は必要量だけ使いましょう。

a	b	c	d
e	f	g	h
i　　　　ペン	j　ビール	k	

第21回 名詞(3)人間関係・生涯

Ⅰ　次の図は、人生の出来事を表しています。＿＿＿の言葉の読み方を書きなさい。

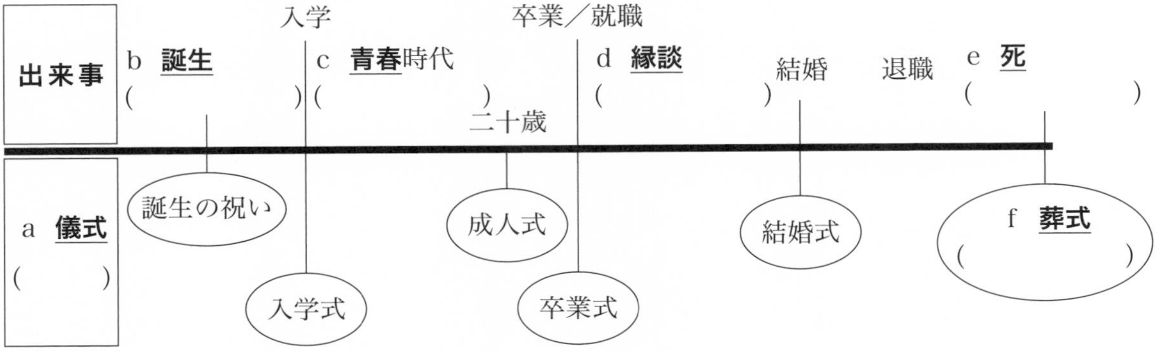

Ⅱ　（a・b）のどちらかを選び、文を完成させなさい。選んだ語の読み方も書きなさい。

①夏の（**a　余暇・b　休暇**）はどこに行きますか。（　　　　）

②新しい職場に移って（**a　境遇・b　待遇**）がよくなった。（　　　　）

③（**a　郷里・b　郷土**）の両親は元気にしております。（　　　　）

④子供が生まれて（**a　扶養・b　孝行**）する家族が1人増えた。（　　　　）

⑤あの人は、いつもお酒を飲んでは（**a　愚痴・b　冗談**）をこぼす。（　　　　）

⑥そんなばかなことをしたら、わが家（や）の（**a　名誉・b　面目**）がつぶれる。（　　　　）

Ⅲ　次の言葉の読み方を書き、説明をａ～ｄから選んで線で結びなさい。

①**優越**（　　　　　　）・　　　　・a　かたよった考え方や見方

②**偏見**（　　　　　　）・　　　　・b　ほかのものよりすぐれている

③**貫録**（　　　　　　）・　　　　・c　体格や態度が立派なこと

④**根性**（　　　　　　）・　　　　・d　物事をやり通す強い精神力

ちょっと一休み

・夫？　妻？　いろいろな呼び方があります。＿＿＿の語に気をつけて読んでください。

①夫はA会社に勤めております。　②妻は教師をしています。

③家内の両親にはいろいろ気を遣（つか）うよ。　④いつも主人がお世話になっております。

⑤うちのだんなはお酒に目がなくてね。

⑥この間、女房が入院して、家事を任せっぱなしだった自分を反省したよ。

①おっと　②つま　③かない　④しゅじん　⑤だんな　⑥にょうぼう

	漢字	音読み	例	訓読み
1	越*	エツ	優越（ゆうえつ）	こす
2	宴	エン	宴会（えんかい）	
3	縁	エン	縁（えん）・縁談（えんだん）	ふち
4	暇	カ	休暇（きゅうか）・余暇（よか）	ひま
5	涯	ガイ	生涯（しょうがい）	
6	貫	カン	貫録（かんろく）・一貫（いっかん）	つらぬ**く**
7	既	キ	既婚（きこん）	すで**に**
8	儀	ギ	儀式（ぎしき）・お辞儀（じぎ）・行儀（ぎょうぎ）・礼儀（れいぎ）	
9	郷	キョウ	故郷（こきょう）・郷土（きょうど）	
10	愁	シュウ	郷愁（きょうしゅう）	
11	里	リ	郷里（きょうり）	
12	愚	グ	愚痴（ぐち）	おろ**か**
13	痴	チ		
14	遇	グウ	境遇（きょうぐう）・待遇（たいぐう）	
15	己	コ	自己（じこ）	
16	孝	コウ	孝行（こうこう）	
17	熟	ジュク	熟語（じゅくご）・成熟（せいじゅく）・未熟（みじゅく）	
18	春*	シュン	青春（せいしゅん）	はる
19	女*	ジョ		おんな
		ニョウ	女房（にょうぼう）	
20	冗	ジョウ	冗談（じょうだん）	
21	嬢	ジョウ	お嬢（じょう）さん	
22	性*	セイ		
		ショウ	相性（あいしょう）・根性（こんじょう）	
23	紳	シン	紳士（しんし）	
24	葬	ソウ	葬式（そうしき）	ほうむ**る**
25	体*	タイ		からだ
		テイ	体裁（ていさい）	
26	耐	タイ	耐久（たいきゅう）	た**える**
27	忍	ニン	忍耐（にんたい）	
28	誕	タン	誕生（たんじょう）・誕生日（たんじょうび）	
29	忠	チュウ	忠告（ちゅうこく）・忠実（ちゅうじつ）	
30	輩	ハイ	後輩（こうはい）・先輩（せんぱい）	
31	扶	フ	扶養（ふよう）	
32	偏	ヘン	偏見（へんけん）	かたよ**る**
33	墓	ボ	墓地（ぼち）	はか
34	褒	ホウ	褒美（ほうび）	ほ**める**
35	僕	ボク	僕（ぼく）	
36	目*	モク		め
		ボク	面目（めんぼく）（めんもくとも読む）	
37	誉	ヨ	名誉（めいよ）	

I a ぎしき b たんじょう c せいしゅん d えんだん e し f こうしき

II ①b きゅうか ②b たいぐう ③a きょうり ④a ふよう ⑤a ぐち ⑥b めんぼく（めんもくでもよい）

III ①ゆうえつ b ②へんけん a ③かんろく c ④こんじょう d

テスト

／30点

Ⅰ ＿＿＿の部分の読み方または漢字を選びなさい。（1点×9）

①この職場には**既婚**者は数えるほどしかいない。

1　みこん　　2　ぎこん　　3　かいこん　　4　きこん

②私には富や**名誉**より大切なものがある。

1　みょうよ　　2　めいぼう　　3　めいよ　　4　めよう

③彼は２人の子供と両親を**扶養**している。

1　ふうよう　　2　ぶうよう　　3　ふよう　　4　ぶよう

④その映画は、過ぎた日の**郷愁**を誘う。

1　ごうじゅう　　2　こうしゅう　　3　きょうしゅう　　4　ぎょうじゅう

⑤**愚痴**を言っているだけでは、状況はよくならない。

1　ぐち　　2　ぬじ　　3　のうち　　4　くじ

⑥報道に携わる者は、**へんけん**や差別に敏感でなければならない。

1　偏見　　2　編見　　3　篇見　　4　遍見

⑦「お母さん、お隣の門の前も掃除したら、おばさんが**ごほうび**をくれたの。」

1　ご抱味　　2　ご報備　　3　ご包実　　4　ご褒美

⑧昔、村の外れには共同の**ぼち**があった。

1　募地　　2　幕地　　3　墓地　　4　暮地

⑨隣の部屋で**えんかい**をやっているらしくて、にぎやかだ。

1　延会　　2　沿海　　3　宴会　　4　園会

Ⅱ ＝＝＝の部分が同じ読み方または同じ漢字のものを選びなさい。（1点×2）

①この３年間は、彼女の**生涯**で最も幸福な時だった。

1　**生**じる　　2　**生**死　　3　野**生**　　4　再**生**

②その老人の**ちゅうこく**をだれも聞こうとしなかった。

1　テレビで国会**ちゅう継**を見た。　　2　希望者が多ければ**ちゅう選**だ。

3　犬は人間の**ちゅう実**な友だ。　　4　**宇ちゅう**飛行士になるのが夢だ。

Ⅲ　AとBの漢字を組み合わせて言葉を作り、文を完成させなさい。＿＿＿の部分の読み方も書きなさい。（1点×10）

A　| 誕　縁　忍　先　余　優 |　　B　| 生　耐　輩　暇　越　側 |

①日本に議会政治が＿＿＿＿＿＿＿＿したのは、明治（めいじ）時代のことだった。
（　　　　　　　　）

②彼は同じ学校の＿＿＿＿＿＿＿＿で、在学時代は随分（ずいぶん）お世話になったものだ。
（　　　　　　　　）

③労働時間数と＿＿＿＿＿＿＿＿の過ごし方の関係を調べる。
（　　　　　　　　）

④頭のいい彼女が、私に対して＿＿＿＿＿＿＿＿感を持っていたのは確かだ。
（　　　　　　　　）

⑤彼は努力と＿＿＿＿＿＿＿＿で今の地位を築いた。
（　　　　　　　　）

Ⅳ　（　　）に入れるのに最もよいものを１つ選びなさい。（1点×2）

①彼は、礼儀（　　）少年だ。

1　良い　　2　美しい　　3　正しい　　4　高い

②いくら親が子供のためだと思っても、子供がそれを望まないなら親の自己（　　）にすぎない。

1　希望　　2　大事　　3　満足　　4　中心

Ⅴ　＿＿＿の部分の読み方を書きなさい。（1点×7）

①こんなみっともない服装では **a 体裁** が悪い。

②叔父（おじ）は不幸な **b 境遇** にあっても、いつも **c 冗談** を言う明るい人だった。

③彼は **d 紳士** であるだけでなく **e 成熟** した大人の魅力（みりょく）を感じさせる。

④**f 僕** は、その **g お嬢さん** に好意を抱いていた。

a	b	c	d	e
f	g お　　さん			

名詞(4)数量・範囲

I　次の絵を見て、＿＿＿の言葉の読み方を書きなさい。

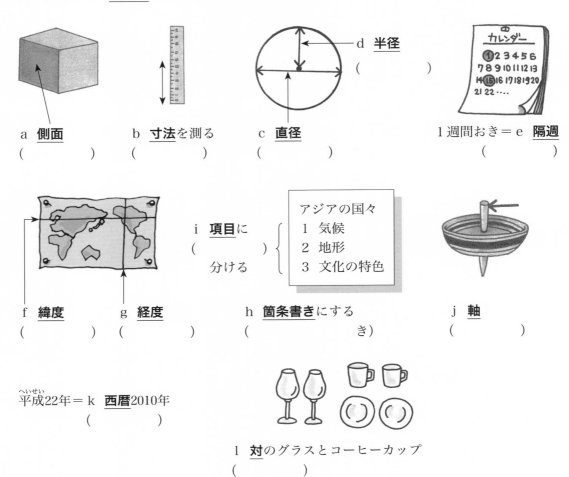

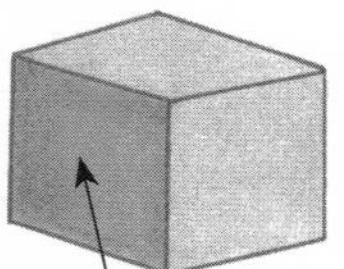
a **側面**
(　　　　)

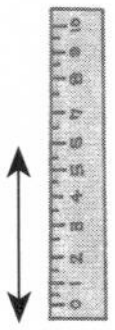
b **寸法**を測る
(　　　　)

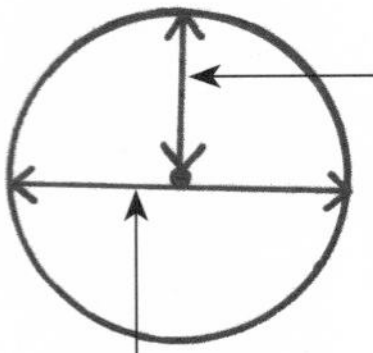
c **直径**
(　　　　)

d **半径**
(　　　　)

1週間おき＝e **隔週**
(　　　　)

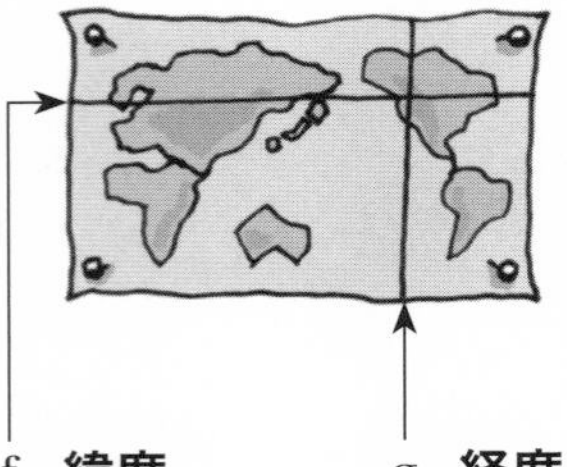
f **緯度**
(　　　　)

g **経度**
(　　　　)

i **項目**に
(　　　　)
分ける

アジアの国々
1　気候
2　地形
3　文化の特色

h **箇条書き**にする
(　　　　き)

j **軸**
(　　　　)

平成(へいせい)22年＝k **西暦**2010年
(　　　　)

l **対**のグラスとコーヒーカップ
(　　　　)

II　[　　] の漢字から選んで、[　　] に入れなさい。読み方も書きなさい。1つの漢字は1回しか使えません。

~~系~~　圏　網　亜　欄

例）文科［系］（ぶんかけい）
① ［　　］熱帯 (　　　　)
② 勢力［　　］(　　　　)
③ 情報［　　］(　　　　)
④ 番組［　　］(　　　　)

I a そくめん　b すんぽう　c ちょっけい　d はんけい　e かくしゅう　f いど　g けいど
h かじょうがき　i こうもく　j じく　k せいれき　l つい
II ①亜（あねったい）②圏（せいりょくけん）③網（じょうほうもう）④欄（ばんぐみらん）

1	亜	ア	亜（あ）～	
2	緯	イ	緯度（いど）・経緯（けいい）	
3	箇	カ	～箇月（かげつ）・箇所（かしょ）・箇条書き（かじょうがき）	
4	隔	カク	隔週（かくしゅう）・間隔（かんかく）	へだ**てる**
5	括	カツ	一括（いっかつ）	
6	弧	コ	括弧（かっこ）	
7	割*	カツ	分割（ぶんかつ）	わ**る**
8	紀	キ	世紀（せいき）	
9	距	キョ	距離（きょり）	
10	径	ケイ	直径（ちょっけい）・半径（はんけい）	
11	圏	ケン	～圏（けん）	
12	項	コウ	項目（こうもく）・事項（じこう）	
13	衡	コウ	均衡（きんこう）	
14	肢	シ	選択肢（せんたくし）	
15	軸	ジク	軸（じく）	
16	斜	シャ	斜面（しゃめん）・傾斜（けいしゃ）	なな**め**
17	瞬	シュン	瞬間（しゅんかん）・一瞬（いっしゅん）	
18	旬	ジュン	下旬（げじゅん）・上旬（じょうじゅん）・初旬（しょじゅん）・中旬（ちゅうじゅん）	
19	垂	スイ	垂直（すいちょく）	た**れる**
20	寸	スン	寸法（すんぽう）	
21	是	ゼ	是正（ぜせい）	
22	隻	セキ	～隻（せき）	
23	側*	ソク	側面（そくめん）	がわ
24	対*	タイ		
		ツイ	対（つい）	
25	端	タン	極端（きょくたん）・先端（せんたん）・途端（とたん）	はし / は / はた
26	範	ハン	範囲（はんい）・規範（きはん）・模範（もはん）	
27	微	ビ	微妙（びみょう）・微量（びりょう）	
28	笑*	ショウ	微笑（びしょう）	わら**う**
29	並*	ヘイ	並行（へいこう）・並列（へいれつ）	なみ / なら**べる**
30	遍	ヘン	～遍（へん）・普遍（ふへん）	
31	網	モウ	～網（もう）	あみ
32	唯	ユイ	唯一（ゆいいつ）	
33	有*	ユウ		あ**る**
		ウ	有無（うむ）	
34	欄	ラン	欄（らん）	
35	隣	リン	隣人（りんじん）・隣接（りんせつ）・近隣（きんりん）	となり
36	零	レイ	零（れい）・零点（れいてん）	
37	暦	レキ	還暦（かんれき）・西暦（せいれき）	こよみ

第22回 テスト

/30点

I ＿＿＿の部分の読み方または漢字を選びなさい。（1点×10）

①新しい教科書は、学校で**一括**して買う予定になっている。

1 いちかつ　2 ひとかつ　3 いつかつ　4 いっかつ

②**括弧**には幾つかの種類がある。

1 かっこ　2 かこ　3 かこう　4 かつこう

③選挙の不正防止のために、今の制度を**是正**する必要がある。

1 こうせい　2 ぜせい　3 ていせい　4 いせい

④この線と**垂直**に交わる線を引いてください。

1 すんちょく　2 すいちょく　3 すうちょく　4 すちょく

⑤防犯のためには、**近隣**の住民の協力が欠かせない。

1 きんじょう　2 きんにん　3 きんりょう　4 きんりん

⑥駅へ行くバスは10分**間隔**で走っている。

1 かんへい　2 かんゆう　3 かんかく　4 かんとく

⑦私たちには、ほかに**選択肢**はないのだから、これでやるしかない。

1 せんたくじ　2 せんたくし　3 せんたくき　4 せんたくぎ

⑧この仕事は経験の**有無**は問いません。

1 うむ　2 ゆうむ　3 うぶ　4 ゆうぶ

⑨試合の後半になって、ゲームの**均衡**が突然崩れた。

1 きんこう　2 ぎんこう　3 きしょう　4 きんしょ

⑩山の**しゃめん**を利用して、野菜畑を作っている。

1 叙面　2 途面　3 斜面　4 徐面

II ＿＿＿の部分が同じ漢字のものを選びなさい。（1点×3）

①地震の被害は予想より広い**はんい**に及んだ。

1 死刑の**はん決**は取り消された。　2 ほかの人の**模はん**となる。

3 財産の**はん分**を相続した。　4 相手の**はん応**をよく見る。

②優れた文学作品は、時代を超えた**ふへん**性を持っている。

1 **ふ利**な労働条件で働く。　2 **ふ通**の方法では解決できない。

3 東京**ふ近**の地図を買う。　4 **夫ふ**で旅行する。

③どちらが勝ったのかは**びみょう**で、判定が難しい。

1　耳に虫が入り、**耳び科**に行った。　2　彼女は**び笑**を浮かべた。

3　**び術**大学に合格した。　4　受験の**準び**で忙しい。

Ⅲ　[　　]の中の漢字を使って、文を完成させなさい。＿＿＿の部分の読み方も書きなさい。（1点×8）

圏　欄　旬　網　項

①**首都□**に住み、都内へ通勤通学する人が多い。

②他社との競争に勝つために、**販売□**を整備する。

③梅雨（つゆ）入りは、今月の**下□**ごろでしょう。

④新聞の**投書□**を読むのは、面白い。

①	
②	
③	
④	

Ⅳ　（　　）に入れるのに最もよいものを、１つ選びなさい。（1点×2）

①２（　　　）の豪華客船（きゃくせん）が港に泊まっている。

1　隻　　2　機　　3　台　　4　両

②医療の先端（　　　）を学ぶために、海外に留学する。

1　実験　　2　技術　　3　研究　　4　薬品

Ⅴ　＿＿＿の部分の読み方を書きなさい。（1点×7）

①インターネットのおかげで外国との **a 距離** が縮（ちぢ）まった。

②今が成功への **b 唯一** の機会だ。

③ＩＬＯが発足した **c 経緯** を調べた。

④この区間は、ＪＲと私鉄が **d 並行** して走っている。

⑤この間の試験は難しくて、**e 零点** を取った人もいる。

⑥**f 21世紀** こそ、平和な世界を実現したい。

⑦このレポートには、**g 6箇所** ミスがある。

a	b	c	d
e	f　21	g　6	

第23回
名詞(5)言語・教育

I　文芸にはいろいろなものがあります。左の言葉の説明を右から選んで線で結びなさい。読み方も書きなさい。

例）小説（しょうせつ）　――――　a　想像して書いた物語・話

①**評論**（　　　　）　・　　・b　五・七・五・七・七の形式の日本の詩

②**随筆**（　　　　）　・　　・c　見たり聞いたりした経験から感じたことを書いた文章

③**短歌**（　　　　）　・　　・d　五・七・五の形式の日本の詩

④**俳句**（　　　　）　・　　・e　物事の質や価値などを解説し、意見を述べた文章

言語・文学

1	架	カ	架空（かくう）・担架（たんか）	
2	句	ク	句（く）・語句（ごく）・文句（もんく）	
3	読*	ドク		よ**む**
		トウ	句読点（くとうてん）	
4	傑	ケツ	傑作（けっさく）	
5	稿	コウ	原稿（げんこう）	
6	旨	シ	要旨（ようし）	
7	詩	シ	詩（し）・詩人（しじん）	
8	示*	ジ		しめ**す**
		シ	示唆（しさ）	
9	唆	サ		

10	執	シツ	執筆（しっぴつ）	
		シュウ	執着（しゅうちゃく）	
11	叙	ジョ	叙述（じょじゅつ）	
12	随	ズイ	随筆（ずいひつ）・随分（ずいぶん）	
13	典	テン	典型（てんけい）・原典（げんてん）・古典（こてん）・辞典（じてん）・百科辞典（ひゃっかじてん）・百科事典（ひゃっかじてん）	
14	俳	ハイ	俳句（はいく）・俳優（はいゆう）	
15	描	ビョウ	描写（びょうしゃ）	えが**く**
16	翻	ホン	翻訳（ほんやく）	
17	朗	ロウ	朗読（ろうどく）・明朗（めいろう）	ほが**らか**

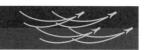

Ⅱ 次の会話を読んで、＿＿＿＿の部分の漢字の読み方を書きなさい。

学生Ａ：もう大学受験の①**願書**（　　　　　　）、準備したの。

学生Ｂ：ううん、まだ。②**専攻**（　　　　　）は決まっているんだけれど、……。A君は決まったの。

学生Ａ：うん。A大学に決めたよ。あそこは③**奨学金制度**（　　　　　　　　　　　）が充実しているんだよ。

学生Ｂ：A大学って、付属の④**幼稚園**（　　　　　　　　）もあるんでしょう。幼稚園に合格するために、2歳ごろから⑤**塾**（　　　　　）で勉強する子供もいるんだって。

学生Ａ：大変だね。

Ⅲ 次の言葉の読み方を書き、説明をa～eから選んで線で結びなさい。

①**閲覧**（　　　　　）・　　　　　　・a 新聞や雑誌に写真や記事を載せること

②**索引**（　　　　　）・　　　　　　・b 図書館などで本や新聞などを、調べたり読んだりすること

③**掲載**（　　　　　）・　　　　　　・c 本の中の言葉を調べやすいように一定の順序に並べたもの

④**名簿**（　　　　　）・　　　　　　・d 人に見せるために物を並べること

⑤**陳列**（　　　　　）・　　　　　　・e グループや組織などの人々の氏名・住所などを書いたもの

教育・言語生活

18	威	イ	威張る・威力・権威	
19	閲	エツ	閲覧	
20	願*	ガン	願書・念願	ねがう
21	擬	ギ	模擬	
22	口*	コウ		くち
		ク	口調	
23	攻	コウ	専攻	せめる
24	載	サイ	記載・掲載	のせる
25	索	サク	索引・検索・模索	

26	舎	シャ	校舎
27	塾	ジュク	塾
28	准	ジュン	准教授
29	奨	ショウ	奨学金・奨励
30	礎	ソ	基礎
31	稚	チ	幼稚・幼稚園
32	陳	チン	陳列
33	班	ハン	班
34	簿	ボ	名簿

Ⅲ①えつらん b ②さくいん c ③けいさい a ④めいぼ e ⑤ちんれつ d
Ⅱ①がんしょ ②せんこう ③しょうがくきんせいど ④ようちえん ⑤じゅく
Ⅰ①ひようろん e ②ぎじゅつ c ③たんい b ④ほしゅ d

第23回 テスト

/35点

I ＿＿部分の読み方または漢字を選びなさい。（1点×11）

①自分は手伝わないくせに、**文句**ばかり言わないで。

1　むんぐ　　2　ぶんく　　3　もんく　　4　もうぐ

②新人賞をもらって以来、その作家は**執筆**に追われて忙しい。

1　ひっぴつ　　2　しつぴつ　　3　しゅうひつ　　4　しっぴつ

③恋をするとだれでも**詩人**になるという。

1　しにん　　2　しいじん　　3　しじん　　4　じにん

④人は、いろいろなことへの**執着**をなかなか捨てられないものだ。

1　しゅちゃく　　2　しゅうちゃく　　3　しっちゃく　　4　しつじゃく

⑤この小説は、荒れた海の**描写**が見事だ。

1　みょうじゃ　　2　みょしゃ　　3　びょうしゃ　　4　びょじゃ

⑥我が社では健康で**明朗**な方を求めています。

1　めろう　　2　めりょう　　3　めいろう　　4　めいりょう

⑦各界で活躍している人から**示唆**に富んだ話を聞く。

1　じさ　　2　しそ　　3　しさ　　4　じそ

⑧彼女はいつも怒ったような**口調**で話す。

1　くちょ　　2　こうちょう　　3　くちょう　　4　こうちょ

⑨博物館に古代の珍しい武器が**陳列**されている。

1　じんれい　　2　ちんれつ　　3　じょれい　　4　とうれつ

⑩このドラマは、**かくう**の話とは思えないほどリアルだ。

1　仮空　　2　架構　　3　仮構　　4　架空

⑪彼は年の割りには考え方が**ようち**だ。

1　幼稚　　2　幼痴　　3　幼誰　　4　幼知

II ＿＿の部分が同じ漢字のものを選びなさい。（1点×2）

①この国語**じてん**は10年の年月をかけて作られた。

1　内閣（ないかく）は総**じ職**した。　　2　皆が彼の意見を**支じ**した。

3　手作りの作品を**展じ**した。　　4　犯人は大金を**所じ**していた。

②少子（しょうし）化で使われなくなった**こうしゃ**を文化施設（しせつ）に利用する。

1　生産性が**こう上**する。　　2　父の転勤で3回も**転こう**した。

3　**こう辛料**で味をつける。　　4　新製品は**こう評**だった。

Ⅲ　AとBの漢字を組み合わせて言葉を作り、文を完成させなさい。＿＿＿の部分の読み方も書きなさい。（1点×10）

A	系　専　奨　基　模　掲	B	載　統　攻　擬　学　礎

①学部のときの＿＿＿＿＿＿は、経済だったが、大学院は国際関係に進んだ。
（　　　　　　）

②私が撮った事故の写真が、新聞に＿＿＿＿＿＿された。
（　　　　　　）

③入試前なので、＿＿＿＿＿＿試験の受験者が多い。
（　　　　　　）

④どんなことでも＿＿＿＿＿＿がしっかりしていなければ、応用はできない。
（　　　　　　）

⑤経済的に進学が困難なら、＿＿＿＿＿＿金制度を利用したらどうですか。
（　　　　　　）

Ⅳ　（　　）に入れるのに最もよいものを1つ選びなさい。（1点×2）

①会社を辞めて、翻訳（　　　）だけで食べていけるか、不安だ。

1　業　　2　職　　3　人　　4　者

②政治の腐敗を追及する特集を組むために、特別取材（　　　）を作った。

1　組　　2　班　　3　番　　4　級

Ⅴ　＿＿＿の部分の漢字の読み方を書きなさい。（1点×10）

①クラスの **a 名簿** で電話番号を調べる。　②やっと **b 念願** のマイホームを手に入れた。

③父は、仕事優先の **c 典型** 的な会社人間だ。④教授は、考古学の **d 権威** として有名だ。

⑤ **e 句読点** のつけ方によって、 **f 随分** 読みやすくなるものですね。

⑥この作品こそ正に、 **g 傑作** だ。　⑦本の最後に **h 索引** がついている。

⑧論文の **i 要旨** を **j 原稿** 用紙1枚以内にまとめて提出すること。

a	b	c	d	e
f	g	h	i	j

名詞(6)犯罪・災害

Ⅰ　新聞にコーヒーをこぼしてしまったら、一部分の字が読めなくなりました。隠れた漢字は何か、[　　　]から選び、読み方も書きなさい。

水	壊	犠	~~防~~	避	警

世界のニュース

大雨のため、インダス川の例）堤●の一部が①崩●し、多くの住民が②●牲となった。雨はやんだが、今も町の三分の一が③浸●しており、④●戒が続いている。
　インダス川付近の住民は周辺都市に⑤●難した模様。

例）堤防	ていぼう
①崩	
②　牲	
③浸	
④　戒	
⑤　難	

逮	面	手	走	突

日本のニュース

⑥覆●を着けた男が、深夜のコンビニを襲う。
　この男は、十万円を奪って自転車で⑦逃●する途中、ほかの自転車と⑧衝●し、駆けつけた警察官にその場で⑨●錠をかけられ、あっけなく⑩●捕された。

⑥覆	
⑦逃	
⑧衝	
⑨　錠	
⑩　捕	

Ⅱ　次の言葉のグループの中には、種類の違うものが１つあります。○をつけなさい。

①〔　1　秩序　　2　騒音　　3　悲鳴　　4　歓声　〕
②〔　1　熱湯　　2　温泉　　3　土砂　　4　蒸気　〕
③〔　1　津波　　2　地震　　3　誘拐　　4　積雪　〕
④〔　1　刑事　　2　巡査　　3　群集　　4　従事　〕

#	漢字	音	熟語	訓
1	為	イ	行為（こうい）	
2	戒	カイ	警戒（けいかい）	
3	拐	カイ	誘拐（ゆうかい）	
4	壊*	カイ	破壊（はかい）	こわす
5	崩	ホウ	崩壊（ほうかい）	くずす
6	偽	ギ	偽造（ぎぞう）	いつわる／にせ
7	犠	ギ	犠牲（ぎせい）	
8	牲	セイ	犠牲	
9	群*	グン	群・群衆・群集（ぐん・ぐんしゅう・ぐんしゅう）	むれ／むらがる
10	刑	ケイ	刑・刑事・死刑（けい・けいじ・しけい）	
11	撃	ゲキ	攻撃・反撃（こうげき・はんげき）	うつ
12	襲	シュウ	襲撃（しゅうげき）	おそう
13	砂*	サ／シャ	土砂（どしゃ）	すな
14	詐	サ	詐欺（さぎ）	
15	欺	ギ		あざむく
16	質*	シツ／シチ	人質（ひとじち）	
17	銃	ジュウ	銃（じゅう）	
18	巡	ジュン	巡査（じゅんさ）	めぐる
19	序	ジョ	順序（じゅんじょ）	
20	秩	チツ	秩序（ちつじょ）	
21	衝	ショウ	衝撃・衝突（しょうげき・しょうとつ）	
22	錠	ジョウ	手錠（てじょう）	
23	浸	シン	浸水（しんすい）	ひたす
24	雪*	セツ	積雪（せきせつ）	ゆき
25	訴	ソ	訴訟（そしょう）	うったえる
26	訟	ショウ	訴訟	
27	走*	ソウ	走行（そうこう）	はしる
28	捜*	ソウ	捜査・捜索（そうさ・そうさく）	さがす
29	騒	ソウ	騒音・騒々しい・騒動・物騒（そうおん・そうぞう・そうどう・ぶっそう）	さわぐ
30	遭	ソウ	遭難（そうなん）	あう
31	堤	テイ	堤防（ていぼう）	
32	廷	テイ	法廷（ほうてい）	
33	逃*	トウ	逃走・逃亡（とうそう・とうぼう）	にげる／のがす
34	湯*	トウ	熱湯（ねっとう）	ゆ
35	背*	ハイ	背景・背後（はいけい・はいご）	せ／せい／そむく
36	賠	バイ	賠償（ばいしょう）	
37	罰	バツ	罰・罰する・刑罰・処罰（ばつ・ばつ・けいばつ・しょばつ）	
38	避	ヒ	避難（ひなん）	さける
39	覆	フク	覆面（ふくめん）	おおう／くつがえす
40	捕*	ホ	捕獲（ほかく）	とらえる／つかまえる
41	逮	タイ	逮捕（たいほ）	
42	砲	ホウ	鉄砲（てっぽう）	
43	鳴*	メイ	共鳴・悲鳴（きょうめい・ひめい）	なく
44	盲	モウ	盲点（もうてん）	

II ① ② 3 ③ 3 ④ 4

I ①隆（ほうかい） ②犠（ぎせい） ③水（しんすい） ④襲（けいかいかい） ⑤堤（ひなん）
⑥偽（ぎぞう） ⑦走（そうこう） ⑧発（しょうとつ） ⑨手（てじょう） ⑩避（たいほ）

テスト

/30点

Ⅰ ＿＿＿の部分の読み方または漢字を選びなさい。（1点×9）

①宝石泥棒は警備の**盲点**を突いて店に侵入（しんにゅう）した。

1 ぼうでん　2 ぼうてん　3 もくでん　4 もうてん

②**鉄砲**(1)を持った男が銀行を**襲撃**(2)し、駆けつけた**巡査**(3)にけがを負わせた。

(1) 1 てつぼう　2 てっぼう　3 てつほう　4 てっぽう
(2) 1 じゅげき　2 しゅうげき　3 しゅげき　4 じゅうげき
(3) 1 じゅんさ　2 しゅうざ　3 しゅんざ　4 じゅうさ

③家庭内の事故では、**熱湯**によるやけどがかなりの数に上る。

1 ねつど　2 ねっとう　3 ねったん　4 ねつゆ

④粘り強（づよ）く犯人を説得した結果、**人質**は無事解放された。

1 ひとじち　2 にんしつ　3 じんち　4 ひとじつ

⑤弁護士と検事は、**ほうてい**で激しく争った。

1 法廷　2 放庭　3 報態　4 方邸

⑥彼の成績はクラスの中で**ぐん**を抜いている。

1 郷　2 運　3 群　4 軍

⑦飲酒（いんしゅ）運転は、厳しく**しょばつ**される。

1 緒署　2 処罰　3 所罪　4 所訓

Ⅱ ＿＿＿の部分が同じ漢字のものを選びなさい。（1点×2）

①雪が激しく降る中で、行方不明者の**そうさく**が続けられた。

1 事件の**真そう**を知りたい。
2 未来社会の姿を**そう像**する。
3 未解決の事件の**そう査**を続ける。
4 冬山で吹雪のため**そう難**した。

②人々はこの事件から大きな**しょうげき**を受けた。

1 車と正面から**しょう突**する。
2 彼女は皆によい**印しょう**を与える。
3 毎朝6時に**起しょう**する。
4 手術後の**しょう状**は良好だ。

Ⅲ　AとBの漢字を組み合わせて言葉を作り、文を完成させなさい。＿＿＿の部分の読み方も書きなさい。（1点×8）

A　| 避　犠　反　共　土 |　　B　| 砂　牲　撃　難　鳴 |

①飛行機事故で、多くの＿＿＿＿＿＿＿者が出た。
（　　　　　　　）

②環境保護の呼びかけに＿＿＿＿＿＿＿して、運動に参加した。
（　　　　　　　）

③地震で家を失った人たちは、学校の体育館に＿＿＿＿＿＿＿した。
（　　　　　　　）

④我がチームが圧倒的に強く、相手チームは全く＿＿＿＿＿＿＿できなかった。
（　　　　　　　）

Ⅳ　（　　）に入れるのに最もよいものを1つ選びなさい。（1点×2）

①接触（せっしょく）事故で相手の車を傷つけ、（　　　）賠償を求められた。

1　災害　　2　危害　　3　被害　　4　損害

②男は、詐欺（　　　）を働いたとの疑いをかけられている。

1　行為　　2　行動　　3　動作　　4　犯罪

Ⅴ　＿＿＿の部分の読み方を書きなさい。（1点×9）

①a 騒音 に悩まされた空港付近の住民が、b 訴訟 を起こした。

②自然 c 破壊 が進んだ d 背景 には、高度経済成長期の開発優先政策があった。

③社会の e 秩序 が乱れている。

④被害者は犯人に重い f 刑 を望んでいる。

⑤日本では一般市民が g 銃 を持つことは禁じられている。

⑥h 偽造 パスポートを作っていた犯罪グループが i 逮捕 された。

a	b	c	d	e
f	g	h	i	

第25回　名詞(7)政治・行政・国際関係

I　次の図は、日本の「三権」について表しています。①～⑤の読み方を書きなさい。

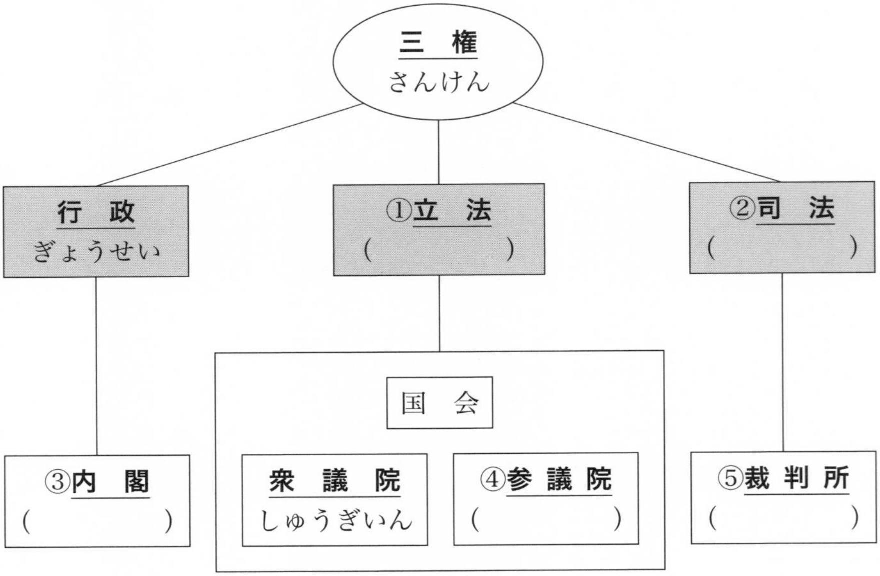

政治・行政

1	閣	カク	内閣（ないかく）	
2	挙	キョ	一挙（いっきょ）・選挙（せんきょ）	あ**げる**
3	郡	グン	郡（ぐん）	
4	憲	ケン	憲法（けんぽう）	
5	厚*	コウ	厚生（こうせい）	あつ**い**
6	皇	コウ	皇居（こうきょ）	
		オウ	天皇（てんのう）	
7	祉	シ	福祉（ふくし）	
8	施	シ	施行（しこう）・施設（しせつ）・実施（じっし）	ほどこ**す**
9	庶	ショ	庶民（しょみん）・庶務（しょむ）	
10	申*	シン	申告（しんこく）	もう**す**

11	枢	スウ	中枢（ちゅうすう）	
12	声*	セイ	声明（せいめい）・歓声（かんせい）	こえ
13	請	セイ	請求（せいきゅう）・申請（しんせい）・要請（ようせい）	
14	籍	セキ	国籍（こくせき）・書籍（しょせき）	
15	戸*	コ	戸籍（こせき）	と
16	措	ソ	措置（そち）	
17	疎	ソ	過疎（かそ）	
18	隊	タイ	隊（たい）・軍隊（ぐんたい）・兵隊（へいたい）	
19	票	ヒョウ	票（ひょう）・投票（とうひょう）	
20	僚	リョウ	官僚（かんりょう）・同僚（どうりょう）	

Ⅱ ＿＿＿の部分の読み方を書きなさい。

①この５年で、**郡部**（　　　　　）では**過疎化**（　　　　　）が一層進んだ。

②物価が下がるのは、**庶民**（　　　　　）にとってはありがたい。

③現在は警察官が**皇居**（　　　　　）を護衛しているが、かつては軍の**兵隊**（　　　　　）が守っていた。

④**軍艦**（　　　　　）は**核爆弾**（　　　　　）を積んでいたらしい。

⑤**迫害**（　　　　　）や**略奪**（　　　　　）の実態を調査する。

⑥その映画は、主人公が**敵地**（　　　　　）に**潜入**（　　　　　）したものの、捕まって**捕虜**（　　　　　）になるところから始まる。

⑦1066年に、ウイリアムはイギリスを**征服**（　　　　　）した。

国際関係

21	核	カク	核（かく）・結核（けっかく）	
22	艦	カン	軍艦（ぐんかん）	
23	遣	ケン	派遣（はけん）	つか**う**
24	拘	コウ	拘束（こうそく）	
25	触*	ショク	感触（かんしょく）・接触（せっしょく）	ふ**れる** / さわ**る**
26	侵	シン	侵入（しんにゅう）・侵略（しんりゃく）	おか**す**
27	陣	ジン	陣（じん）	
28	征	セイ	征服（せいふく）	
29	潜	セン	潜水（せんすい）・潜入（せんにゅう）	もぐ**る**
30	奪	ダツ	略奪（りゃくだつ）	うば**う**
31	弾	ダン	弾力（だんりょく）・爆弾（ばくだん）	ひ**く** / はず**む** / たま
32	敵	テキ	敵（てき）	
33	匹*	ヒツ	匹敵（ひってき）	ひき
34	闘	トウ	戦闘（せんとう）・奮闘（ふんとう）	
35	迫	ハク	迫害（はくがい）・圧迫（あっぱく）	せま**る**
36	脅	キョウ	脅迫（きょうはく）	おびや**かす** / おど**かす**
37	紛	フン	紛失（ふんしつ）・紛争（ふんそう）	まぎ**れる**
38	邦	ホウ	連邦（れんぽう）	
39	盟	メイ	同盟（どうめい）・連盟（れんめい）	
40	虜	リョ	捕虜（ほりょ）	

Ⅰ①りっぽう　②しほう　③ないかく　④さんぎいん　⑤さいばんしょ
Ⅱ①ぐんぶ　かそか　②しょみん　③こうきょ　へいたい　④ぐんかん　かくばくだん
⑤はくがい　りゃくだつ　⑥てきち　せんにゅう　ほりょ　⑦せいふく

第25回 テスト

／30点

Ⅰ ＿＿＿の部分の読み方または漢字を選びなさい。（1点×9）

①メンバー全員が**奮闘**したおかげで私たちのチームは優勝した。

1 ぶんどう　　2 ふんどう　　3 ぶんとう　　4 ふんとう

②車を運転していて、**接触**事故を起こした。

1 せっしょく　　2 せつぞく　　3 せつちゅう　　4 せっかく

③このアルバイトは6時間**拘束**される。

1 くそく　　2 こうそく　　3 こそく　　4 くっそく

④この工場ではコンピューターの**中枢**部分を製造している。

1 ちゅうすう　　2 ちゅうきょう　　3 ちゅうく　　4 ちゅうきゅう

⑤日本の**けんぽう**(1)では、**天皇**(2)は象徴として位置づけられている。

(1) 1 憲法　　2 憲宝　　3 建封　　4 建法

(2) 1 てんこう　　2 てんおう　　3 てんわう　　4 てんのう

⑥過疎化の地域の産業振興のために、新たな予算**そち**がとられることになった。

1 惜致　　2 措致　　3 措置　　4 惜置

⑦**かんりょう**による不正事件が雑誌の記事によって暴露された。

1 官領　　2 官僚　　3 管僚　　4 管領

⑧この国は**れんぽう**制を取っている。

1 連峰　　2 連邦　　3 連法　　4 連報

Ⅱ ＿＿＿の部分が同じ漢字のものを選びなさい。（1点×3）

① 奨学金の**しんせい**をする。

1 **しん剣**に勉強する。　　2 **しん鮮**な材料で料理する。

3 税金の**しん告**をする。　　4 課長に**昇しん**する。

②両国の大統領は会談後、共同**せいめい**を発表した。

1 パートから**せい規**の職員になる。　　2 ファンが**歓せい**を上げる。

3 研究の**せい果**を発表する。　　4 資金面の**せい約**が問題だ。

③子供が生まれたので、区役所の**こせき**係に届けを出した。

1 市長としての**せき務**を果たす。　　2 歴史関係の**書せき**を出版する。

3 成分の**分せき**結果が出た。　　4 社会事業に**功せき**を残した。

Ⅲ　AとBの漢字を組み合わせて言葉を作り、文を完成させなさい。また、＿＿＿の部分の読み方も書きなさい。（1点×8）

A　侵　実　投　結　福　　　B　票　施　入　核　祉

①ダム建設の賛否（さんぴ）をめぐって住民＿＿＿＿＿＿が行われた。
（　　　　　　　）

②泥棒は、この窓から＿＿＿＿＿＿したと思われる。
（　　　　　　　）

③社会保障が充実した＿＿＿＿＿＿国家の実現を望む。
（　　　　　　　）

④全国で一斉に学力テストが＿＿＿＿＿＿された。
（　　　　　　　）

Ⅳ　（　　）に入れるのに最もよいもの1つを選びなさい。（1点×2）

①紛争（　　　）では食糧（しょくりょう）不足に陥っている。

1　場面　　2　空間　　3　区画　　4　地帯

②会社の業績が悪化して、経営（　　　）の責任が問われている。

1　陣　　2　隊　　3　団　　4　組

Ⅴ　＿＿＿の部分の読み方を書きなさい。（1点×8）

①強盗は、金を出せとナイフで a 脅迫 した。

②D国と b 同盟 関係を結ぶことについて、c 内閣 で話し合われた。

③20歳以上のすべての国民は d 選挙権 を有する。

④大事な書類をどこかで e 紛失 してしまったらしい。

⑤このクラスには、彼の英語力に f 匹敵 する力を持つ者はいない。

⑥g 派遣 労働者の待遇改善は、h 厚生 労働省の仕事である。

a	b	c	d	e
f	g	h		

第26回　名詞(8)産業・交通

Ⅰ　グラフを見て、２人が話しています。＿＿＿の部分の漢字の読み方を書きなさい。

グラフ１

A：石油の①**埋蔵量**（　　　　　）は、いちばん多いのが中東（ちゅうとう）、次がヨーロッパ・ユーラシアなのね。

B：世界中を合わせても、２兆バレルないんだね。

A：このまま②**採掘**（　　　　　）し続けると、あと30年ぐらいでなくなるんでしょう。

B：いろいろな説があるけど、大切に使わなくちゃね。

グラフ１　石油埋蔵量（2008年）

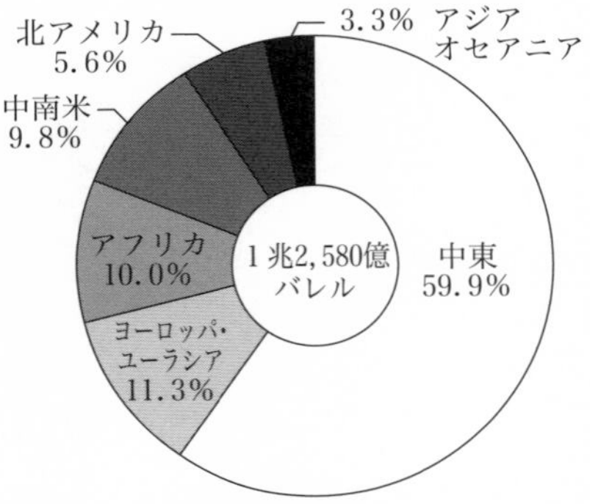

資源エネルギー庁「なるほど原子力 AtoZ・世界のエネルギー事情」に基づく

グラフ２　食料自給率（2008年）

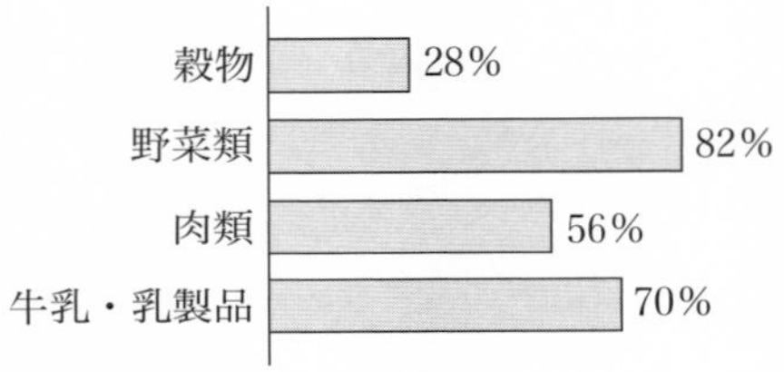

農林水産省「主要先進国の品目別自給率」に基づく

グラフ３　耕地面積

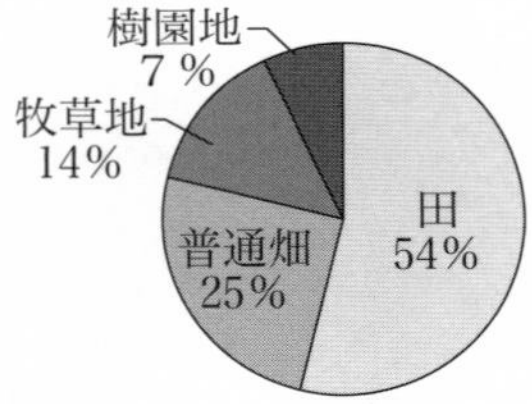

農林水産省「平成20年耕地面積」に基づく

グラフ２と３

A：グラフ２で見ると、③**穀物**（　　　　　）の④**自給率**（　　　　　）はたった28%なんだね。

B：そうね。でも、米の⑤**収穫**（　　　　　）量は減ってるって聞いたけど、グラフ３の⑥**耕地**（　　　　　）面積を見ると、田んぼがいちばん多いのね。

B：うん。ふーん、牧草地（ぼくそうち）も14%あるのか。

A：そうね、牛乳の自給率が70%だから、⑦**牧畜**（　　　　　）は意外に盛んなのね。

Ⅱ　＿＿＿の部分の読み方を書きなさい。

①蒸気の力で進む船を**汽船**という。

（　　　　　）

②放射性廃棄物を**運搬**する**船舶**には安全基準が定められている。

（　　　　　）（　　　　　）

③子供のころから飛行機を**操縦**してみたいと思っていた。

（　　　　　）

④資源を保護するため、**捕鯨**を制限する国際会議が開かれている。

（　　　　　　　）

⑤自動**制御**装置が働き、**新幹線**は急停車した。　　⑥**市街地**を抜けると、昔の**街道**に出る。

（　　　　　）（　　　　　　　）　　　　　　（　　　　　　　）（　　　　　　　）

1	維	イ	維持	
2	荷*	カ	出荷・負荷	に
3	穫	カク	収穫	
4	凶	キョウ	凶作	
5	緊	キン	緊急・緊張	
6	掘	クツ	採掘・発掘	ほる
7	鯨	ゲイ	捕鯨	
8	耕	コウ	耕作・耕地・農耕	たがやす
9	鋼	コウ	鉄鋼	
10	穀	コク	穀物	
11	栽	サイ	栽培	
12	培	バイ		

13	繊	セン	繊維・化繊	
14	打*	ダ	打開・打撃	うつ
15	田*	デン	田園・水田	た
16	肥	ヒ	肥料	
17	紡	ボウ	紡績	
18	牧	ボク	牧師・牧場・牧畜・遊牧	
19	埋*	マイ	埋蔵	うめる
20	酪	ラク	酪農	
21	糧	リョウ	食糧	

交通

22	往	オウ	往診・往復	
23	街	ガイ	〜街・街頭・市街	まち
23		カイ	街道	
24	幹	カン	幹線・幹部・新幹線	みき
25	汽	キ	汽車・汽船	
26	軌	キ	軌道	
27	客*	キャク		
27		カク	旅客（「りょきゃく」とも読む）	
28	御*	ギョ	制御	おん

29	鎖	サ	封鎖・閉鎖	くさり
30	縦	ジュウ	操縦	たて
31	掌	ショウ	車掌	
32	脱	ダツ	脱出・脱する・脱線・脱退	ぬぐ
33	墜	ツイ	墜落	
34	舶	ハク	船舶	
35	搬	ハン	運搬	
36	舗	ホ	舗装	
37	臨	リン	臨時	のぞむ

II ①せんい ②しゅっか・ふか ③こうさく・ぜんぶん ④ほげい ⑤せいぎょ・しんかんせん ⑥しがいち・かいどう

I ①まいぞうりょう ②こうしん ③こくもつ ④しゅうかく ⑤さいばい ⑥ぼそう

／30点

Ⅰ ＿＿＿の部分の読み方または漢字を選びなさい。（1点×8）

①人工衛星（えいせい）は**軌道**に乗って順調に地球を回っている。

1 きゅうどう　2 けどう　3 きどう　4 くどう

②北海道（ほっかいどう）は**酪農**の盛んな地域だ。

1 らくのう　2 かくのう　3 りゃくのう　4 だくのう

③大雪のため、高速道路は**封鎖**されている。

1 ほうさ　2 ふうさ　3 ふさ　4 ふさい

④明治（めいじ）政府は**紡績**(1)など**繊維**(2)産業の振興に努めた。

(1) 1 ほうせき　2 ほうしょく　3 ぼうせき　4 ぼうしょく
(2) 1 さんい　2 さんに　3 せんに　4 せんい

⑤**旅客**(1)機の**墜落**(2)事故の原因を調査する。

(1) 1 りょぎゃく　2 りょうがく　3 りょかく　4 りょうきゃく
(2) 1 すいらく　2 たいらく　3 ついらく　4 ていらく

⑥この地方ではいちごの**さいばい**が盛んだ。

1 最賠　2 栽培　3 採売　4 裁倍

Ⅱ ＿＿＿の部分が同じ漢字のものを選びなさい。（1点×2）

①京都（きょうと）までの**おうふく**切符を買う。

1 問題に**対おう**する。　2 **おう断**歩道を渡る。
3 医者に**おう診**を頼む。　4 サッカーの**おう援**をする。

②斜面の上まで**こうさく**された田んぼが広がっている。

1 **鉄こう**業は重工業の中心だ。　2 **こう目**別に分ける。
3 **農こう**用の道具を磨く。　4 冬の間中、**こう事**は続いた。

Ⅲ □には同じ漢字が入ります。漢字と＿＿＿の部分の読み方を書きなさい。（1点×12）

①この野菜は有機 **a 肥□** で作られている。/
石油は **b 燃□** としても利用される。
②洪水による被害に **c 緊□** に対応する必要がある。/
傷の **d 応□** 手当てをする。
③台風のため、地域の学校は **e 臨□** 休校（きゅうこう）になった。/
f □刻表 で乗り換えの列車を調べる。
④車は **g 舗□** されていない道を走った。/
プレゼント用に **h 包□** してもらった。

①	a
	b
②	c
	d
③	e
	f
④	g
	h

Ⅳ （　　）に入れるのに最もよいものを１つ選びなさい。（1点×2）

①選挙日が近いので、街頭（　　　）の声にも力が入っている。
1　講演　　2　主張　　3　説得　　4　演説
②輸出が伸び悩んでいるため、政府は新たな打開（　　　）をとることにした。
1　法　　2　策　　3　方　　4　案

Ⅴ ＿＿＿の部分の読み方を書きなさい。（1点×6）

①彼は会の方針に不満があって **a 脱退** した。
②異常気象による **b 食糧** 危機が懸念されている。
③30年ぶりの **c 凶作** で米の **d 出荷** 量が大幅に減少し、農家は大きな **e 打撃** を受けた。
④トンネルを抜けると、そこは緑の豊かな **f 田園** 地帯だった。

a	b	c	d	e
f				

名詞(9)経済・流通

Ⅰ　次の図は、お金の流れを表したものです。＿＿＿の読み方を書きなさい。

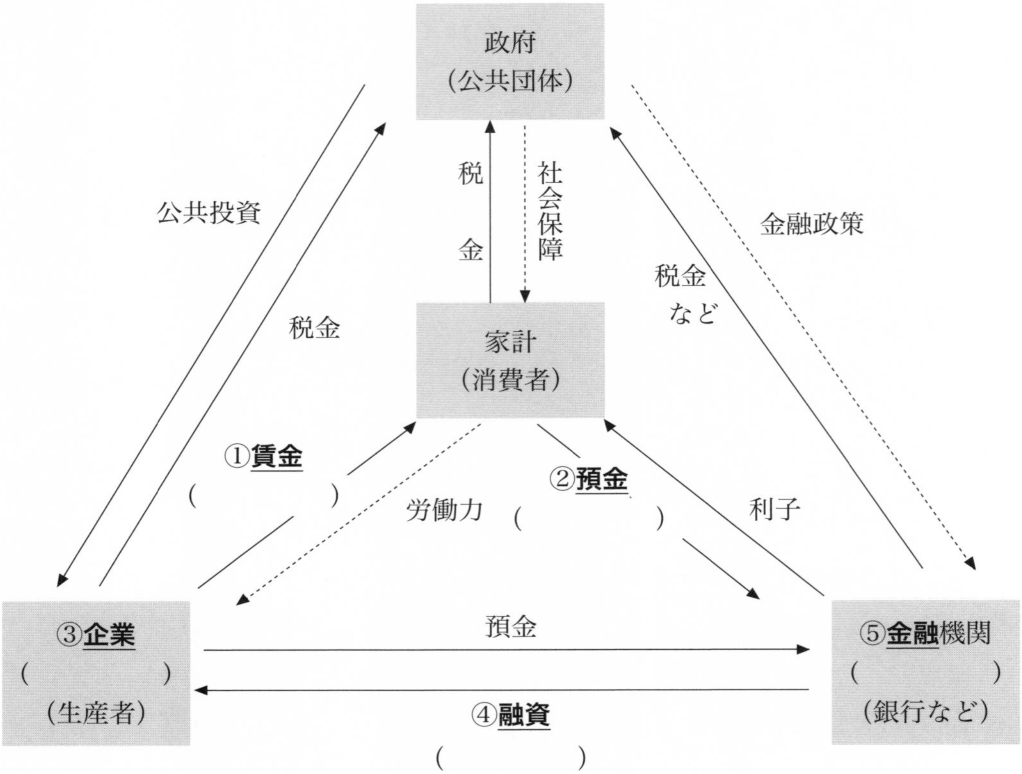

政府
(公共団体)
公共投資
税金
税
金
社会保障
金融政策
税金
など
家計
(消費者)
①**賃金**
(　　　　　)
労働力
②**預金**
(　　　　　)
利子
③**企業**
(　　　　　)
(生産者)
預金
④**融資**
(　　　　　)
⑤**金融**機関
(　　　　　)
(銀行など)

Ⅱ　次の言葉の読み方を書き、説明をａ～ｅから選んで、線で結びなさい。

①**雇用**　(　　　　　　　)・　　　　　　・a　なくてはならないもの

②**必需品**　(　　　　　　　)・　　　　　　・b　物を保管するための建物

③**利潤**　(　　　　　　　)・　　　　　　・c　時間をかけてたくわえること

④**倉庫**　(　　　　　　　)・　　　　　　・d　人をやとうこと

⑤**蓄積**　(　　　　　　　)・　　　　　　・e　企業がもうけるお金

#	漢字	音	熟語	訓
1	益	エキ	収益・有益・利益	
2	陥	カン	欠陥	おちいる
3	企	キ	企画・企業	くわだてる
4	契	ケイ	契機・契約	
5	倹	ケン	倹約	
6	雇*	コ	雇用	やとう
7	控	コウ	控除	ひかえる
8	購	コウ	購読・購入・購買	
9	合*	ゴウ		あう
		ガッ	合致	
10	併	ヘイ	合併	
11	債	サイ	負債	
12	需	ジュ	需要・必需品	
13	酬	シュウ	報酬	
14	潤	ジュン	利潤	うるおう
15	占*	セン	占領・独占	しめる/うらなう
16	宣	セン	宣教・宣言・宣伝	
17	銭	セン	金銭	ぜに
18	組*	ソ	組織	くむ/くみ
19	織	ショク	—	おる
		シキ	組織	
20	倉	ソウ	倉庫	
21	蓄	チク	蓄積・貯蓄	たくわえる
22	盤	バン	基盤・地盤	
23	賦	フ	月賦	
24	幣	ヘイ	紙幣・貨幣	
25	裕	ユウ	余裕	
26	融	ユウ	融資・融通・金融	
27	預*	ヨ	預金	あずける
28	履	リ	履歴	はく
29	浪	ロウ	浪費	

II ①ぶんたん d ②こうにゅう a ③けいやく e ④そこ b ⑤せんりょう c

I ①りんぎん ②ちくせき ③ぎょうしゃ ④ゆうし ⑤ろうひ

第27回 テスト

/30点

Ⅰ ＿＿＿の部分の読み方または漢字を選びなさい。（１点×９）

①月々５万円の**月賦**で新車(しんしゃ)を購入した。

1 つきばらい　2 つきふう　3 げっぷ　4 げっぷう

②高い**報酬**が得られて、しかも楽な仕事は、簡単には見付からない。

1 ほうじゅう　2 ほうすう　3 ほうずう　4 ほうしゅう

③２つの銀行が**合併**し、新しい銀行ができた。

1 がっぺい　2 がっち　3 ごうへい　4 ごうべい

④来月には必ずお返ししますので、10万円ほど**融通**していただけませんか。

1 ゆうつう　2 ゆうずう　3 かくつう　4 かくずう

⑤高額の医療費を払った場合は、税金の**控除**が受けられる。

1 くうじ　2 くうじょ　3 こうぞ　4 こうじょ

⑥新入社員(しんにゅうしゃいん)の募集を見て、**りれき**書を郵送した。

1 履暦　2 履歴　3 覆暦　4 覆歴

⑦両親は将来に備えて**けんやく**に努めている。

1 険約　2 倹約　3 剣約　4 検約

⑧新時代に対応するため、産業**きばん**の整備を急がなければならない。

1 基板　2 技版　3 基盤　4 技搬

⑨Ａデパートは、たくさんの**ふさい**を抱えて倒産した。

1 不債　2 負債　3 不済　4 負済

Ⅱ ＿＿＿の部分が同じ漢字のものを選びなさい。（１点×３）

①日本は戦後(せんご)しばらくアメリカに**せんりょう**されていた。

1 **せん着**50名様にお花をプレゼント。　2 専門科目を**せん択**する。

3 Ｂ社の製品が市場を**独せん**する。　4 空に**風せん**を飛ばす。

②地震のときに家具が動かないように**こてい**する。

1 民族には**こ有**の習慣がある。　2 失業者ゼロの完全**こ用**が目標だ。

3 **考こ**学の研究を続ける。　4 **こ性**的な作品を発表する。

③疲労が**ちくせき**しないように気をつける。

1 家を**新ちく**する。　2 子供の進学のために**貯ちく**する。

3 牛や豚などの**家ちく**を飼う。　4 **建ちく**家に設計を頼む。

Ⅲ □には同じ漢字が入ります。[　　]から選び、＿＿＿の部分の読み方も書きなさい。

（1点×12）

契	企	宣	益	需

①社会に a 有□ な仕事で、b 収□ が上がるような会社を作りたい。

②新しい c □画 が成功すれば、その d □業 は大きく成長するだろう。

③物の値段は、e □要 と供給の関係で決まる。/
蒸し暑い東京では、エアコンは f 必□品 だ。

④国際会議は、環境保護 g □言 を採択した。/
新商品発売に先だち、h □伝 を広く行う。

①	a
	b
②	c
	d
③	e
	f
④	g
	h

Ⅳ （　　）に入れるのに最もよいものを１つ選びなさい。（1点×2）

①経済の混乱で、貨幣（　　　）が大幅に下がった。

1　値段　　2　価格　　3　金額　　4　価値

②不況の要因の一つとして、消費者の購買（　　　）の低下がある。

1　希望　　2　欲望　　3　意欲　　4　熱心

Ⅴ ＿＿＿の部分の読み方を書きなさい。（1点×4）

①忙しいと、気持ちの a 余裕 までなくなってしまう。

②モーターに b 欠陥 があることが分かり、数千台の自動車が回収された。

③社員は会社という c 組織 の一員である。

④アパートを借りることになって、d 契約 書にサインをした。

a	b	c	d

名詞(10)自然・科学・地理

Ⅰ　言葉と合う絵を線で結びなさい。読み方も書きなさい。

①

②

③

④
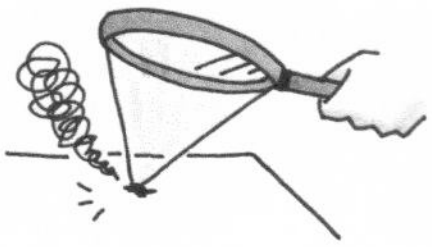

⑤

a **顕微鏡**（　　　　）　b **磁石**（　　　　）　c **望遠鏡**（　　　　）　d **結晶**（　　　　）　e **焦点**（　　　　）

Ⅱ　＿＿＿に入る言葉を下の□から選び、文を完成させなさい。また、読み方も書きなさい。

発芽	火星	昆虫	細胞	惑星

①生物は＿＿＿＿＿＿からできている。
（　　　　　　）

②＿＿＿＿＿＿とは体が頭、胸、腹に分かれ、足が６本ある動物のことである。
（　　　　　　）

③太陽の周りを地球や＿＿＿＿＿＿などの＿＿＿＿＿＿が回っている。
（　　　　　　）（　　　　　　）

④この花の種は、水の中でおよそ１週間後に＿＿＿＿＿＿する。
（　　　　　　）

Ⅲ　言葉と合う絵を選び、□の中に記号を入れなさい。（　　）に読み方も書きなさい。

①　□　**盆地**（　　　　）
②　□　**砂漠**（　　　　）
③　□　**海峡**（　　　　）

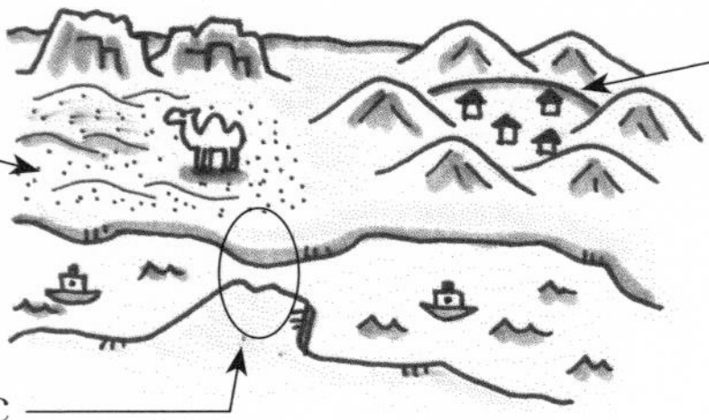

Ⅰ①c ぼうえんきょう　②d けっしょう　③a けんびきょう　④e しょうてん　⑤b じしゃく
Ⅱ①細胞 さいぼう　②昆虫 こんちゅう　③火星 かせい　惑星 わくせい　④発芽 はつが
Ⅲ①b ぼんち　②a さばく　③c かいきょう

自然・科学

1	雨*	ウ	雨天（うてん）	あめ / あま
2	梅	バイ	梅雨（ばいう）（「つゆ」とも読む）	うめ
3	夏*	カ	夏季（かき）	なつ
4	芽	ガ	発芽（はつが）	め
5	寒*	カン	寒冷（かんれい）	さむ**い**
6	岩*	ガン	岩石（がんせき）	いわ
7	鏡	キョウ	望遠鏡（ぼうえんきょう）	かがみ
8	顕	ケン	顕微鏡（けんびきょう）	
9	昆	コン	昆虫（こんちゅう）	
10	虫*	チュウ		むし
11	酸	サン	酸（さん）・酸化（さんか）・酸性（さんせい）・酸素（さんそ）	す**っぱい**
12	紫	シ	紫外線（しがいせん）	むらさき
13	飼	シ	飼育（しいく）	か**う**
14	磁	ジ	磁気（じき）・磁器（じき）	
15	石*	セキ		いし
		シャク	磁石（じしゃく）	
16	樹	ジュ	樹木（じゅもく）・樹立（じゅりつ）	
17	暑*	ショ	暑中（しょちゅう）・残暑（ざんしょ）	あつ**い**
18	晶	ショウ	液晶（えきしょう）・結晶（けっしょう）	
19	焦	ショウ	焦点（しょうてん）	こ**げる** / あせ**る**
20	殖	ショク	繁殖（はんしょく）	ふ**える**
21	星*	セイ	星座（せいざ）・衛星（えいせい）・火星（かせい）・惑星（わくせい）	ほし
22	鳥*	チョウ	鳥獣（ちょうじゅう）	とり
23	獣	ジュウ		けもの
24	冬*	トウ	冬季（とうき）・冬眠（とうみん）	ふゆ
25	秋*	シュウ	春夏秋冬（しゅんかしゅうとう）	あき
26	浮*	フ	浮力（ふりょく）	う**く**
27	胞	ホウ	細胞（さいぼう）	
28	飽	ホウ	飽和（ほうわ）	あ**きる**
29	摩	マ	摩擦（まさつ）	
30	擦	サツ		す**る**
31	膜	マク	膜（まく）	
32	滅	メツ	滅亡（めつぼう）・絶滅（ぜつめつ）・全滅（ぜんめつ）	ほろ**びる**
33	溶*	ヨウ	溶液（ようえき）	と**ける**

地理

34	沿	エン	沿岸（えんがん）・沿線（えんせん）	そ**う**
35	岳	ガク	山岳（さんがく）	
36	丘	キュウ	丘陵（きゅうりょう）	おか
37	陵	リョウ		
38	峡	キョウ	海峡（かいきょう）	
39	川*	セン	河川（かせん）	かわ
40	漠	バク	漠然（ばくぜん）・砂漠（さばく）	
41	抜*	バツ	海抜（かいばつ）	ぬ**く**
42	氷*	ヒョウ	氷山（ひょうざん）・氷河（ひょうが）	こおり
43	伏	フク	起伏（きふく）	
44	腹*	フク	空腹（くうふく）・山腹（さんぷく）・中腹（ちゅうふく）	はら
45	噴	フン	噴火（ふんか）・噴出（ふんしゅつ）・噴水（ふんすい）	
46	盆	ボン	盆（ぼん）・盆地（ぼんち）	
47	脈	ミャク	脈（みゃく）・山脈（さんみゃく）・文脈（ぶんみゃく）	

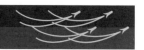

第28回 テスト

／30点

Ⅰ ＿＿＿の部分の読み方または漢字を選びなさい。（1点×10）

①泳げなくても力を抜けば、浮力で体が浮くはずだよ。

1 うりょく　2 うりき　3 ふりき　4 ふりょく

②私たちは山頂へ続く起伏のある道を、急いで歩いた。

1 きふく　2 きじょう　3 きぶく　4 きふせ

③高い山では酸素が不足して、気分が悪くなることがある。

1 さんそ　2 しゅんそ　3 さんぞう　4 しゅんそう

④大気中の水蒸気が飽和状態に達すると、雨になり地上に落ちてくる。

1 こうわ　2 ほうわ　3 せいわ　4 とうわ

⑤牛乳を沸騰させると、表面に薄い膜ができる。

1 まく　2 わく　3 ばく　4 ぼく

⑥ここは土地が低いため、海抜０メートル以下の所が多い。

1 かいてい　2 かいこう　3 かいきょう　4 かいばつ

⑦日本列島に梅雨前線（ぜんせん）が停滞している。

1 ばいう　2 めいう　3 まいう　4 かいう

⑧えいせい中継によって海外のニュースや試合が見られて便利だ。

1 衛生　2 映製　3 衛星　4 映制

⑨生物のさいぼうは、分裂を繰り返しながら殖えていく。

1 細剖　2 細抱　3 細肪　4 細胞

⑩現代社会では、ばくぜんとした不安を抱えている人が少なくない。

1 漠然　2 爆然　3 莫然　4 暴然

Ⅱ ＿＿＿の部分が同じ漢字のものを選びなさい。（1点×3）

①日本海えんがんの汚染について調べた。

1 会議はえん滑に進んだ。　2 映画に出えんする。

3 えん会は夜更けまで続いた。　4 この私鉄えん線に住みたい。

②今晩泊まるホテルは、山のちゅうふくにある。

1 毎日ふく習しよう。　2 空ふくで夜中に目が覚めた。

3 ふく祉関係の仕事に就きたい。　4 往ふく切符を買った。

③ねずみやうさぎは**はんしょく**力の強い動物である。

1　国民の意見を**はん映**させる。　　2　兄の店は**はん盛**している。

3　試験の**はん囲**を確認する。　　4　**はん画**の展覧会に行く。

Ⅲ　AとBの漢字を組み合わせて言葉を作り、文を完成させなさい。＿＿＿の部分の読み方も書きなさい。（1点×8）

A	**全　丘　山　氷　暑**
B	**脈　中　河　陵　滅**

①温暖化によって＿＿＿＿＿＿が解けると、海水面(かいすいめん)が上昇する。
（　　　　　　）

②日本では、新年に年賀状(ねんがじょう)、真夏(まなつ)には＿＿＿＿＿＿見舞いを出す習慣がある。
（　　　　　　）

③本州(ほんしゅう)の中央部に、日本の屋根と呼ばれる＿＿＿＿＿＿が伸びている。
（　　　　　　）

④台風のため、せっかく実をつけたりんごが＿＿＿＿＿＿してしまった。
（　　　　　　）

Ⅳ　＿＿＿の漢字の読み方を書きなさい。（1点×9）

①**a　飼育**　された動物は自然の中に戻るのが難しい。

②A選手は、マラソンの新記録を　**b　樹立**　した。

③ここは野生動物が豊富で、**c　鳥獣**　保護区に指定されている。

④**d　山岳**　地帯にも遅い春が来て、**e　冬眠**　していた動物が目を覚ました。

⑤**f　寒冷**　前線(ぜんせん)が南下(なんか)しているので、明日は寒い。

⑥輸出が超過し、貿易　**g　摩擦**　が生じた。

⑦これは、火山から　**h　噴出**　したマグマが冷えてできた　**i　岩石**　である。

a	b	c	d	e
f	g	h	i	

第29回 名詞(11)思想・歴史

Ⅰ　左の言葉の＿＿＿の部分の読み方を書き、説明をａ～ｅから選んで線で結びなさい。

①**封建的**	（　　　　　　） ・	・ａ	相手をばかにしてひどい扱いをすること
②**恩恵**	（　　　　　　） ・	・ｂ	激しく怒ること
③**憤慨**する	（　　　　　　）する・	・ｃ	大切なものをなくすこと
④**侮辱**する	（　　　　　　）する・	・ｄ	他人や自然から受ける恵み
⑤**喪失**する	（　　　　　　）する・	・ｅ	個人の自由や権利を尊重しない考え方

Ⅱ　＿＿＿の部分の読み方を書きなさい。

①王が住んだ**宮殿**（　　　　　　）には、**黄金**（　　　　　　）の**装飾品**（　　　　　　）が飾られている。

②丘の上に国を救った**英雄**（　　　　　　）の**碑**（　　　　　　）が建てられている。

③彼は大金持ちだと**称して**（　　　　　して）人をだました。

④この**遺跡**（　　　　　　）は、太陽神(しん)を**信仰**（　　　　　　）する人々が祈りをささげた場所だ。

⑤**仏教**（　　　　　　）は６世紀ごろ中国の**僧**（　　　　　　）によって伝えられ、各地に寺や**仏像**（　　　　　　）が作られた。

⑥小学生に交通**道徳**（　　　　　　）を守るように指導する。

ちょっと一休み

・次の言葉はどんな意味だと思いますか。考えてみてください。

①清濁(せいだく)あわせ飲む

②幽霊(ゆうれい)の正体見たり、枯れ尾花(おばな)（見たり＝見た　尾花＝草の名前）

③聞いて極楽(ごくらく)、見て地獄(じごく)

①心が広くて、どんな人でも受け入れること　②怖がっていると、普通の草でも幽霊に見える。
③話を聞いたときはとてもいいと思ったが、実際に見たり経験したりしたら全然よくなかった。

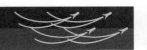

No.	漢字	音読み	語例	訓読み
1	恩	オン	恩(おん)	
2	恵*	ケイ	恩恵(おんけい)	めぐ**む**
		エ		
3	仰	ギョウ	—	あお**ぐ**
		コウ	信仰(しんこう)	
4	極*	キョク		きわ**める**
		ゴク	極楽(ごくらく)	
5	孤	コ	孤児(こじ)・孤独(こどく)・孤立(こりつ)	
6	黄*	コウ	—	き
		オウ	黄金(おうごん)	
7	金*	キン		かね
		コン	黄金(おうごん)	
8	獄	ゴク	地獄(じごく)	
9	宗	シュウ	～宗(しゅう)・宗教(しゅうきょう)	
10	修*	シュウ		
		シュ	修行(しゅぎょう)	
11	称	ショウ	称(しょう)する・名称(めいしょう)	
12	城*	ジョウ	城下(じょうか)	しろ
13	飾	ショク	修飾(しゅうしょく)・装飾(そうしょく)	かざ**る**
14	崇	スウ	崇拝(すうはい)	
15	聖	セイ	聖書(せいしょ)・神聖(しんせい)	
16	跡	セキ	追跡(ついせき)	あと
17	遺	イ	遺跡(いせき)	
		ユイ	遺言(ゆいごん)	

No.	漢字	音読み	語例	訓読み
18	禅	ゼン	禅(ぜん)	
19	喪	ソウ	喪失(そうしつ)	も
20	僧	ソウ	僧(そう)	
21	俗	ゾク	風俗(ふうぞく)・民俗(みんぞく)	
22	濁	ダク	清濁(せいだく)	にご**る**
23	帝	テイ	帝国(ていこく)・皇帝(こうてい)	
24	哲	テツ	哲学(てつがく)	
25	殿*	デン	神殿(しんでん)・沈殿(ちんでん)	どの
26	宮	キュウ	宮殿(きゅうでん)	みや
27	徳	トク	道徳(どうとく)	
28	碑	ヒ	碑(ひ)	
29	侮	ブ	侮辱(ぶじょく)	
30	辱	ジョク		
31	仏*	ブツ	仏教(ぶっきょう)・仏像(ぶつぞう)	ほとけ
32	封*	フウ		
		ホウ	封建(ほうけん)	
33	憤	フン	憤慨(ふんがい)	
34	慨	ガイ		
35	幽	ユウ	幽霊(ゆうれい)	
36	霊	レイ		
37	雄	ユウ	英雄(えいゆう)	おす
38	倫	リン	倫理(りんり)	

I ①ほうけんてき　e　②おんけい　d　③ふんがい　b　④ぶじょく　a　⑤そうしつ　c

II ①きゅうでん　おうごん　そうしょくひん　②えいゆう　ひ　③しょうして　④いせき　しんこう
⑤ぶっきょう　そう　ぶつぞう　⑥どうとく

第29回 テスト

／35点

Ⅰ ＿＿＿の部分の読み方または漢字を選びなさい。（1点×13）

①ここは、江戸（えど）時代に**城下**町として栄えた。

1　しろした　　2　じょうか　　3　じょうげ　　4　しろか

②祖父の死後、**遺言**状が開封（かいふう）された。

1　ゆげん　　2　ゆうごん　　3　いげん　　4　ゆいごん

③**封建**時代には、職業選択の自由がなかった。

1　ふうけん　　2　ほうけん　　3　ほうこん　　4　ふうこん

④この寺は、厳しい**禅**(1)の**修行**(2)の寺として知られている。

(1) 1　でん　　2　ぼん　　3　たん　　4　ぜん

(2) 1　しゅうごう　　2　しゅうこう　　3　しゅぎょう　　4　しゅうぎょう

⑤**黄金**(1)に輝いている**ぶつぞう**(2)は、今から500年前に作られた。

(1) 1　おうごん　　2　おうきん　　3　こうきん　　4　こうぎん

(2) 1　仏象　　2　仏像　　3　仏造　　4　仏僧

⑥ここは、古代の人々が**すうはい**(1)した神々の**神殿**(2)の跡といわれています。

(1) 1　垂拝　　2　崇拝　　3　宗拝　　4　枢拝

(2) 1　かみどの　　2　かみでん　　3　しんでん　　4　しんどの

⑦根も葉もない悪口を言われて、**ふんがい**した。

1　墳害　　2　憤慨　　3　憤害　　4　墳慨

⑧古代**帝国**(1)の**いせき**(2)を調査するため南米に向かった。

(1) 1　せいこく　　2　ていこく　　3　けんこく　　4　だいこく

(2) 1　遺跡　　2　韻跡　　3　貴跡　　4　遣跡

⑨彼女は、室内**そうしょく**のデザイナーとして働いている。

1　装飾　　2　葬色　　3　装色　　4　裂飾

Ⅱ ＿＿＿の部分が同じ漢字のものを選びなさい。（1点×2）

①ここはまだ下町の伝統や**ふうぞく**が残っている。

1　制度の**存ぞく**を図る。　　2　郷土の**民ぞく**や風習を調べる。

3　水泳部に**所ぞく**する。　　4　昔の**貴ぞく**の生活を調べる。

②私は中国語が**とくい**だ。

1　あなたの**とく技**は何ですか。　　2　反対意見の人を**説とく**する。

3　子供たちに**道とく**を教える。　　4　雑誌に**とく集**記事を組む。

Ⅲ　（a・b）どちらかを選び、文を完成させなさい。選んだ語の読み方も書きなさい。（1点×6）

①医療技術の進歩は、生命（**a　倫理・b　道徳**）の問題を引き起こしている。

②彼には、本当に困っていたときに助けてもらった（**a　恩・b　恩恵**）がある。

③昨日、どこかで免許証を（**a　喪失・b　紛失**）してしまいました。

① (　　)	② (　　)	③ (　　)

Ⅳ　AとBの漢字を組み合わせて言葉を作り、文を完成させなさい。読み方も書きなさい。

（1点×8）

A　**噴　英　孤　宗　追**　　　B　**火　雄　教　跡　立**

①自分が正しいと思ったことは、たとえ周囲から＿＿＿＿＿＿してもそれを貫きたい。
（　　　　　）

②危険を省みない彼の＿＿＿＿＿＿的行為は、後々（のちのち）まで語り継がれた。
（　　　　　）

③＿＿＿＿＿＿は人間の心の支えともなるが、時には戦争の原因ともなってきた。
（　　　　　）

④山田刑事は10年もの間犯人を＿＿＿＿＿＿し続け、ついに逮捕した。
（　　　　　）

Ⅴ　＿＿＿の漢字の読み方を書きなさい。（1点×6）

①教会の中は、**a　神聖な**雰囲気（ふんいき）に包まれていた。　②この地方の人は、**b　信仰心**が厚い。

③泥棒と疑われた彼は、ひどい**c　侮辱**を受けたと感じた。

④**d　哲学**の本を読み、人生について考える。　⑤合併を機に、会社の**e　名称**を変更する。

⑥受験**f　地獄**といわれた進学競争は、緩和されつつある。

a　　　な	b	c	d	e
f				

第30回 名詞(12)IT関連・娯楽

Ⅰ　次の文を読んで、＿＿＿の部分の読み方を書きなさい。

IT 質問箱

Q１：ファイルを①**添付**（　　　　）して送ろうとしたら、送れないんです。

A　：たぶん②**容量**（　　　　）が大きすぎるんでしょう。

③**圧縮**（　　　　）して送ってみてください。

Q２：会議の資料を作っていたとき、コピーして④**挿入**（　　　　）しようと思ったら、間違って⑤**削除**（　　　　）してしまいました。

A　：大丈夫ですよ。⑥**履歴**（　　　　）が残っていますから、前の状態に戻せます。

Q３：出張先に大きな容量のデータを持っていきたいのですが……。

A　：今は大容量の⑦**媒体**（　　　　）がいろいろあります。値段もそれほど高くないですよ。

Ⅱ　言葉と合う絵を線で結びなさい。（　　）に読み方も書きなさい。

① 

② 

③ 

④ 

⑤ 

a **彫刻**（　　　　）

b **年賀状**（　　　　）

c **楽譜**（　　　　）

d **漫画**（　　　　）

e **怪獣**（　　　　）

Ⅲ　＿＿＿の部分の読み方を書き、a～eから言葉を選んで線で結びなさい。

①**太鼓**を（　　　　）　・　　　・a　する

②**拍手**を（　　　　）　・　　　・b　押す

③**印鑑**を（　　　　）　・　　　・c　引く／下ろす

④**幕**を（　　　　）　・　　　・d　たたく

1	賀	ガ	年賀(ねんが)・祝賀(しゅくが)	
2	怪	カイ	怪獣(かいじゅう)	あや**しい**
3	監	カン	監視(かんし)	
4	督	トク	監督(かんとく)	
5	鑑	カン	鑑賞(かんしょう)・印鑑(いんかん)・図鑑(ずかん)・年鑑(ねんかん)	
6	喜*	キ	喜劇(きげき)	よろこ**ぶ**
7	戯	ギ	戯曲(ぎきょく)	
8	脚	キャク	脚色(きゃくしょく)・脚本(きゃくほん)・失脚(しっきゃく)	
9	鼓	コ	太鼓(たいこ)	
10	娯	ゴ	娯楽(ごらく)	
11	紺	コン	紺(こん)	
12	趣	シュ	趣旨(しゅし)・趣味(しゅみ)	おもむき
13	緒*	ショ		
		チョ	情緒(じょうちょ)（「じょうしょ」とも読む）	
14	唱	ショウ	合唱(がっしょう)	とな**える**
15	色*	ショク		いろ
		シキ	色彩(しきさい)	
16	彩	サイ		
17	奏	ソウ	演奏(えんそう)	
18	吹*	スイ	吹奏(すいそう)	ふ**く**
19	挿	ソウ	挿入(そうにゅう)	さ**す**
20	彫	チョウ	彫刻(ちょうこく)	ほ**る**
21	添	テン	添加(てんか)・添付(てんぷ)	そ**える**
22	媒	バイ	媒介(ばいかい)・媒体(ばいたい)	
23	拍	ハク	拍手(はくしゅ)	
24	譜	フ	楽譜(がくふ)	
25	雰	フン	雰囲気(ふんいき)	
26	幕	マク	幕(まく)	
27	漫	マン	漫画(まんが)	
28	魅	ミ	魅力(みりょく)	
29	謡	ヨウ	歌謡(かよう)・童謡(どうよう)・民謡(みんよう)	
30	力*	リョク		
		リキ	力士(りきし)	ちから

I ①てんぷ ②ほうりょう ③あっしゅく ④そうにゅう ⑤ぞくしょ ⑥りれき ⑦ばいたい
II ①c がくふ ②e かいじゅう ③a ちょうこく ④b ねんがじょう ⑤d まんが
III ①たいこ d ②はくしゅ a ③いんかん b ④まく c

第30回 テスト

/30点

Ⅰ ＿＿＿の部分の読み方または漢字を選びなさい。（1点×10）

①その町は、昔ながらの日本的な**情緒**がまだ残っていた。

1 じょうお　2 じょうちょ　3 じょうしゃ　4 じょうちょう

②この民宿は家庭的な**雰囲気**で人気がある。

1 ふんいき　2 ふいんぎ　3 ぶんいき　4 ぶいんぎ

③彼は話題が豊富で**魅力**的な人ですね。

1 みりょう　2 みりき　3 みりょく　4 みいりょく

④母校の**吹奏**楽部は100年の伝統を持つ。

1 ふきそう　2 すうそう　3 すいそう　4 ふくそう

⑤毎年正月には、お世話になった教授の家へ**年賀**に伺っている。

1 としか　2 としが　3 ねんか　4 ねんが

⑥昔は、**ごらく**といっても映画を見に行くぐらいしかなかった。

1 行楽　2 誤楽　3 極楽　4 娯楽

⑦学校の制服は、**こん**や灰色の地味な色が多い。

1 紺　2 昆　3 混　4 根

⑧２人の**力士**はお互いに一歩も譲らず、素晴らしい試合だった。

1 りきし　2 りょくし　3 れきし　4 りょくじ

⑨父は少年野球チームの**かんとく**をしている。

1 鑑得　2 監得　3 監督　4 鑑督

⑩蚊は伝染病を**ばいかい**する。

1 仲介　2 謀回　3 仲回　4 媒介

Ⅱ ＿＿＿の部分が同じ漢字のものを選びなさい。（1点×2）

①前の社長は、事業の拡大に失敗して**しっきゃく**した 。

1 借りた本を**返きゃく**する。　2 ラジオドラマを**きゃく色**する。

3 **観きゃく**は５万人に上った。　4 **きゃく席**に案内される。

②美術館で世界の名画を**かんしょう**する。

1 植物**図かん**で、花の名前を調べる。　2 防犯用に**かん視**カメラを取り付ける。

3 彼は**楽かん**主義者だ。　4 円をドルに**かん算**する。

Ⅲ　（a・b）どちらかを選び、文を完成させなさい。選んだ語の読み方も書きなさい。（1点×4）

①昨日、国立劇場で新しい芝居が（**a　幕・b　膜**）を開けた。

②彼の提案は企画の（**a　要旨・b　趣旨**）に合っていない。

① (　　)	② (　　)

Ⅳ　AとBの漢字を組み合わせて言葉を作り、文を完成させなさい。＿＿＿の部分の読み方も書きなさい。（1点×8）

A	添　楽　拍　演　名	B	譜　残　手　付　奏

①デジカメで撮った写真を、メールに＿＿＿＿＿＿して友達に送った。
（　　　　　　）

②観客は選手たちの演技に、心からの＿＿＿＿＿＿を送った。
（　　　　　　）

③好きで習っていたピアノだが、時々結婚式で＿＿＿＿＿＿を頼まれるようになった。
（　　　　　　）

④＿＿＿＿＿＿を手に持って現れた子供たちは、きれいな声で歌い始めた。
（　　　　　　）

Ⅴ　＿＿＿の部分の読み方を書きなさい。（1点×6）

①<u>**a　戯曲**</u>なら、悲劇から<u>**b　喜劇**</u>まで何でも読んでいる。

②<u>**c　合唱**</u>コンクールに参加する。

③彼は<u>**d　色彩**</u>が豊かな画家といわれている。

④プロ野球の優勝チームの<u>**e　祝賀**</u>パーティーのようすが、テレビで中継された。

⑤彼女は歌が得意で、ジャズでも<u>**f　歌謡曲**</u>でも歌える。

a	b	c	d	e
f				

第31回 特別な読み方をする漢字の言葉

漢字の言葉の中には、30回までで勉強した読み方ではなく、特別な読み方をするものがあります。
漢字一つ一つの「音（おん）」や「訓（くん）」ではなく、言葉全体で決まった読み方をします。

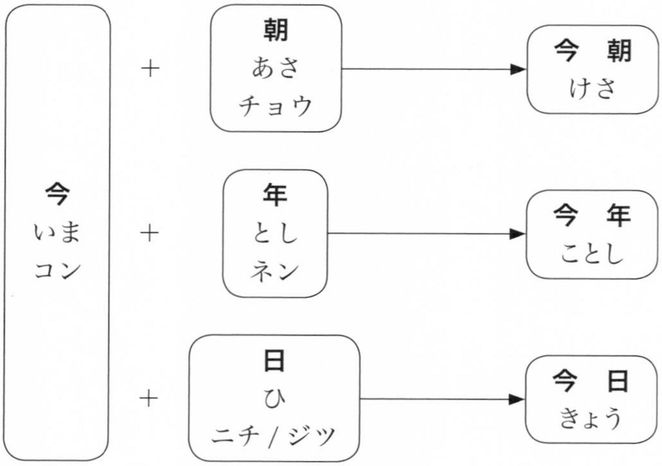

I　次の言葉の読み方を（　　　）に書き、その言葉と関係のある言葉を線で結びなさい。

①**風邪**　（　　　　　）・　　　・a　スポーツ
②**相撲**　（　　　　　）・　　　・b　プロ
③**雪崩**　（　　　　　）・　　　・c　銀行
④**お巡りさん**　（　　　　　）・　　　・d　アマチュア
⑤**為替**　（　　　　　）・　　　・e　自然・災害
⑥**玄人**　（　　　　　）・　　　・f　警察
⑦**素人**　（　　　　　）・　　　・g　病気

I ①かぜ　g　②すもう　a　③なだれ　e　④おまわりさん　f　⑤かわせ　c
⑥くろうと　b　⑦しろうと　d
II ①c　めがね　②d　ぞうり　③b　たび　④e　でこぼこ　⑤a　しばふ

Ⅱ　言葉と絵を線で結びなさい。（　　　）に読み方も書きなさい。

① 

② 

③ 

④ 

⑤ 

a **芝生**（　　　　）　b **足袋**（　　　　）　c **眼鏡**（　　　　）　d **草履**（　　　　）　e **凸凹**（　　　　）

1	叔父／伯父	おじ	伯父は昔、よく母に勉強を教えてくれたそうだ。
2	叔母／伯母	おば	母は、叔母が生まれたときのことをよく話してくれた。
3	お巡りさん	おまわりさん	駅の交番の前には、いつもお巡りさんが立っている。
4	玄人	くろうと	彼の撮った写真は、まるで玄人の作品のようだ。
5	素人	しろうと	上手にできなくても、素人なのだからしかたがない。
6	浮気	うわき	友人夫婦は浮気が原因で離婚した。
7	心地	ここち	漫画の新人賞受賞（じゅしょう）の知らせをもらったときは、夢を見ている心地がした。
8	名残	なごり	江戸（えど）時代の名残が残る町並みを歩いた。
9	草履	ぞうり	着物の柄に合わせて、新しく草履を買った。
10	足袋	たび	雨の中を歩き、白い足袋がすっかり汚れてしまった。
11	眼鏡	めがね	前より目が悪くなったので、眼鏡を作り替えた。
12	相撲	すもう	相撲は、日本の伝統文化の一つだ。
13	梅雨	つゆ	梅雨が明けて、蒸し暑い日本の夏が始まった。
14	雪崩	なだれ	春の雪山では、雪崩に気をつけなければならない。
15	田舎	いなか	都会を出て田舎で農業をしたいという人が増えている。
16	芝生	しばふ	公園の芝生の緑が美しい。
17	砂利	じゃり	この川では、工業用の砂利を採っている。
18	凸凹	でこぼこ	石だらけの凸凹道を、車に揺られて走った。
19	風邪	かぜ	風邪を引いて、高熱が出た。
20	為替	かわせ	旅行先の国の為替レートを調べる。
21	差し支える	さしつかえる	明日の仕事に差し支えないように、早く寝よう。

第31回 テスト

/15点

Ⅰ ＿＿＿の部分の読み方または漢字を選びなさい。（1点×8）

①**名残**は尽きなかったが、出発の時間になり、友と別れた。

1　なのり　　2　なごのり　　3　なごり　　4　なこり

②この公園では、**芝生**の中のボール遊びは禁止されています。

1　しばお　　2　しばい　　3　しばう　　4　しばふ

③このイラストレーターの絵は、**素人**が描いたようだが、若い人には人気がある。

1　すうひと　　2　そうじん　　3　すにん　　4　しろうと

④今話題になっているドラマは、**浮気**がテーマになっている。

1　ふりん　　2　うわき　　3　うきけ　　4　ふわき

⑤東京は、６月から７月にかけて**梅雨**で雨の日が多くなる。

1　つゆ　　2　つうゆ　　3　つゆう　　4　つうゆう

⑥子供のときは、よく友達と**相撲**を取って遊んだものだ。

1　すむう　　2　すもう　　3　すぼう　　4　すぶう

⑦株価（かぶか）の値下がりは、**為替**の相場にも影響があると見られている。

1　かわせ　　2　かえため　　3　かえせ　　4　かわため

⑧３月ごろは、**雪崩**が起きやすい。

1　ゆきずれ　　2　なだれ　　3　ゆくずれ　　4　なたれ

⑨服装に合わせて、**めがね**も替える。

1　眼鏡　　2　目金　　3　見鏡　　4　眼金

Ⅱ ＿＿＿の部分の読み方を書きなさい。（1点×7）

①夏休みには母の **a 田舎** に行って過ごすつもりだ。

②**b 風邪** ぎみで頭が痛い。

③夜間には、**c お巡りさん** がパトロールをしてくれる。

④飛行機がひどく揺れたので、生きた **d 心地** がしなかった。

⑤**e 差し支え** なければ、こちらにお名前とご連絡先をお書きください。

⑥急で、しかも **f 凸凹** の下り坂だったので、慎重に運転した。

a	b	c お　りさん	d	e　し　え
f				

第3部 力試し

模擬問題 第1回

/15点

問題1 ＿＿＿の言葉の読み方として最もよいものを、1・2・3・4から1つ選びなさい。

1 真実を告げる勇気が欲しい。

1 すげる　2 ずげる　3 ぬげる　4 つげる

2 最近、伝統芸を受け継ごうという若者が増えてきた。

1 うけつなごう　2 うけなごう　3 うけつごう　4 うけとごう

3 彼の作品の中では、これに勝るものはないと思っている。

1 まさる　2 すぐる　3 かつる　4 あがる

4 1点差で負けるとは、惜しかったね。

1 くやしかった　2 さもしかった　3 いやしかった　4 おしかった

5 あの峠を越えれば、海が見える。

1 いただき　2 やまみね　3 とうげ　4 たかき

6 彼女は前の仕事の功績を買われて、副社長に迎えられた。

1 くうせき　2 こうせき　3 くうしゃく　4 こうしゃく

7 なるほど理屈は君の言うとおりかもしれない。

1 りくつ　2 りっくつ　3 りぐつ　4 りつぐ

8 単なる感じではなくて、きちんと証拠を挙げてください。

1 しょうこ　2 せいこ　3 しょうきょ　4 せいきょ

9 あの先生は、フランス文学の権威だ。

1 かんに　2 かんじ　3 けんぎ　4 けんい

10 自分と似た境遇で育った彼に親近感を覚えた。

1 きょうぐう　2 きょぐう　3 きょうくう　4 きょくう

11 土砂崩れの危険がありますから、近づかないでください。

1 どさ　2 どじゃ　3 どざ　4 どしゃ

12 花粉症の患者で耳鼻科は大混雑だった。

1 ちびか　2 みみはなか　3 じみか　4 じびか

13 各国の経済状況が為替相場に影響する。

1 かわせ　2 ためかえ　3 いかえ　4 いたい

問題2 （　　）に入れるのに最もよいものを、1・2・3・4から1つ選びなさい。

14 首都東京には、日本の（　　）人口の約10%が集中している。

1 皆　2 丸　3 総　4 大

15 大切な（　　）情報を勝手に人に漏らしてはいけない。

1 個別　2 個人　3 各自　4 人民

模擬問題 第2回

／15点

問題1 ＿＿＿の言葉の読み方として最もよいものを、１・２・３・４から１つ選びなさい。

1 この辺りの海岸線は、起伏に富んでいる。

1 ふんで　2 くんで　3 こんで　4 とんで

2 昔この山は、神の山として尊ばれていた。

1 そんとばれて　2 うやまばれて　3 とうとばれて　4 あやむばれて

3 約束の時間に遅れそうになり、慌てて電車に飛び乗った。

1 あれてて　2 あわてて　3 あらてて　4 あさてて

4 教室に、教師の厳しい声が響きわたる。

1 はげしい　2 あらしい　3 たげしい　4 きびしい

5 このはさみは、左利きの人でも使いやすくなっています。

1 ひだりきき　2 ひだりりき　3 ひだりつき　4 ひだりかき

6 この春、島に若い医師が赴任してきた。

1 ふうにん　2 とにん　3 ふにん　4 とうにん

7 新聞に中高年の自殺者が激増していると出ている。

1 げきぞう　2 げきそう　3 けきそう　4 げきぞ

8 私の忠告を聞かないと、今にきっと後悔するぞ。

1 ごかい　2 ごうまい　3 ごまい　4 こうかい

9 母の料理は、一流レストランにも匹敵するうまさだ。

1 ひつでき　2 ひきてき　3 ひってき　4 びきてき

10 私は、春夏秋冬がはっきり感じられる日本が大好きだ。

1 じゅんかしゅうとう　2 しゅんかしゅうとう
3 しゅんかしゆうどう　4 しゅかしゅうどう

11 勝てなかった相手にやっと勝って、初めて優越感を感じた。

1 ゆえつ　2 ゆちょう　3 ゆうえつ　4 ゆうちょう

12 夏休みに子供にねだられ、怪獣映画を見に行った。

1 けいじゅう　2 かいじゅう　3 けいじょう　4 かいじょう

13 この車は、人間工学に基づいて作られているため、とても乗り心地がいい。

1 のりしんじ　2 のりこごち　3 のりしんち　4 のりごこち

問題2 （　　）に入れるのに最もよいものを、１・２・３・４から１つ選びなさい。

14 先に帰るので、道具の（　　）始末は、君に任せるよ。

1 前　2 終　3 初　4 後

15 日本の主な輸出品として、輸送機械、（　　）機械など機械類や電気機器が挙げられる。

1 精巧　2 厳密　3 精密　4 詳細

模擬問題 第３回

／15点

問題１　＿＿＿の言葉の読み方として最もよいものを、１・２・３・４から１つ選びなさい。

[1] 国会で一度成立した法案を覆すのは、簡単ではない。

　1 おおいかくす　2 くつがえす　3 うらがえす　4 ひっくりかえす

[2] アンケートを取るときは、年齢や性別に偏りがないようにするべきだ。

　1 おもいやり　2 かたより　3 いつわり　4 へだたり

[3] シートを敷いて花見をする。

　1 ひいて　2 ふいて　3 はいて　4 しいて

[4] 最近の彼の行動はどこか怪しい。何か隠しごとがあるに違いない。

　1 おかしい　2 あやしい　3 いやしい　4 うたがわしい

[5] この地方では、３月になると見事な桃の花が見られる。

　1 うめ　2 もも　3 さくら　4 まつ

[6] 仕事に追われ続けた父は、慢性疲労で入院した。

　1 ようせい　2 かんせい　3 まんせい　4 しゅうせい

[7] 第２次世界大戦の終戦時には、終戦を阻止しようとする動きも一部にあった。

　1 そっし　2 ぞうし　3 そし　4 そうじ

[8] 駅のホームで気分が悪くなった女性を、ベンチに座らせて介抱した。

　1 かいぼう　2 かいほう　3 かいご　4 かんご

[9] 子供のころは「幽霊が出るぞ」と言われて本気にしたものだ。

　1 ゆれい　2 ゆりょう　3 ゆうれい　4 ゆうりょう

[10] 初もうでで商売繁盛を祈った。

　1 はんせい　2 ばんせい　3 はんじょう　4 ばんじょう

[11] 寒冷地では住居に独自の工夫が見られる。

　1 かんれい　2 かんりょう　3 さむれい　4 さむりょう

[12] この一帯は牧畜が盛んだ。

　1 ぼくちく　2 ほうちく　3 まきちく　4 まいちく

[13] 名残惜しいですが、本日はこれにてお開(ひら)きとさせていただきます。

　1 なのこり　2 なごり　3 めいざん　4 なざん

問題２　（　　）に入れるのに最もよいものを、１・２・３・４から１つ選びなさい。

[14] Ａ社は、新年度の採用（　　）を大幅に拡大すると発表した。

　1 枠　2 範　3 域　4 人

[15] 現代の若者の金銭（　　）は、時として親の理解を超えるものがある。

　1 感覚　2 感性　3 思想　4 概念

模擬問題 第４回

／15点

問題１　＿＿＿の言葉の読み方として最もよいものを、１・２・３・４から１つ選びなさい。

1　時代がやがて彼の行為を裁くだろう。

1　はばく　2　さばく　3　あばく　4　たばく

2　一瞬の判断を誤った。

1　おちいった　2　あやまった　3　まちがった　4　あらたまった

3　歌声の素晴らしさに、心を奪われた。

1　とらわれた　2　しまわれた　3　うばわれた　4　さらわれた

4　個人消費は緩やかではありますが、伸びています。

1　ゆるやか　2　おだやか　3　ささやか　4　なごやか

5　最近は、絹以外のポリエステルなどの着物もある。

1　わた　2　めん　3　きぬ　4　けん

6　この音楽は、躍動するようなリズムが印象的だ。

1　ようどう　2　よくどう　3　やくどう　4　ゆうどう

7　長い間抑圧されてきた民衆が暴動を起こした。

1　せいあつ　2　よくあつ　3　ぎょあつ　4　ようあつ

8　会議ではいいアイデアが浮かばず、皆沈黙していた。

1　ちんぼく　2　しんぼぐ　3　しんもぐ　4　ちんもく

9　地元チームが勝ち、スタジアムは歓喜の声に沸いた。

1　かんき　2　けんぎ　3　かんせい　4　けんぜい

10　磁石にはＮ極とＳ極がある。

1　じせき　2　じっせき　3　じしゃく　4　じっしゃく

11　染色体の数は、生物によって決まっている。

1　せんしょくたい　2　せいしょくだい
3　ぜんじょくたい　4　ぜいそくだい

12　サッカーは、攻撃と守備のバランスが大事だ。

1　こうげき　2　こげき　3　かんげき　4　かげき

13　これは玄人ならではの素晴らしい技だ。

1　げんにん　2　しろうと　3　げんと　4　くろうと

問題２　（　　）に入れるのに最もよいものを、１・２・３・４から１つ選びなさい。

14　就職が決まったといっても、３か月は（　　）採用の身なんです。

1　未　2　副　3　仮　4　本

15　仕事を通して（　　）実現を図りたい。

1　自分　2　自身　3　自立　4　自己

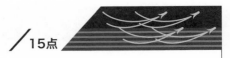

模擬問題 第５回

／15点

問題１　＿＿＿の言葉の読み方として最もよいものを、１・２・３・４から１つ選びなさい。

1　これは胃腸の働きを高め消化を促す薬です。

　1　もよおす　　2　ほどこす　　3　うながす　　4　くつがえす

2　発言なさる方は以上の点を踏まえて意見を述べてください。

　1　ふみまえて　　2　ふまえて　　3　ふんまえて　　4　ふりまえて

3　酔った勢いで口が滑って、秘密にするべきことをしゃべってしまった。

　1　せまって　　2　すべって　　3　もぐって　　4　そって

4　こんな簡単な字も書けないなんて不勉強も甚だしい。

　1　はなだだしい　　2　はながだしい　　3　はなただしい　　4　はなはだしい

5　はるか沖に点々と漁船の赤い灯が見えた。

　1　はま　　2　おき　　3　うず　　4　しお

6　病気で倒れた課長の仕事を部長が兼務している。

　1　げんむ　　2　かんむ　　3　ばんむ　　4　けんむ

7　電気自動車は排気ガスを出さない環境に配慮した車である。

　1　ひいき　　2　はいき　　3　ひいぎ　　4　ばいぎ

8　この奨学金は、返還する必要はありません。

　1　へんさい　　2　へんかん　　3　へんきゃく　　4　へんしん

9　近眼の原因には主に環境と遺伝があるといわれている。

　1　きんかん　　2　ぎんげん　　3　きんがん　　4　きんげん

10　健康診断を受ける際、病気やアレルギーの有無を聞かれた。

　1　ありなし　　2　うんぶ　　3　ゆうぶ　　4　うむ

11　民族によって色彩感覚は異なり、一様ではない。

　1　しょくざい　　2　しきざい　　3　しょくさい　　4　しきさい

12　お茶には菌の繁殖を抑える成分が含まれている。

　1　きん　　2　けん　　3　ぎん　　4　げん

13　相撲界で活躍している外国人は、日本語が実に上手だ。

　1　すうも　　2　ずも　　3　すもん　　4　すもう

問題２　（　　）に入れるのに最もよいものを、１・２・３・４から１つ選びなさい。

14　企業間における（　　）世代コンピューターの開発競争は、激しさを増している。

　1　継　　2　後　　3　来　　4　次

15　外国人旅行客の中には日本人の生活（　　）や伝統文化に興味を示す人もいる。

　1　形式　　2　様式　　3　方法　　4　作法

チャレンジ　漢字の意味

漢字の中には、意味が２つ以上あるものがあります。どの意味かよく考えましょう。

1．＿＿＿の漢字はどの意味で使われているか、記号で書きなさい。また、＿＿＿の言葉の読み方も書きなさい。

①**産**：A　子供を産むこと　　B　物を作り出すこと、物ができること。作り出した物、できた物
　　C　財産

例）工業生産高は前年を下回った。［　B　］（　せいさん　）

⑴石油**産出**国では、国民の間の経済格差が問題になっている。［　　　］（　　　　　）

⑵旅に出たら、その土地の**名産**を買って帰る。［　　　］（　　　　　）

⑶ばくだいな**資産**を福祉施設に寄付する。［　　　］（　　　　　）

⑷**産後**の休暇は８週間です。［　　　］（　　　　　）

②**辞**：A　言葉　　B　やめること

⑴卒業式の**祝辞**を述べる。［　　　］（　　　　　）

⑵健康上の理由で、スポーツ大会出場を**辞退**した。［　　　］（　　　　　）

⑶**辞任**した委員に替わって、新しい委員が選ばれた。［　　　］（　　　　　）

③**心**：A　こころ、気持　　B　中心、真ん中　　C　心臓

⑴体の**重心**を左足に移しながら、ゆっくりと右足を上げる。［　　　］（　　　　　）

⑵この装置は、回転するときの**遠心力**で水を吹き飛ばします。［　　　］（　　　　　）

⑶激しい運動をすると、**心拍数**が上がる。［　　　］（　　　　　）

⑷どんなにおつらいことか、**心中**をお察し申し上げます。［　　　］（　　　　　）

④**重**：A　重い。重さ　　B　大切にすること。大切であること　　C　重なること

⑴実験室で無**重力**状態を作り出す。［　　　］（　　　　　）

⑵この部分は**重複**しているから、削りましょう。［　　　］（　　　　　）

⑶次はこのテーマを**重点**的に追求するつもりだ。［　　　］（　　　　　）

⑷子供に**過重**な期待をかけすぎないように、親は気をつけるべきだ。

［　　　］（　　　　　）

⑤**着**：A　衣類を身に着けること　　B（ある場所に）着くこと　　C（何かを）つけること
　　D（何かを）始めること

⑴新しい橋の建設は、来月**着工**の予定です。［　　　］（　　　　　）

⑵自分で作ったお皿に好きな色で**着色**した。［　　　］（　　　　　）

⑶母の日は、**先着**100名様に、カーネーションをプレゼント。［　　　］（　　　　　）

⑷「**着席**」と言われたら、座ってください。［　　　］（　　　　　）

⑸バイクに乗るときは、ヘルメットを**着用**すること。［　　　］（　　　　　）

漢字の意味だけからは、言葉の意味が分からないときもあります。文全体の意味をよく考えて、言葉の意味を考えましょう。

2．＿＿＿の言葉に意味が最も近いものを、１・２・３から１つ選びなさい。

例）先生に知られると怒られるから、内緒にしておいてね。

　①　秘密　　2　一緒にいること　　3　中に入れること

①いくら説明しても課長が分かってくれなくて、**閉口**したよ。

　1　じっと黙った　　2　とても困った　　3　とても怒った

②この商品は今人気がありますので、すぐに**入手**は難しいです。

　1　自分の物にすること　　2　世話をすること　　3　触って確かめること

③やたらに数字をたくさん使って説明するのは、ごまかすための**方便**にすぎない。

　1　移動する方向　　2　正しい方法　　3　目的のための手段

④明日の試合の相手は**強豪**だから、簡単には勝たせてくれないよ。

　1　強いこと　　2　素晴らしいこと　　3　豪華なこと

⑤次の工事を**発注**する⑴ために、業者の**入札**⑵を求める。

　⑴ 1　注意を発する　　2　注目を集める　　3　注文を出す

　⑵ 1　お札を入れること　　2　お金を使うこと　　3　価格について意思を表すこと

⑥ネット上で、カード**決済**で物を買う人が増えている。

　1　支払い　　2　処置　　3　決定

⑦公務員が**汚職**の疑いで逮捕された。

　1　汚い職場　　2　不正な行為　　3　危ない行為

チャレンジ　読解

文章の中の漢字の言葉を読むことで、大体の内容が分かることがあります。
知らない言葉でも、読めたり意味が分かったりする言葉もあるはずです。
新聞の少し長い記事に、チャレンジしてみましょう。

Ⅰ　「国内旅行、友人より家族と」増加

①まず、見出しと記事の最初の部分を見てください。知らない言葉があっても、調べたり質問したりしないで推測してください。

> **「国内旅行、友人より家族と」増加**
>
> 今年のゴールデンウイークは、国内外とも遠出（とおで）する人が増えそうという。
>
> 国内旅行で「誰（だれ）と旅行に行くか」の推移をみると、職場や友人グループは減少傾向で、代わって「家族旅行」の割合が増えている。

②この記事の内容に合うように、［　　］に言葉を入れてください。

国内旅行で一緒に行く相手で、減っているのは、［ a　　　　］で、増えているのは、［ b　　　　］だ。

③次の言葉を読んでください。

1　推移（　　　　　　）　　2　減少傾向（　　　　　　）

④記事の続きを、漢字の言葉と数字だけに注意して読んでください。

> 観光庁の統計…、1990年度…最多の31.0％…「友人」…2008年度…22.2％に。…主流…「家族」…、08年度…44.8％…。
>
> 旅行…減った…若年層…理由…、約半数…「お金…余裕…なくなった…」。家族旅行…背景…、若者の節約志向…。
>
> 一方、「職場・学校」…約20年間…半減…。…修学旅行…横ばいで推移…、企業…社員旅行…下火…。一人旅…増えている…、観光庁…「職場や知人との人間関係…希薄になっている…影響…」とみる。

⑤この記事の内容と合っていると思うものに、○をつけてください。

1（　　）2008年度、友人と旅行に行く人は、家族と旅行に行く人の大体半分ぐらいだ。

2（　　）節約するために旅行を減らす若者がいる。

3（　　）修学旅行も社員旅行も減っている。

4（　　）若者は旅行が好きでよく出かける。

5（　　）だれかと一緒に旅行するより一人がいいという人が増えている。

⑥次の言葉を読んでください。

1　観光庁（　　　　　　）　2　主流（　　　　　　）　3　若年層（　　　　　　）

4　節約志向（　　　　　　）　5　半減（　　　　　　）　6　下火（　　　　　　）

7　希薄（　　　　　　）

＊全文は、p.163にあります。

Ⅱ　トイレ進化　エコか浪費か

①まず見出しと記事の最初の部分を見てください。知らない言葉があっても、調べたり質問したりしないで推測してください。

トイレ進化　エコか浪費か

「お尻だって洗ってほしい」。日本で80年に発売されたウォシュレットは、こんな文句のテレビCMにより、売り上げを伸ばした。2006年度末までに出荷台数（累計）2300万台のヒット商品に。内閣府によると、温水洗浄便座の一般世帯への普及率は07年、65％に達した。

もともとは、医療用や手の不自由な人向けに欧米で開発され、60年代に輸入販売された。国産品は、住宅設備機器メーカー「INAX」が最初に開発し、発売。78年、TOTOで始めた開発に携わった重松俊文さん（55）（現TOTOウォシュレットテクノ社長）は「洋式が和式を逆転したころ。必ず世の中に受け入れられると思った」と振り返る。

2008年２月13日　読売新聞から抜粋

②この記事の全体の内容を推測して、[　　] に言葉を入れてください。aには同じ言葉が入ります。

[a] は、急速に家庭に普及した。この記事は、トイレが [a] になることは、[b] にいいのか 、それとも [c] なのかについての記事だ。

③次の言葉の読み方を書いてください。

1　浪費（　　　　　）　2　出荷（　　　　　）　3　温水（　　　　　）

4　内閣府（　　　　　）　5　欧米（　　　　　）　6　洋式（　　　　　）

④記事の続きの部分を、漢字の言葉と述語に注意しながら、読んでください。

温水洗浄（せんじょう）便座…普及…、水の使用量…増やした。従来…水洗トイレ…1回分の使用水量（大の場合）…13リットル。温水洗浄（せんじょう）便座付き…、洗浄（せんじょう）水量（1分0.8リットル）…、1回の使用水量…13.8リットルに増える。首都大学東京の小泉明（こいずみあきら）教授（水環境工学）…「90年代後半から…使用水量…微増…、温水洗浄（せんじょう）便座…普及…一因」…推測…。

一方で、メーカー各社…「節水トイレ」の開発研究…。現在…、洗浄（せんじょう）1回に5.5リットルで済む商品…。水玉…連射…方式…、…従来の1/2で済む温水洗浄（せんじょう）便座…登場…。…超新型でなくても、…節水トイレなら、温水洗浄（せんじょう）便座付き…6.3リットル（5.5リットル+0.8リットル）…。…INAX（イナックス）環境戦略部長…「節水型トイレ…普及…、使用水量…減る」…説明…。

他の水回り設備…節水…進む。例えば、手を差し出せば…、水が出る…自動水栓。…、…6～8割の節水…。

だが、エネルギー全体…。温水洗浄（せんじょう）便座の場合、…「待機電力」を含め、家庭の全消費電力の3.9%…食う。

進化する日本のトイレ…、…節水になるのか、水やエネルギーの浪費にすぎないのか。

⑤ここまでの記事の内容と合っていると思うものに、○をつけてください。

1（　　）温水洗浄（せんじょう）便座は最初は医療用や障害者用だった。

2（　　）温水洗浄（せんじょう）便座は、清潔に洗えるので、売り出すとすぐに人気が出た。

3（　　）温水洗浄（せんじょう）便座の普及とともに水道の使用量が少し増えてきた。

4（　　）メーカーはあまり水を使わないトイレの開発に努めている。

5（　　）新しいタイプの温水洗浄便座は、電気も水も節約できる。

6（　　）温水洗浄便座のエネルギーの使用は、水と電気の両方を考える必要がある。

⑥言葉の読み方を書いてください。

1　一因（　　　　　　）　2　節水（　　　　　　）　3　微増（　　　　　　）

4　連射（　　　　　　）　5　待機電力（　　　　　　）

⑦次の言葉の構成を考えて、／を入れて、辞書に出ている言葉に分けてください。

例）高齢化社会＝高齢／化／社会

1　住宅設備機器メーカー

2　温水洗浄便座付きトイレ

3　超新型

4　環境戦略部長

5　全消費電力

＊全文は、p.163にあります。

Ⅲ　くらしやすい社会を実現する技術

①まず、見出しと記事の最初の部分を見てください。知らない漢字があっても、調べたり質問したりしないで推測してください。

> **くらしやすい社会を実現する技術**
>
> ブルーのドレスに携帯電話を向ける。手の中から声が聞こえる。「濃い青です」富士通の「カラーアテンダント」は、携帯電話に色を判別させるユニークなソフトだ。このソフトを搭載した携帯電話のカメラで対象を撮影すると、色を読み取り、機種によっては、音声で教えてくれる。

2009年５月28日　YOMIURI ONLINE から抜粋

②記事の内容を推測して、［　　］に言葉を入れてください。

この記事は、［ a 　　　］社会を実現する［ b 　　　］を開発する話だ。

例えば、携帯電話で物の写真を撮ると、［ c 　　　］を［ d 　　　］で教えてくれる。

③この携帯電話は、どんな人の役に立つと思いますか。

この携帯電話はたぶん、[　　　　　　　　]人の役に立つだろう。

④記事の次の４段落を読んでください。

（この携帯電話は）全盲の人が洋服を選んだり、色弱（しきじゃく）の人が靴下の色を確認したりするときに役立つ。微妙な色合いの違いも区別できるので、健常者も活用できる。

その有用性が評価され、今年３月、ドイツの「ユニバーサル・デザイン・アワード09」を受賞した。開発チームの責任者は、視覚障害者だ。

ユニバーサル・デザインとは、だれにとっても使いやすい品物や、住みやすい街のデザインのこと。障害者や高齢者に使いやすいデザインなら、健常者や若者も気持ちよく使える。カラーアテンダントの存在をいち早く知り、試したというユニバーサル・デザイン研究家の関根千佳（せきねちか）さんは、「この富士通（ふじつう）の方のように、自らのニーズにこたえる製品を作る技術者が増えたら、日本はもっとくらしやすい社会になります」と言う。

そんなユニバーサル・デザイン社会実現のために頑張る研究者として、関根（せきね）さんがあげるのが、日本IBM東京基礎研究所のBさんだ。中学のとき、けががもとで視力を失ったBさんは、1997年に、インターネットのホームページを音声で読み上げるソフトを開発した。大きな反響を呼び、瞬（また）く間（ま）に世界中に広がった。

2009年５月28日　YOMIURI ONLINEの記事をもとに作成

⑤上の文章の中で、全盲の人と関係のある言葉、それと対比の関係にある言葉に＿＿＿を引いて、書き出してください。

1　**全盲の人**と関係がある言葉　＿＿＿＿＿＿　＿＿＿＿＿＿

＿＿＿＿＿＿　＿＿＿＿＿＿

＿＿＿＿＿＿

2　**全盲の人**と対比の関係の言葉　＿＿＿＿＿＿　＿＿＿＿＿＿

⑥自らとは、どんな人のことを指していますか。

⑦ここまでの内容を［　　］に適当な言葉を入れて、まとめてください。

色を音声で教える携帯電話も、ホームページを音声で読み上げるソフトも、［ a ］の技術者が開発した。［ b ］に役に立つものは、［ c ］にとっても気持よく使える。これを、［ d ］と言う。

⑧記事の続きの部分を、太字の部分に注意しながら最後まで読んでください。

ひと昔前まで、**視覚障害者**が**情報処理の仕事に従事する**のは**難しかった**。**しかし**、音声入力システムや、Bさんの読み上げソフトなど、いろいろな**支援システムが開発**され、**視覚障害者でもコンピューターを使いこなせる**時代になった。

筑波（つくば）**技術大学**（茨城県つくば市）は、**技術者を志す聴覚障害者**と**視覚障害者のため**に**創設**された。機械工学や建築デザイン、鍼灸や理学療法など、幅広い専攻を設けている。もともと短大だったが、3年半前に4年制になった。

コンピューター支援技術の向上が、この大学の**学生の志向にも、影響**を及ぼしている。90年代の初め、**情報処理の勉強**を希望する視覚障害者は少なかったが、2000年以降、**志望者が増えてきた**という。

学長の村上芳則（むらかみよしのり）**さん**は、「学生にもっと高度な知識を学ばせたい」と考え、**大学院（修士課程）を設置**した。**コンピューター（情報システム）専攻も設けられた**。

科学技術の発達は、**障害者**にとって、**プラス面ばかりではなかった**。**たとえば**、コンピューター利用設計システムなどが進歩し、製図の清書のような、**聴覚障害者**が請け負っていた**技術補助の仕事が、減ってしまった**。

村上さんによると、**障害を持つ技術者たち**がそんな**産業構造の変化**を**乗り越える手助けをする**ことも、**大学院設置の目的の一つ**。

「これからの社会で、企業の中で、責任ある役割を果たせる人材を育てたい。大学院で、幅広い教養と専門的な技術を身につけてもらいたいのです」

視聴覚の障害者専用の大学院というのは、米国に1、2校あるだけだ。**世界に自慢できる先進的な大学院になる**ことだろう。

2009年5月28日　YOMIURI ONLINE の記事をもとに作成

⑨「請け負っていた」は、「うけおっていた」と読みます。どんな意味ですか。適当なものを選んでください。

1　頼んでいた　　2　させられていた　　3　引き受けていた

⑩そんな産業構造の変化とは、どんなことですか。

⑪次の言葉を読んでください。

1　受賞（　　　　）　2　音声（　　　　）　3　聴覚（　　　　）

4　支援（　　　　）　5　手助け（　　　け）

＊全文は、p.164にあります。

全文

「国内旅行、友人より家族と」増加

今年のゴールデンウイークは、国内外とも遠出する人が増えそうという。

国内旅行で「誰と旅行に行くか」の推移をみると、職場や友人グループは減少傾向で、代わって「家族旅行」の割合が増えている。

観光庁の統計によると、1990年度に最多の31.0%だった「友人」は2008年度には22.2%に。代わって主流になったのが「家族」で、08年度には44.8%を占めた。

旅行に行く回数が減ったと答えた若年層に理由を聞くと、約半数が「お金に余裕がなくなったため」。家族旅行が増えた背景には、若者の節約志向もありそうだ。

一方、「職場・学校」は約20年間で半減した。学校の修学旅行は横ばいで推移しているとみられるものの、企業の社員旅行が下火になった結果とみられる。一人旅がじわじわと増えていることもあり、観光庁は「職場や知人との人間関係が希薄になっていることが旅行にも影響している」とみる。

日本経済新聞2010年４月28日付

トイレ進化　エコか浪費か

「お尻だって洗ってほしい」。日本で80年に発売されたウォシュレットは、こんな文句のテレビCMにより、売り上げを伸ばした。2006年度末までに出荷台数（累計）2300万台のヒット商品に。内閣府によると、温水洗浄便座の一般世帯への普及率は07年、65%に達した。

もともとは、医療用や手の不自由な人向けに欧米で開発され、60年代に輸入販売された。国産品は、住宅設備機器メーカー「INAX」が最初に開発し、発売。78年、TOTOで始めた開発に携わった重松俊文さん（55）（現TOTOウォシュレットテクノ社長）は「洋式が和式を逆転したころ。必ず世の中に受け入れられると思った」と振り返る。

温水洗浄便座の普及は、水の使用量を増やした。従来の一般的な水洗トイレの１回分の使用水量（大の場合）は13リットル。温水洗浄便座付きだと、洗浄水量（１分0.8リットル）がプラスされ、１回の使用水量は13.8リットルに増える。首都大学東京の小泉明教授（水環境工学）は「90年代後半から水洗トイレの使用水量が微増しているのは、温水洗浄便座の普及が一因」と推測する。

一方で、メーカー各社は「節水トイレ」の開発研究に力を入れてきた。現在は、洗浄１回に

5.5リットルで済む商品もある。水玉を連射する方式で、お尻の洗浄水量が従来の1/2で済む温水洗浄便座も登場した。こうした超新型でなくても、洗浄水が5.5リットルの節水トイレなら、温水洗浄便座付きで6.3リットル（5.5リットル＋0.8リットル）で済む。INAX 環境戦略部長のＡさんは「節水型トイレが普及すれば、使用水量は減る」と説明する。

他の水回り設備も節水が進む。例えば、手を差し出せばセンサーが感知し、水が出る洗面台の自動水栓。メーカー各社によると、ひねるタイプの水栓に比べて６～８割の節水になるという。

だが、エネルギー全体でみるとどうか。温水洗浄便座の場合、資源エネルギー庁によれば、使っていない時でも消費される「待機電力」を含め、家庭の全消費電力の3.9％を食う。

進化する日本のトイレは、果たして節水になるのか、水やエネルギーの浪費にすぎないのか。

2008年２月13日　読売新聞に基づく

社名・氏名・肩書・本文の内容は、2008年現在のものです。

くらしやすい社会を実現する技術

ブルーのドレスに携帯電話を向ける。手の中から声が聞こえる。「濃い青です」

富士通の「カラーアテンダント」は、携帯電話に色を判別させるユニークなソフトだ。このソフトを搭載した携帯電話のカメラで対象を撮影すると、色を読み取り、機種によっては、音声で教えてくれる。

全盲の人が洋服を選んだり、色弱の人が靴下の色を確認したりするときに役立つ。微妙な色合いの違いも区別できるので、健常者も活用できる。

その有用性が評価され、今年３月、ドイツの「ユニバーサル・デザイン・アワード09」を受賞した。開発チームの責任者は、視覚障害者だ。

ユニバーサル・デザインとは、だれにとっても使いやすい品物や、住みやすい街のデザインのこと。障害者や高齢者に使いやすいデザインなら、健常者や若者も気持ちよく使える。カラーアテンダントの存在をいち早く知り、試したというユニバーサル・デザイン研究家の関根千佳さんは、「この富士通の方のように、自らのニーズにこたえる製品を作る技術者が増えたら、日本はもっとくらしやすい社会になります」と言う。

そんなユニバーサル・デザイン社会実現のために頑張る研究者として、関根さんがあげるのが、日本 IBM 東京基礎研究所のＢさんだ。中学のとき、けががもとで視力を失ったＢさんは、1997年に、インターネットのホームページを音声で読み上げるソフトを開発した。大きな反響を呼び、瞬く間に世界中に広がった。

ひと昔前まで、視覚障害者が情報処理の仕事に従事するのは難しかった。しかし、音声入力システムや、Bさんの読み上げソフトなど、いろいろな支援システムが開発され、視覚障害者でもコンピューターを使いこなせる時代になった。

筑波技術大学（茨城県つくば市）は、技術者を志す聴覚障害者と視覚障害者のために創設された。機械工学や建築デザイン、鍼灸や理学療法など、幅広い専攻を設けている。もともと短大だったが、３年半前に４年制になった。

コンピューター支援技術の向上が、この大学の学生の志向にも、影響を及ぼしている。90年代の初め、情報処理の勉強を希望する視覚障害者は少なかったが、2000年以降、志望者が増えてきたという。

学長の村上芳則さんは、「学生にもっと高度な知識を学ばせたい」と考え、大学院（修士課程）を設置した。コンピューター（情報システム）専攻も設けられた。

科学技術の発達は、障害者にとって、プラス面ばかりではなかった。たとえば、コンピューター利用設計システムなどが進歩し、製図の清書のような、聴覚障害者が請け負っていた技術補助の仕事が、減ってしまった。

村上さんによると、障害を持つ技術者たちがそんな産業構造の変化を乗り越える手助けをすることも、大学院設置の目的の一つ。

「これからの社会で、企業の中で、責任ある役割を果たせる人材を育てたい。大学院で、幅広い教養と専門的な技術を身につけてもらいたいのです」

視聴覚の障害者専用の大学院というのは、米国に１、２校あるだけだ。世界に自慢できる先進的な大学院になることだろう。

2009年５月28日　YOMIURI ONLINE に基づく

付録（ふろく）

訓読みが２つ以上ある漢字

・本書と『新完全マスター漢字　日本語能力試験Ｎ２』で学習した漢字で、訓読みが２つ以上あるものの一覧です。
・漢字の読み方が同じものは、１つにまとめました。
・漢字の読み方の部分は、ゴシック体になっています。
・自動詞と他動詞は「映る・映す」のように表してあります。
・Ｎ１レベルの言葉はゴシック体で表してあります。

羽

は　～羽　羽根

はね　羽

雨

あめ　雨

あま　雨具　雨戸

映

うつる　映る・映す

はえる　映える

煙

けむい　煙い　煙る

けむり　煙

汚

けがらわしい　汚らわしい

よごれる　汚れる・汚す　汚れ

きたない　汚い

音

おと　音　物音

ね　音　音色　本音

下

した　下　下調べ　真下

しも　下

さがる　下がる・下げる　引き下げる

くださる　下さる　下る　下り

おりる　下りる・下ろす　見下ろす

何

なに　何　何気ない　何分

なん　何～　何だか　何とか

家

いえ　家　家出

や　家賃　大家　貸家

過

すぎる　過ぎる・過ごす

あやまち　過ち

我

われ　我　我々

わ　我が～

悔

くやむ　悔やむ

くやしい　悔しい

開

ひらく　開く

あく　開く・開ける

外

そと　外

はずれる　外れる・外す

角

かど　角　街角

つの　角

覚

おぼえる　覚(おぼ)える　覚(おぼ)え

さめる　覚(さ)める・覚(さ)ます　目覚(めざ)ましい

割

われる　割(わ)れる・割(わ)る

わり　～割(わり)　割合(わりあい)

滑

すべる　滑(すべ)る

なめらか　滑(なめ)らか

間

あいだ　間(あいだ)

ま　間(ま)　間違(まちが)い　合間(あいま)

危

あぶない　危(あぶ)ない

あやうい　危(あや)うい　危(あや)ぶむ

偽

いつわる　偽(いつわ)る

にせ　偽物(にせもの)

魚

うお　魚(うお)

さかな　魚(さかな)

脅

おびやかす　脅(おびや)かす

おどかす　脅(おど)かす　脅(おど)す

強

つよい　強(つよ)い　心強(こころづよ)い

しいる　強(し)いる

教

おしえる　教(おし)える　教(おし)え

おそわる　教(おそ)わる

苦

くるしい　苦(くる)しい　苦(くる)しむ・苦(くる)しめる

にがい　苦(にが)い　苦手(にがて)

空

そら　空(そら)　大空(おおぞら)

あく　空(あ)く　空(あ)き

から　空(から)　空(から)っぽ

群

むれ　群(む)れ

むらがる　群(むら)がる

嫌

きらい　嫌(きら)い　嫌(きら)う

いや　嫌(いや)　嫌(いや)がる

言

いう　言(い)う　言(い)い訳(わけ)

こと　言葉(ことば)　片言(かたこと)　独(ひと)り言(ごと)

厳

おごそか　厳(おごそ)か

きびしい　厳(きび)しい

後

のち　後(のち)

あと　後(あと)　後回(あとまわ)し

うしろ　後(うし)ろ

交

まじわる　交(まじ)わる・交(まじ)える

まざる　交(ま)ざる・交(ま)ぜる

かわす　交(か)わす

光

ひかる　光(ひか)る

ひかり　光(ひかり)　稲光(いなびかり)

好

このむ　好(この)む　好(この)み

すき　好(す)き　物好(ものず)き

行

いく　行(い)く　行(い)き　行(い)き違(ちが)い

ゆく　行(ゆ)く　行(ゆ)き　売(う)れ行(ゆ)き

おこなう　行(おこな)う　行(おこな)い

更

さら　更(さら)に

ふける　更(ふ)ける　夜更(よふ)かし　夜更(よふ)け

幸

さいわい　幸(さいわ)い

しあわせ　幸(しあわ)せ

荒

あらい　荒(あら)い

あれる　荒(あ)れる・荒(あ)らす

降

おりる　降(お)りる・降(お)ろす

ふる　降(ふ)る

細

ほそい　細(ほそ)い　心細(こころぼそ)い

こまかい　細(こま)かい　細(こま)やか

四

よ　四(よ)(時(じ))　四(よ)つ角(かど)

よっつ　四(よっ)つ

よん　四(よん)

志

こころざす　志(こころざ)す

こころざし　志(こころざし)

指

さす　指(さ)す　目指(めざ)す

ゆび　指(ゆび)　指(ゆび)さす　指輪(ゆびわ)

試

こころみる　試(こころ)みる　試(こころ)み

ためす　試(ため)す　試(ため)し

次

つぐ　次(つ)ぐ　相次(あいつ)ぐ

つぎ　次(つぎ)　次々(つぎつぎ)に

治

おさまる　治(おさ)まる・治(おさ)める

なおる　治(なお)る・治(なお)す

七

なな　七(なな)　七(なな)つ

なの　七日(なのか)

実

み　実(み)

みのる　実(みの)る

若

わかい　若(わか)い　若者(わかもの)

もしくは　若(も)しくは

主

ぬし　主(ぬし)　地主(じぬし)

おも　主(おも)

酒

さけ　(お)酒(さけ)

さか　酒場(さかば)

重

おもい　重(おも)い　重(おも)んじる/ずる

かさなる　重(かさ)なる・重(かさ)ねる

出

でる　出(で)る　出直(でなお)し　申(もう)し出(で)る

だす　出(だ)す　追(お)い出(だ)す

初

はじめ　初(はじ)め　初(はじ)めて

はつ　初(はつ)　初耳(はつみみ)

小

ちいさい　小(ちい)さい　小(ちい)さな

こ　小柄(こがら)　小切手(こぎって)　小包(こづつ)(み)

少

すくない　少(すく)ない

すこし　少(すこ)し

床

とこ　床(とこ)の間(ま)　床屋(とこや)

ゆか　床(ゆか)

消

きえる　消(き)える

けす　消(け)す　打(う)ち消(け)し

勝

かつ　勝(か)つ　勝(か)ち

まさる　勝(まさ)る

焦

こげる　焦(こ)げる・焦(こ)がす

あせる　焦(あせ)る

傷

きず　傷(きず)　傷(きず)つく

いためる　傷(いた)める

上

うえ　上(うえ)　身(み)の上(うえ)　目上(めうえ)

うわ　上着(うわぎ)　上回(うわまわ)る

かみ　上(かみ)

あがる　上(あ)がる・上(あ)げる　仕上(しあ)げる

のぼる　上(のぼ)る　上(のぼ)り

畳

たたむ　畳(たた)む

たたみ　畳(たたみ)

食

くう　食(く)う　食(く)い違(ちが)う

たべる　食(た)べる　食(た)べ物(もの)

触

ふれる　触(ふ)れる

さわる　触(さわ)る

新

あたらしい　新(あたら)しい

あらた　新(あら)た

親

おや　親(おや)　親指(おやゆび)

したしい　親(した)しい　親(した)しむ

数

かず　数(かず)　手数(てかず)

かぞえる　数(かぞ)える

正

ただしい　正(ただ)しい

まさ　正(まさ)に

生

いきる　生(い)きる・生(い)かす　生(い)ける

うまれる　生(う)まれる　生(う)まれつき

はえる　生(は)える・生(は)やす

き　生地(きじ)

なま　生(なま)　生意気(なまいき)　生(なま)ぬるい

省

かえりみる　省(かえり)みる

はぶく　省(はぶ)く

盛

もる　盛(も)る

さかん　盛(さか)ん　盛(さか)り

折

おれる　折(お)れる・折(お)る　折(お)り返(かえ)す

おり　折(おり)　時折(ときおり)

占

しめる　占(し)める

うらなう　占(うらな)う

染

そまる　染(そ)まる・染(そ)める

しみる　染(し)みる

船

ふね　船(ふね)

ふな　船便(ふなびん)

組

くむ　組(く)む　組(く)み立(た)てる　仕組(しく)み

くみ　組(くみ)　組合(くみあい)

増

ます　増(ま)す　～増(ま)し

ふえる　増(ふ)える・増(ふ)やす

足

あし　足(あし)　足跡(あしあと)

たる　足(た)る・足(た)す　足(た)し算(ざん)　足(た)りる

速

はやい　速(はや)い　速(はや)める

すみやか　速(すみ)やか

怠

おこたる　怠(おこた)る

なまける　怠(なま)ける

帯

おびる　帯(お)びる

おび　帯(おび)

担

かつぐ　担(かつ)ぐ

になう　担(にな)う

探

さぐる　探(さぐ)る

さがす　探(さが)す

端

はし　端(はし)

は　半端(はんぱ)

はた　道端(みちばた)

断

たつ　断(た)つ

ことわる　断(ことわ)る

弾

ひく　弾(ひ)く

はずむ　弾(はず)む

たま　弾(たま)

値

ね　値(ね)　値引(ねび)き

あたい　値(あたい)　値(あたい)する

恥

はずかしい　恥(は)ずかしい　恥(は)じらう　恥(は)じる

はじ　恥(はじ)

遅

おくれる　遅(おく)れる・遅(おく)らす　手遅(ておく)れ

おそい　遅(おそ)い　遅(おそ)くとも

着

きる　着(き)る　着(き)せる　下着(したぎ)

つく　着(つ)く・着(つ)ける　落(お)ち着(つ)き

著

あらわす　著(あらわ)す

いちじるしい　著(いちじる)しい

頂

いただく　頂(いただ)く

いただき　頂(いただき)

跳

はねる　跳(は)ねる

とぶ　跳(と)ぶ

直

ただちに　直(ただ)ちに

なおる　直(なお)る・直(なお)す　出直(でなお)し

通

とおる　通(とお)る・通(とお)す　通(とお)り　見通(みとお)し

かよう　通(かよ)う　似通(にかよ)う

怒

いかり　怒(いか)り

おこる　怒(おこ)る

逃

にげる　逃(に)げる・逃(に)がす

のがれる　逃(のが)れる・逃(のが)す

凍

こおる　凍(こお)る

こごえる　凍(こご)える

稲

いね　稲(いね)

いな　稲光(いなびかり)

頭

あたま　頭(あたま)

かしら　頭(かしら)

得

える　得(え)る　心得(こころえ)

うる　得(う)る

難

かたい　～難(がた)い　有(あ)り難(がた)い

むずかしい　難(むずか)しい

日

ひ　日(ひ)　日陰(ひかげ)　日焼(ひや)け

か　～日(か)

入

いる　気(き)に入(い)る　入(い)れる　入(い)り口(ぐち)
　受(う)け入(い)れる　恐(おそ)れ入(い)る

はいる　入(はい)る

背

せ　背(せ)　背中(せなか)　背広(せびろ)

せい　背(せい)

そむく　背(そむ)く

八

やっつ　八(やっ)つ

よう　八日(ようか)

彼

かれ　彼(かれ)　彼(かれ)ら

かの　彼女(かのじょ)

表

おもて　表(おもて)

あらわす　表(あらわ)す

負

まける　負(ま)ける・負(ま)かす

おう　負(お)う　背負(せお)う

富

とむ　富(と)む

とみ　富(とみ)

覆

おおう　覆(おお)う

くつがえす　覆(くつがえ)す

粉

こな　粉(こな)　粉々(こなごな)

こ　粉(こ)

平

たいら　平(たい)ら

ひら　平(ひら)たい

並

ならぶ　並(なら)ぶ・並(なら)べる　並(なら)びに

なみ　並(なみ)　並木(なみき)

なみ　月並(つきな)み

柄

え　柄(え)

がら　柄(がら)　大柄(おおがら)　小柄(こがら)

閉

とじる　閉(と)じる

しまる　閉(し)まる・閉(し)める

辺

あたり　辺(あた)り

べ　浜辺(はまべ)

歩

あるく　歩(ある)く

あゆむ　歩(あゆ)む　歩(あゆ)み

捕

とる　捕(と)る　捕(と)らえる

つかまる　捕(つか)まる・捕(つか)まえる

抱

だく　抱(だ)く

いだく　抱(いだ)く

かかえる　抱(かか)える

訪

おとずれる　訪(おとず)れる

たずねる　訪(たず)ねる

明

あかるい　明(あか)るい

あきらか　明(あき)らか

あける　明(あ)ける・明(あ)かす　明(あ)かり　明(あ)くる～　打(う)ち明(あ)ける

問

とう　問(と)う　問(と)い　問(と)い合(あ)わせる

とん　問屋(とんや)

夜

よ　夜明(よあ)け　夜中(よなか)

よる　夜(よる)

優

やさしい　優(やさ)しい

すぐれる　優(すぐ)れる

来

くる　来(く)る　出来事(できごと)

きたる　来(きた)る～

頼

たのむ　頼(たの)む　頼(たの)み　頼(たの)もしい

たよる　頼(たよ)る

冷

つめたい　冷(つめ)たい

ひえる　冷(ひ)える・冷(ひ)やす　冷(ひ)やかす

さめる　冷(さ)める・冷(さ)ます

連

つらなる　連(つら)なる・連(つら)ねる

つれる　連(つ)れる　連(つ)れ

老

おいる　老(お)いる

ふける　老(ふ)ける

六

むっつ　六(むっ)つ

むい　六日(むいか)

和

やわらげる　和(やわ)らげる

なごやか　和(なご)やか

話

はなす　話(はな)す

はなし　話(はなし)

音読みが２つ以上ある漢字

・１つめが基本（きほん）の音読（おんよ）みです。
・基本（きほん）の音読（おんよ）みは、１語（ご）だけ載（の）せてあります。
・N１レベルの言葉（ことば）はゴシック体（たい）で表（あらわ）してあります。

遺
イ　遺跡（いせき）
ユイ　遺言（ゆいごん）

一
イチ　一概（いちがい）に
イツ　単一（たんいつ）　統一（とういつ）　同一（どういつ）　唯一（ゆいいつ）

易
エキ　交易（こうえき）
イ　安易（あんい）　簡易（かんい）　容易（ようい）

下
カ　城下（じょうか）
ゲ　下（げ）　下車（げしゃ）　下宿（げしゅく）　下旬（げじゅん）　下水（げすい）　下品（げひん）
下痢（げり）　上下（じょうげ）

化
カ　化合（かごう）
ケ　化粧（けしょう）

画
ガ　版画（はんが）
カク　～画（かく）　画期（かっき）　企画（きかく）　区画（くかく）　計画（けいかく）

絵
カイ　絵画（かいが）
エ　絵（え）　絵（え）の具（ぐ）　油絵（あぶらえ）

解
カイ　解除（かいじょ）
ゲ　解熱（げねつ）

外
ガイ　外貨（がいか）
ゲ　外科（げか）

街
ガイ　街頭（がいとう）
カイ　街道（かいどう）

楽
ガク　楽譜（がくふ）
ラク　楽（らく）　楽観（らっかん）　気楽（きらく）　極楽（ごくらく）　娯楽（ごらく）

間
カン　空間（くうかん）
ケン　世間（せけん）　人間（にんげん）

気
キ　気象（きしょう）
ケ　気配（けはい）　寒気（さむけ）　湿気（しっけ）　何気（なにげ）ない　水気（みずけ）

客
キャク　客観（きゃっかん）
カク　旅客（りょかく）（「りょきゃく」とも読む）

九
キュウ　九（きゅう）
ク　九（く）

去
キョ　消去（しょうきょ）
コ　過去（かこ）

拠
キョ　根拠（こんきょ）
コ　証拠（しょうこ）

御
ギョ　制御（せいぎょ）
ゴ　御（ご）～　御主人（ごしゅじん）

漁

ギョ　漁船（ぎょせん）

リョウ　漁師（りょうし）

強

キョウ　強行（きょうこう）

ゴウ　強引（ごういん）　強盗（ごうとう）

競

キョウ　競技（きょうぎ）

ケイ　競馬（けいば）

極

キョク　極端（きょくたん）

ゴク　極楽（ごくらく）

金

キン　基金（ききん）

コン　黄金（おうごん）

形

ケイ　形成（けいせい）

ギョウ　人形（にんぎょう）

恵

ケイ　恩恵（おんけい）

エ　知恵（ちえ）

月

ゲツ　満月（まんげつ）

ガツ　～月（がつ）　正月（しょうがつ）　生年月日（せいねんがっぴ）

献

ケン　貢献（こうけん）

コン　献立（こんだて）

懸

ケン　懸賞（けんしょう）

ケ　懸念（けねん）

元

ゲン　還元（かんげん）

ガン　元日（がんじつ）　元年（がんねん）　元来（がんらい）

言

ゲン　言論（げんろん）

ゴン　伝言（でんごん）　無言（むごん）　遺言（ゆいごん）

後

ゴ　背後（はいご）

コウ　後悔（こうかい）　後者（こうしゃ）　後退（こうたい）　後輩（こうはい）　後半（こうはん）

口

コウ　口述（こうじゅつ）

ク　口調（くちょう）

工

コウ　加工（かこう）

ク　工夫（くふう）　細工（さいく）　大工（だいく）

行

コウ　行為（こうい）

ギョウ　～行（ぎょう）　行儀（ぎょうぎ）　行事（ぎょうじ）　行政（ぎょうせい）　行列（ぎょうれつ）　修行（しゅぎょう）

皇

コウ　皇居（こうきょ）

オウ　天皇（てんのう）

興

コウ　興奮（こうふん）

キョウ　興（きょう）じる / ずる　興味（きょうみ）　余興（よきょう）

合

ゴウ　合意（ごうい）

ガッ　合唱（がっしょう）　合致（がっち）　合併（がっぺい）

砂

サ　砂糖（さとう）

シャ　土砂（どしゃ）

再

サイ　再会（さいかい）

サ　再来月（さらいげつ）　再来週（さらいしゅう）　再来年（さらいねん）

財

ザイ　財源（ざいげん）

サイ　財布（さいふ）

作

サク　作戦《さくせん》

サ　作業《さぎょう》　作法《さほう》　作用《さよう》　操作《そうさ》　動作《どうさ》　発作《ほっさ》

子

シ　子息《しそく》

ス　扇子《せんす》　様子《ようす》

示

ジ　暗示《あんじ》

シ　示唆《しさ》

次

ジ　目次《もくじ》

シ　次第《しだい》(に)

自

ジ　自覚《じかく》

シ　自然《しぜん》　自然科学《しぜんかがく》

児

ジ　孤児《こじ》

ニ　小児科《しょうにか》

治

ジ　退治《たいじ》

チ　治安《ちあん》　治療《ちりょう》　自治《じち》　統治《とうち》

執

シツ　執筆《しっぴつ》

シュウ　執着《しゅうちゃく》

質

シツ　質疑《しつぎ》

シチ　人質《ひとじち》

守

シュ　守衛《しゅえい》

ス　留守《るす》(番《ばん》)

修

シュウ　修了《しゅうりょう》

シュ　修行《しゅぎょう》

十

ジュウ　十字路《じゅうじろ》

ジッ　十《じっ》(本《ぽん》)

重

ジュウ　比重《ひじゅう》

チョウ　重複《ちょうふく》(「じゅうふく」とも読む)　重宝《ちょうほう》　貴重《きちょう》　慎重《しんちょう》　尊重《そんちょう》

緒

ショ　内緒《ないしょ》

チョ　情緒《じょうちょ》(「じょうしょ」とも読む)

女

ジョ　女史《じょし》

ニョウ　女房《にょうぼう》

除

ジョ　除外《じょがい》

ジ　掃除《そうじ》

象

ショウ　象徴《しょうちょう》

ゾウ　象《ぞう》

色

ショク　脚色《きゃくしょく》

シキ　色彩《しきさい》

神

シン　神聖《しんせい》

ジン　神社《じんじゃ》

人

ジン　人格《じんかく》

ニン　～人《にん》　人気《にんき》　人形《にんぎょう》　人間《にんげん》　人情《にんじょう》　商人《しょうにん》　証人《しょうにん》　使用人《しようにん》　職人《しょくにん》　他人《たにん》　当人《とうにん》　犯人《はんにん》　万人《ばんにん》　本人《ほんにん》　役人《やくにん》

図

ズ　図鑑《ずかん》

ト　図書《としょ》(館《かん》)　意図《いと》

世

セイ　世紀（せいき）

セ　世界（せかい）　世間（せけん）　(お)世辞（せじ）　世帯（せたい）　世代（せだい）　世論（せろん）(「よろん」とも読む)　世話（せわ）　出世（しゅっせ）

正

セイ　正解（せいかい）

ショウ　正月（しょうがつ）　正午（しょうご）　正直（しょうじき）　正体（しょうたい）　正味（しょうみ）　正面（しょうめん）

生

セイ　生育（せいいく）

ショウ　生（しょう）じる / ずる　生涯（しょうがい）　一生（いっしょう）　一生懸命（いっしょうけんめい）　出生（しゅっしょう）　誕生（たんじょう）(日（び）)　畜生（ちくしょう）

西

セイ　西暦（せいれき）

サイ　関西（かんさい）　東西（とうざい）

性

セイ　異性（いせい）

ショウ　相性（あいしょう）　根性（こんじょう）

省

セイ　反省（はんせい）

ショウ　省（しょう）～　～省（しょう）　省略（しょうりゃく）

盛

セイ　盛装（せいそう）

ジョウ　繁盛（はんじょう）

石

セキ　化石（かせき）

シャク　磁石（じしゃく）

切

セツ　切実（せつじつ）

サイ　一切（いっさい）

然

ゼン　当然（とうぜん）

ネン　天然（てんねん）

素

ソ　素材（そざい）

ス　素直（すなお）　素早（すばや）い　素晴（すば）らしい

早

ソウ　早急（そうきゅう）(「さっきゅう」とも読む)

サッ　早速（さっそく）

相

ソウ　相応（そうおう）

ショウ　外相（がいしょう）　首相（しゅしょう）　蔵相（ぞうしょう）

装

ソウ　装飾（そうしょく）

ショウ　衣装（いしょう）

率

ソツ　軽率（けいそつ）

リツ　率（りつ）　確率（かくりつ）　効率（こうりつ）　能率（のうりつ）　倍率（ばいりつ）　比率（ひりつ）

存

ソン　存続（そんぞく）

ゾン　存（ぞん）じる / ずる　依存（いぞん）(「いそん」とも読む)　共存（きょうぞん）(「きょうそん」とも読む)　ご存（ぞん）じ　生存（せいぞん）　保存（ほぞん）

対

タイ　対応（たいおう）

ツイ　対（つい）

体

タイ　体格（たいかく）

テイ　体裁（ていさい）

大

ダイ　大胆（だいたん）

タイ　大家（たいか）　大会（たいかい）　大概（たいがい）　大気（たいき）　大金（たいきん）　大使（たいし）(館（かん）)　大衆（たいしゅう）　大切（たいせつ）　大戦（たいせん）　大層（たいそう）　大抵（たいてい）　大半（たいはん）　大部（たいぶ）　大変（たいへん）　大木（たいぼく）　大陸（たいりく）

代

ダイ　代用（だいよう）

タイ　交代（こうたい）

台

ダイ　台本（だいほん）

タイ　台風（たいふう）　舞台（ぶたい）

団

ダン　団結（だんけつ）

トン　布団（ふとん）

男

ダン　男性（だんせい）

ナン　長男（ちょうなん）

地

チ　地形（ちけい）

ジ　地獄（じごく）　地震（じしん）　地主（じぬし）　地盤（じばん）　地味（じみ）　地面（じめん）
地元（じもと）　意地（いじ）　意地悪（いじわる）　生地（きじ）　下地（したじ）　無地（むじ）

茶

チャ　(お)茶（ちゃ）

サ　喫茶(店)（きっさてん）

丁

チョウ　～丁目（ちょうめ）

テイ　丁寧（ていねい）

直

チョク　直面（ちょくめん）

ジキ　直(に)（じき）　正直（しょうじき）

定

テイ　定義（ていぎ）

ジョウ　案の定（あんのじょう）　勘定（かんじょう）

都

ト　都会（とかい）

ツ　都合（つごう）

土

ド　土台（どだい）

ト　土地（とち）

度

ド　密度（みつど）

タク　支度（したく）

登

トウ　登録（とうろく）

ト　登山（とざん）

頭

トウ　口頭（こうとう）

ズ　頭痛（ずつう）　頭脳（ずのう）

読

ドク　購読（こうどく）

トウ　句読点（くとうてん）

日

ニチ　日夜（にちや）

ジツ　～日（じつ）　一昨日（いっさくじつ）　元日（がんじつ）　期日（きじつ）　祭日（さいじつ）
終日（しゅうじつ）　祝日（しゅくじつ）　先日（せんじつ）　当日（とうじつ）　平日（へいじつ）　翌日（よくじつ）　連日（れんじつ）

納

ノウ　納入（のうにゅう）

ナッ　納得（なっとく）

発

ハツ　発育（はついく）

ホツ　発作（ほっさ）　発足（ほっそく）(「はっそく」とも読む)

判

ハン　判決（はんけつ）

バン　裁判（さいばん）　評判（ひょうばん）

貧

ヒン　貧困（ひんこん）

ビン　貧乏（びんぼう）

夫

フ　夫妻（ふさい）

フウ　夫婦（ふうふ）　工夫（くふう）

封

フウ　封鎖（ふうさ）

ホウ　封建（ほうけん）

物

ブツ　物議(ぶつぎ)

モツ　貨物(かもつ)　禁物(きんもつ)　穀物(こくもつ)　作物(さくもつ)　食物(しょくもつ)　書物(しょもつ)　荷物(にもつ)

分

ブン　分離(ぶんり)

フン　～分(ふん)　何分(なんぷん)

ブ　分(ぶ)　大分(だいぶ)

文

ブン　文化財(ぶんかざい)

モン　文句(もんく)　文字(もじ)(「もんじ」とも読む)　注文(ちゅうもん)

平

ヘイ　平常(へいじょう)

ビョウ　平等(びょうどう)

便

ベン　便宜(べんぎ)

ビン　便(びん)　便(びん)せん　船便(ふなびん)　郵便(ゆうびん)(局(きょく))

坊

ボウ　寝坊(ねぼう)

ボッ　坊(ぼっ)ちゃん

暴

ボウ　暴動(ぼうどう)

バク　暴露(ばくろ)

木

ボク　土木(どぼく)

モク　木(もく)　木材(もくざい)　木曜(もくよう)(日(び))　材木(ざいもく)　樹木(じゅもく)

万

マン　万年筆(まんねんひつ)

バン　万歳(ばんざい)　万人(ばんにん)　万能(ばんのう)

無

ム　無効(むこう)

ブ　無(ぶ)～　無事(ぶじ)　無難(ぶなん)　無礼(ぶれい)

名

メイ　名称(めいしょう)

ミョウ　名字(みょうじ)　本名(ほんみょう)

命

メイ　命中(めいちゅう)

ミョウ　寿命(じゅみょう)

明

メイ　明白(めいはく)

ミョウ　明(みょう)～　明後日(みょうごにち)

模

モ　模倣(もほう)

ボ　規模(きぼ)

目

モク　目録(もくろく)

ボク　面目(めんぼく)(「めんもく」とも読む)

由

ユ　経由(けいゆ)

ユウ　自由(じゆう)　不自由(ふじゆう)　理由(りゆう)

有

ユウ　有益(ゆうえき)

ウ　有無(うむ)

留

リュウ　蒸留(じょうりゅう)

ル　留守(るす)(番(ばん))

力

リョク　圧力(あつりょく)

リキ　力士(りきし)

露

ロ　露骨(ろこつ)

ロウ　披露(ひろう)

索引

・本書で学習する漢字の読みが、五十音順で載せてあります。同じ読みのものが２つ以上ある場合は、提出した回の順で載せてあります。
・読みは、**訓読みは平仮名**、**音読みはカタカナ**で表してあります。
・漢字の表記が**ゴシック体のものはＮ１レベルの漢字**、**明朝体のものはＮ２レベルまでの漢字**であることを表します。
・「回」はその読み方を学習する回を表します。
・「ほかの読み方」の欄には、学習するべきほかの読み方が載せてあります。ただし、類推が可能なものは省略しました。
・(　　) は漢字リストの言葉です。本書で学習する漢字が言葉の最初にないとき、書いてあります。

読み	漢字	回	ほかの読み方
いける	生ける	4	セイ・ショウ・いきる・いかす・うまれる・はやす・き・なま
いたす	致す	1	チ
いただき	頂	10	チョウ・いただく
いためる	傷める	6	ショウ・きず
いたる	至る	2	シ
いち	市	11	シ
いちじるしい	著しい	7	チョ・あらわす
いつわる	偽る	6	ギ・にせ
いとなむ	営む	3	エイ
いどむ	挑む	5	チョウ
いな	稲	10	いね
いなか	田舎	31	
いね	稲	10	いな
いも	芋	10	
いやしい	卑しい	7	
イン	陰	17	かげ

う

読み	漢字	回	ほかの読み方
ウ	有	22	ユウ・ある
ウ	雨	28	あめ・あま
うえる	飢える	2	
うかる	受かる	4	ジュ・うける
うず	渦	10	
うつ	撃つ	1	ゲキ
うつ	討つ	1	トウ
うったえる	訴える	2	ソ
うつわ	器	9	キ
うながす	促す	5	ソク
うばう	奪う	1	ダツ
うむ	産む	3	サン
うめ	梅	10	バイ
うらむ	恨む	1	
うるおう	潤う	5	ジュン
うわき	浮気	31	

え

読み	漢字	回	ほかの読み方
え	柄	9	がら
エイ	影	12	かげ
エイ	衛	13	
えがく	描く	1	ビョウ
エキ	益	27	
エツ	越	21	こす
エツ	閲	23	
える	獲る	11	カク
エン	援	12	
エン	鉛	20	なまり
エン	宴	21	
エン	縁	21	ふち
エン	沿	28	そう

お

読み	漢字	回	ほかの読み方
お	尾	11	
オ	汚	19	けがらわしい・よごす・きたない
おいる	老いる	4	ロウ・ふける
オウ	皇	25	コウ
オウ	往	26	
オウ	黄	29	き
おう	負う	3	フ・まける
おおう	覆う	1	フク・くつがえす
おおやけ	公	11	コウ
おか	丘	10	キュウ
おかす	侵す	5	シン
おき	沖	10	
オク	憶	12	
おごそか	厳か	8	ゲン・きびしい
おこたる	怠る	6	タイ・なまける
おさえる	抑える	6	ヨク
おさめる	納める	2	ノウ・ナッ
おじ	叔父	31	
おじ	伯父	31	
おしい	惜しい	7	おしむ
おしむ	惜しむ	5	おしい
おす	雄	11	ユウ
おそう	襲う	5	シュウ
おだやか	穏やか	8	
おちいる	陥る	6	カン
おどかす	脅かす	1	キョウ・おどす・おびやかす
おどす	脅す	5	キョウ・おびやかす・おどかす
おとずれる	訪れる	4	ホウ・たずねる
おとる	劣る	2	
おとろえる	衰える	6	スイ

読み	漢字	回	ほかの読み方
おに	鬼	9	
おば	叔母	31	
おば	伯母	31	
おびやかす	脅かす	5	キョウ・おどす・おどかす
おびる	帯びる	4	タイ・おび
おまわりさん	お巡りさん	31	
おもむき	趣	11	シュ
おもむく	赴く	5	フ
おもんじる	重んじる	4	ジュウ・チョウ・かさねる
および	及び	8	キュウ・およぶ
おり	折	11	セツ・おる
おる	織る	5・9	シキ
おろか	愚か	8	グ
オン	恩	29	

か

読み	漢字	回	ほかの読み方
か	蚊	11	
カ	華	18	はなばなしい・はなやか
カ	花	20	はな
カ	暇	21	ひま
カ	箇	22	
カ	架	23	
カ	荷	26	に
カ	夏	28	なつ
ガ	我	14	われ・わ
ガ	芽	28	め
ガ	賀	30	
カイ	悔	14	くやむ・くやしい
カイ	戒	24	
カイ	拐	24	
カイ	壊	24	こわす
カイ	街	26	ガイ・まち
カイ	怪	30	あやしい
ガイ	概	13	
ガイ	該	15	
ガイ	涯	21	
ガイ	街	26	カイ・まち
ガイ	慨	29	
かう	飼う	1	シ
かえりみる	省みる	4	セイ・ショウ・はぶく
かえりみる	顧みる	6	
かかげる	掲げる	6	ケイ
かがみ	鏡	9	キョウ
かがやく	輝く	1	
かき	垣	10	
カク	革	14	かわ
カク	獲	15	える
カク	隔	22	へだてる
カク	核	25	
カク	閣	25	
カク	穫	26	
カク	客	26	キャク
ガク	岳	28	
かげ	陰	11	イン
かげ	影	11	エイ
かける	掛ける	2	
かける	駆ける	6	
かさ	傘	9	
かざる	飾る	2	ショク
かしら	頭	9	トウ・ズ・あたま
かぜ	風邪	31	
かせぐ	稼ぐ	1	
かたい	堅い	7	
かたい	難い	8	ナン・むずかしい
かたな	刀	11	
かたまり	塊	10	
かたよる	偏る	2	ヘン
かたわら	傍ら	11	
カツ	滑	18	すべる・なめらか
カツ	括	22	
カツ	割	22	わる
ガッ	合	27	ゴウ・あう
かつぐ	担ぐ	3	タン・になう
かね	鐘	9	
かねる	兼ねる	2	ケン
かまえる	構える	4	コウ・かまう
かみ	上	11	ジョウ・うえ・うわ・あげる・のぼる
かみなり	雷	10	
から	殻	11	
がら	柄	9	え
からむ	絡む	3	ラク
かり	狩り	11	

読み	漢字	回	ほかの読み方
かりに	仮に	8	カ
かる	刈る	2	
かわく	渇く	1	
かわす	交わす	3	コウ・まじわる・まざる
かわせ	為替	31	
カン	歓	12	
カン	干	14	ほす
カン	勘	14	
カン	勧	15	すすめる
カン	緩	16	ゆるい・ゆるやか・ゆるめる
カン	還	16	
カン	敢	17	
カン	寛	17	
カン	肝	18	
カン	患	19	
カン	缶	20	
カン	貫	21	つらぬく
カン	艦	25	
カン	幹	26	みき
カン	陥	27	おちいる
カン	寒	28	さむい
カン	監	30	
カン	鑑	30	
ガン	頑	17	
ガン	眼	19	
ガン	願	23	ねがう
ガン	岩	28	いわ
かんむり	冠	9	

き

読み	漢字	回	ほかの読み方
キ	揮	12	
キ	棄	14	
キ	奇	18	
キ	貴	18	とうとい
キ	既	21	すでに
キ	紀	22	
キ	汽	26	
キ	軌	26	
キ	企	27	くわだてる
キ	喜	30	よろこぶ
ギ	宜	18	
ギ	儀	21	
ギ	擬	23	
ギ	偽	24	いつわる・にせ
ギ	欺	24	あざむく
ギ	犠	24	
ギ	戯	30	
きく	聴く	1	チョウ
きく（ひだりきき）	左利き	9	リ
きざし	兆し	11	チョウ
きず	傷	9	ショウ・いためる
きずく	築く	3	チク
きそう	競う	3	キョウ・ケイ
きたえる	鍛える	6	
きたる	来る	8	ライ・くる
キツ	吉	17	
きぬ	絹	9	
きびしい	厳しい	7	ゲン・おごそか
キャク	却	15	
キャク	脚	30	
キュウ	窮	18	
キュウ	丘	28	おか
キュウ	宮	29	みや
キョ	拠	13	コ
キョ	拒	15	
キョ	虚	17	
キョ	距	22	
キョ	挙	25	あげる
ギョ	御	26	ゴ・おん
キョウ	響	12	ひびく
キョウ	興	13	コウ
キョウ	享	16	
キョウ	驚	18	おどろく
キョウ	郷	21	
キョウ	脅	25	おびやかす・おどす・おどかす
キョウ	凶	26	
キョウ	峡	28	
キョウ	鏡	28	かがみ
きよらか	清らか	8	セイ・きよい
きり	霧	10	
きわ（てぎわ）	手際	11	サイ
きわめて	極めて	8	キョク・ゴク

読み	漢字	回	ほかの読み方
キン	菌	19	
キン	筋	19	すじ
キン	緊	26	
ギン	吟	16	

く

読み	漢字	回	ほかの読み方
ク	句	23	
ク	口	23	コウ・くち
グ	愚	21	おろか
グウ	遇	21	
くき	茎	10	
くさい	臭い	7	
くさり	鎖	9	サ
くさる	腐る	2	フ
くずす	崩す	1	ホウ
くせ	癖	9	
くだく	砕く	1	
くちびる	唇	9	
くちる	朽ちる	6	
クツ	屈	12	
クツ	掘	26	ほる
くつがえす	覆す	5	フク・おおう
くむ	酌む	1	
くやしい	悔しい	7	カイ・くやむ
くやむ	悔やむ	1	カイ・くやしい
くら	蔵	11	ゾウ
くりかえす	繰り返す	1	
くるう	狂う	1	
くろうと	玄人	31	
くわしい	詳しい	7	ショウ
くわだてる	企てる	2	キ
グン	群	24	むれ・むらがる
グン	郡	25	

け

読み	漢字	回	ほかの読み方
ケ	懸	18	ケン
ケ	化	20	カ・ばける
ゲ	解	19	カイ・とく
ケイ	掲	12	かかげる
ケイ	継	12	つぐ
ケイ	憩	12	
ケイ	携	15	たずさわる
ケイ	軽	17	かるい
ケイ	蛍	20	
ケイ	径	22	
ケイ	刑	24	
ケイ	契	27	
ケイ	恵	29	エ・めぐむ
ゲイ	迎	12	むかえる
ゲイ	鯨	26	
けがらわしい	汚らわしい	7	オ・よごす・きたない
ゲキ	激	12	はげしい
ゲキ	撃	24	うつ
けずる	削る	2	サク
ケツ	潔	17	
ケツ	傑	23	
けむる	煙る	4	エン・けむり
けもの	獣	11	ジュウ
ケン	献	12	コン
ケン	兼	15	かねる
ケン	剣	17	
ケン	賢	17	かしこい
ケン	謙	17	
ケン	懸	18	ケ
ケン	圏	22	
ケン	遣	25	つかう
ケン	憲	25	
ケン	倹	27	
ケン	顕	28	
ゲン	源	13	みなもと
ゲン	厳	18	きびしい・おごそか
ゲン	玄	20	

こ

読み	漢字	回	ほかの読み方
コ	拠	13	キョ
コ	誇	15	ほこる
コ	己	21	
コ	弧	22	
コ	戸	25	と
コ	雇	27	やとう
コ	孤	29	
コ	鼓	30	
ゴ	悟	12	さとる
ゴ	娯	30	
コウ	功	12	
コウ	貢	12	

読み	漢字	回	ほかの読み方
コウ	興	13	キョウ
コウ	荒	14	あれる・あらい
コウ	抗	14	
コウ	巧	18	たくみ
コウ	甲	19	
コウ	孝	21	
コウ	項	22	
コウ	衡	22	
コウ	攻	23	せめる
コウ	稿	23	
コウ	拘	25	
コウ	厚	25	あつい
コウ	皇	25	オウ
コウ	耕	26	たがやす
コウ	鋼	26	
コウ	控	27	ひかえる
コウ	購	27	
コウ	仰	29	あおぐ
ゴウ	豪	18	
コク	克	12	
コク	酷	17	
コク	穀	26	
ゴク	獄	29	
ゴク	極	29	キョク・きわめて
こげる	焦げる	2	ショウ・あせる
ここち	心地	31	
こころざし	志	9	シ・こころざす
こころざす	志す	3	シ・こころざし
こころみる	試みる	4	シ・ためす
こころよい	快い	7	カイ
ことに	殊に	8	シュ
こまやか	細やか	8	サイ・ほそい・こまかい
こよみ	暦	11	レキ
こりる	懲りる	6	
こる	凝る	5	
コン	献	12	ケン
コン	根	13	ね
コン	昆	28	
コン	金	29	キン・かね
コン	紺	30	

さ

読み	漢字	回	ほかの読み方
サ	砂	20	すな・シャ
サ	唆	23	
サ	詐	24	
サ	鎖	26	くさり
サイ	裁	13	さばく
サイ	催	14	もよおす
サイ	切	18	セツ・きる
サイ	細	18	ほそい・こまやか・こまかい
サイ	斎	20	
サイ	載	23	のせる
サイ	栽	26	
サイ	債	27	
サイ	彩	30	
ザイ	剤	20	
さえぎる	遮る	6	
さかずき	杯	9	ハイ
さかり	盛り	11	セイ・ジョウ・さかん・もる
さかん	盛ん	8	セイ・ジョウ・さかり・もる
さく	裂く	1	レツ
サク	策	13	
サク	削	14	けずる
サク	錯	15	
サク	索	23	
さくら	桜	10	
さける	避ける	2	ヒ
さしつかえる	差し支える	31	
さす	挿す	1	ソウ
さずける	授ける	4	ジュ
さそう	誘う	1	ユウ
さだめる	定める	4	テイ・ジョウ
サツ	撮	12	とる
サツ	擦	28	する
さとる	悟る	6	ゴ
さばく	裁く	5	サイ
さびしい	寂しい	7	
さまたげる	妨げる	2	ボウ
さむらい	侍	9	
さる	猿	11	
さわがしい	騒がしい	7	ソウ・さわぐ
さわぐ	騒ぐ	1	ソウ・さわがしい
さわる	障る	6	ショウ

読み	漢字	回	ほかの読み方
サン	惨	18	みじめ
サン	酸	28	すっぱい

し

読み	漢字	回	ほかの読み方
シ	視	13	
シ	至	18	いたる
シ	姿	19	すがた
シ	脂	19	
シ	歯	19	は
シ	肢	22	
シ	旨	23	
シ	詩	23	
シ	示	23	ジ・しめす
シ	祉	25	
シ	施	25	ほどこす
シ	紫	28	むらさき
シ	飼	28	かう
ジ	似	15	にる
ジ	耳	19	みみ
ジ	磁	28	
しいる	強いる	4	キョウ・ゴウ・つよい
しお	潮	10	
シキ	織	27	おる
シキ	色	30	ショク・いろ
しく	敷く	1・10	
ジク	軸	22	
しげる	茂る	2	
しずく	滴	10	テキ
した	舌	9	
したう	慕う	5	
したがう	従う	1	ジュウ
シチ	質	24	シツ
シツ	執	23	シュウ
しば	芝	10・11	
しばふ	芝生	31	
しばる	縛る	2	バク
しぶい	渋い	7	ジュウ
しぼる	絞る	2	
しまる(とりしまる)	取り締まる	6	しめる
しみる	染みる	6	セン・そめる
しめる	締める	2	しまる
しも	霜	10	
しも	下	11	カ・ゲ・した・さげる・くださる・おろす
シャ	射	12	
シャ	謝	13	あやまる
シャ	斜	22	ななめ
シャ	舎	23	
シャ	砂	24	サ・すな
ジャ	邪	18	
ジャ	蛇	20	へび
シャク	釈	12	
シャク	石	28	セキ・いし
ジャク	若	18	わかい・もしくは
じゃり	砂利	31	
シュ	守	13	ス・まもる
シュ	殊	18	ことに
シュ	取	19	とる
シュ	珠	20	
シュ	修	29	シュウ
シュ	趣	30	おもむき
ジュ	寿	19	
ジュ	需	27	
ジュ	樹	28	
シュウ	衆	13	
シュウ	秀	17	
シュウ	愁	21	
シュウ	執	23	シツ
シュウ	襲	24	おそう
シュウ	酬	27	
シュウ	秋	28	あき
シュウ	宗	29	
ジュウ	充	12	
ジュウ	従	13	したがう
ジュウ	渋	14	しぶい
ジュウ	汁	19	しる
ジュウ	銃	24	
ジュウ	縦	26	たて
ジュウ	獣	28	けもの
シュク	縮	12	ちぢむ
ジュク	熟	21	
ジュク	塾	23	
シュン	春	21	はる
シュン	瞬	22	
ジュン	盾	12	たて

読み	漢字	回	ほかの読み方
ジュン	循	12	
ジュン	旬	22	
ジュン	准	23	
ジュン	巡	24	めぐる
ジュン	潤	27	うるおう
ショ	庶	25	
ショ	暑	28	あつい
ジョ	除	14	ジ・のぞく
ジョ	如	18	
ジョ	徐	18	
ジョ	叙	23	
ジョ	序	24	
ショウ	昇	12	のぼる
ショウ	障	13	さわる
ショウ	渉	14	
ショウ	焼	15	やく
ショウ	償	15	つぐない
ショウ	尚	17	
ショウ	詳	18	くわしい
ショウ	傷	19	きず・いためる
ショウ	粧	20	
ショウ	井	20	い
ショウ	装	20	ソウ
ショウ	性	21	セイ
ショウ	笑	22	わらう
ショウ	奨	23	
ショウ	訟	24	
ショウ	衝	24	
ショウ	掌	26	
ショウ	晶	28	
ショウ	焦	28	こげる・あせる
ショウ	称	29	
ショウ	唱	30	となえる
ジョウ	定	14	テイ・さだめる
ジョウ	譲	15	ゆずる
ジョウ	丈	17	たけ
ジョウ	剰	18	
ジョウ	盛	18	セイ・もる・さかり・さかん
ジョウ	冗	21	
ジョウ	嬢	21	
ジョウ	錠	24	
ジョウ	城	29	しろ
ショク	触	25	ふれる・さわる

読み	漢字	回	ほかの読み方
ショク	殖	28	ふえる
ショク	飾	29	かざる
ジョク	辱	29	
しる	汁	10	ジュウ
しるす	記す	3	キ
しろうと	素人	31	
シン	振	14	ふる
シン	審	14	
シン	辛	16	からい
シン	慎	17	
シン	娠	19	
シン	診	19	みる
シン	紳	21	
シン	浸	24	ひたす
シン	申	25	もうす
シン	侵	25	おかす
ジン	迅	17	
ジン	陣	25	

す

読み	漢字	回	ほかの読み方
す	酢	10	
す	巣	11	
ス	素	13	ソ
スイ	推	13	
スイ	衰	16	おとろえる
スイ	粋	17	
スイ	酔	19	よう
スイ	睡	19	
スイ	炊	20	たく
スイ	垂	22	たれる
スイ	吹	30	ふく
ズイ	随	23	
スウ	枢	25	
スウ	崇	29	
すえる	据える	6	
すがた	姿	9	シ
すきとおる	透き通る	2	トウ
すぎ	杉	10	
すこやか	健やか	8	ケン
すじ	筋	10	キン
すず	鈴	9	
すずむ	涼む	3	すずしい
すすめる	勧める	2	カン
すたれる	廃れる	6	ハイ

読み	漢字	回	ほかの読み方
ダ	駄	17	
ダ	打	26	うつ
タイ	滞	14	とどこおる
タイ	代	15	ダイ・かわる
タイ	怠	17	なまける・おこたる
タイ	耐	21	たえる
タイ	逮	24	
タイ	隊	25	
たえる	絶える	4	ゼツ
たえる	堪える	6	
たえる	耐える	6	タイ
たか（ざんだか）	残高	11	コウ・たかい
たがやす	耕す	3	コウ
たき	滝	10	
たく	炊く	1	スイ
タク	択	12	
タク	拓	16	
タク	託	16	
タク	沢	20	
タク	卓	20	
ダク	諾	16	
ダク	濁	29	にごる
たくみ	巧み	8	コウ
たくわえる	蓄える	2	チク
たけ	丈	9	ジョウ
たずさわる	携わる	6	ケイ
たずねる	尋ねる	2	
ただよう	漂う	5	
たつ	断つ	3	ダン・ことわる
ダツ	奪	25	うばう
ダツ	脱	26	ぬぐ
たて	縦	10	ジュウ
たて	盾	11	ジュン
たてまつる	奉る	6	ホウ
たな	棚	9	
たび	足袋	31	
たま	弾	11	ダン・ひく・はずむ
たましい	魂	9	
だまる	黙る	2	モク
たまわる	賜る	6	
たもつ	保つ	3	ホ
たれる	垂れる	6	スイ
タン	探	16	さぐる・さがす
タン	胆	17	
タン	淡	17	あわい
タン	誕	21	
タン	端	22	はし・は・はた
ダン	壇	20	
ダン	弾	25	ひく・はずむ・たま

ち

読み	漢字	回	ほかの読み方
チ	致	12	いたす
チ	痴	21	
チ	稚	23	
ちかう	誓う	1	
チク	蓄	27	たくわえる
ちち	乳	10	ニュウ
ちぢむ	縮む	1	シュク
チツ	窒	16	
チツ	秩	24	
チュウ	衷	16	
チュウ	抽	18	
チュウ	忠	21	
チュウ	虫	28	むし
チョ	緒	30	ショ
チョウ	徴	13	
チョウ	挑	15	いどむ
チョウ	丁	17	テイ
チョウ	腸	19	
チョウ	聴	19	きく
チョウ	鳥	28	とり
チョウ	彫	30	ほる
チン	沈	15	しずむ
チン	陳	23	

つ

読み	漢字	回	ほかの読み方
つ	津	10	
ツイ	対	22	タイ
ツイ	墜	26	
ついやす	費やす	3	ヒ
つかう（こづかい）	小遣い	11	ケン
つかえる	仕える	4	シ
つきる	尽きる	6	つくす

読み	漢字	回	ほかの読み方
つぐ	接ぐ	3	セツ
つぐ	継ぐ	5	ケイ
つくす	尽くす	5	つきる
つぐない	償い	9	ショウ
つくろう	繕う	5	ゼン
つける	漬ける	2	
つげる	告げる	4	コク
つつ	筒	9	トウ
つつしむ	謹む	5	
つな	綱	9	
つの	角	11	カク・かど
つのる	募る	4	ボ
つばさ	翼	11	
つむ	摘む	5	テキ
つゆ	露	10	ロ・ロウ
つゆ	梅雨	31	
つらなる	連なる	4	レン・つれる
つらぬく	貫く	5	カン
つる	釣る	2・11	

て

読み	漢字	回	ほかの読み方
テイ	底	14	そこ
テイ	抵	14	
テイ	訂	15	
テイ	呈	16	
テイ	丁	17	チョウ
テイ	邸	20	
テイ	体	21	タイ・からだ
テイ	廷	24	
テイ	堤	24	
テイ	帝	29	
テキ	摘	15	つむ
テキ	敵	25	
でこぼこ	凸凹	31	
テツ	徹	14	
テツ	哲	29	
テン	典	23	
テン	添	30	そう・そえる
デン	田	26	た
デン	殿	29	どの

と

読み	漢字	回	ほかの読み方
トウ	討	13	うつ
トウ	騰	16	
トウ	透	18	すく
トウ	陶	20	
トウ	棟	20	
トウ	糖	20	
トウ	読	23	ドク・よむ
トウ	逃	24	にげる・のがす
トウ	湯	24	ゆ
トウ	闘	25	
トウ	冬	28	ふゆ
ドウ	胴	19	
とうげ	峠	10	
とうとい	貴い	7	キ
とうとい	尊い	7	ソン・とうとぶ
とうとぶ	尊ぶ	3	ソン・とうとい
とく	説く	3	セツ
トク	徳	29	
トク	督	30	
とぐ	研ぐ	3	ケン
とげる	遂げる	6	
とどこおる	滞る	6	タイ
となえる	唱える	6	ショウ
となり	隣	11	リン
とびら	扉	10	
とぶ	跳ぶ	1	はねる
とぼしい	乏しい	7	ボウ
とみ	富	11	フ・とむ
とむ	富む	3	フ・とみ
とも	供	9	キョウ
ともなう	伴う	1	
とる	撮る	2	サツ
とん	問	11	モン・とう
ドン	鈍	17	にぶい

な

読み	漢字	回	ほかの読み方
なえ	苗	10	
ながめる	眺める	2	
なぐさめる	慰める	2	
なぐる	殴る	2	
なげく	嘆く	5	
なごやか	和やか	8	ワ・やわらげる
なごり	名残	31	
なさけ	情け	9	ジョウ
なだれ	雪崩	31	
ナッ	納	12	ノウ・おさめる

読み	漢字	回	ほかの読み方
なつかしい	懐かしい	7	なつく
なつく	懐く	5	なつかしい
ななめ	斜め	10	シャ
なまける	怠ける	2	タイ・おこたる
なまり	鉛	11	エン
なみ (つきなみ)	月並み	8	ヘイ・ならぶ・ならびに
なめらか	滑らか	8	カツ・すべる
なやましい	悩ましい	7	なやむ
ならう	倣う	1	ホウ
ならびに	並びに	8	ヘイ・なみ・ならぶ
なわ	縄	9	
ナン	軟	17	やわらかい

に

読み	漢字	回	ほかの読み方
ニ	児	19	ジ
にぎる	握る	2	アク
にごる	濁る	2	ダク
にせ	偽	11	ギ・いつわる
になう	担う	3	タン・かつぐ
ニョウ	尿	19	
ニョウ	女	21	ジョ・おんな
にる	煮る	2	
にわとり	鶏	10	
ニン	妊	19	
ニン	忍	21	

ぬ

読み	漢字	回	ほかの読み方
ぬう	縫う	1	
ぬかす	抜かす	3	バツ・ぬく
ぬぐ	脱ぐ	1	ダツ
ぬし (じぬし)	地主	9	シュ・おも
ぬま	沼	10	

ね

読み	漢字	回	ほかの読み方
ね	音	11	オン・おと
ネイ	寧	17	
ねばる	粘る	6	
ねる	練る	4	レン
ネン	燃	15	もえる

の

読み	漢字	回	ほかの読み方
ノウ	納	12	ナッ・おさめる
のがす	逃す	3	トウ・にげる
のせる	載せる	2	サイ
のぞむ	臨む	5	リン
のべ	延べ	11	エン・のびる

は

読み	漢字	回	ほかの読み方
は	刃	11	
は (はんぱ)	半端	11	タン・はし・はた
ハ	把	14	
ハイ	廃	14	すたれる
ハイ	排	15	
ハイ	肺	19	
ハイ	輩	21	
ハイ	俳	23	
ハイ	背	24	せ・せい・そむく
バイ	賠	24	
バイ	培	26	
バイ	梅	28	うめ
バイ	媒	30	
はえる	映える	4	エイ・うつす
はか	墓	10	ボ
はからう (みはからう)	見計らう	3	ケイ・はかる
はかる	図る	4	ズ・ト
はかる	諮る	6	
はく	吐く	1	
はく	履く	1	リ
ハク	白	15	しろい
ハク	薄	18	うすい
ハク	迫	25	せまる
ハク	舶	26	
ハク	拍	30	
バク	縛	16	しばる
バク	暴	16	ボウ・あばれる
バク	漠	28	
はげしい	激しい	7	ゲキ
はげます	励ます	1	レイ・はげむ
はげむ	励む	5	レイ・はげます
ばける	化ける	4	カ・ケ
はし	端	11	タン・は・はた

読み	漢字	回	ほかの読み方
はじ	恥	9	はじる・はじらう
はじらう	恥じらう	3	はじる・はじ
はじる	恥じる	4	はじ・はじらう
はずむ	弾む	5	ダン・ひく・たま
はた	旗	9	
はた（みちばた）	道端	10	タン・は・はし
はだか	裸	9	
ハチ	鉢	20	
はつ	初	11	ショ・はじめ
バツ	罰	24	
バツ	抜	28	ぬく・ぬかす
はて	果て	11	カ・はたす・はてる
はてる	果てる	4	カ・はたす・はて
はなはだ	甚だ	8	はなはだしい
はなはだしい	甚だしい	7	はなはだ
はなばなしい	華々しい	7	カ・はなやか
はなやか	華やか	8	カ・はなばなしい
はねる	跳ねる	2	とぶ
はばむ	阻む	5	ソ
はま	浜	10	
はやす	生やす	3	セイ・ショウ・いきる・いかす・いける・うまれる・き・なま
はらす（みはらし）	見晴らし	11	セイ・はれる
ハン	繁	16	
ハン	範	22	
ハン	班	23	
ハン	搬	26	
バン	盤	27	

ひ

読み	漢字	回	ほかの読み方
ヒ	秘	13	
ヒ	披	16	
ヒ	疲	19	つかれる
ヒ	避	24	さける
ヒ	肥	26	
ヒ	碑	29	
ビ	鼻	19	はな
ビ	微	22	
ひかえる	控える	6	コウ
ひきいる	率いる	4	ソツ・リツ
ひく	弾く	1	ダン・はずむ・たま
ひたす	浸す	5	シン
ヒツ	匹	25	ひき
ひびく	響く	1	キョウ
ひま	暇	11	カ
ひやかす	冷やかす	3	レイ・つめたい・ひえる・さめる
ヒョウ	票	25	
ヒョウ	氷	28	こおり
ビョウ	描	23	えがく
ひらたい	平たい	7	ヘイ・ビョウ・たいら
ヒン	貧	17	ビン・まずしい
ヒン	頻	18	
ビン	貧	17	ヒン・まずしい
ビン	敏	17	
ビン	瓶	20	

ふ

読み	漢字	回	ほかの読み方
フ	赴	16	おもむく
フ	腐	16	くさる
フ	扶	21	
フ	賦	27	
フ	浮	28	うく・うかぶ・うかべる
フ	譜	30	
ブ	侮	29	
ふえ	笛	9	
ふえる	殖える	2	ショク
ふかす（よふかし）	夜更かし	11	コウ・さら・ふける
フク	覆	24	おおう・くつがえす
フク	伏	28	
フク	腹	28	はら
ふくらむ	膨らむ	1	ボウ
ふける	更ける	4	コウ・さら・ふかす
ふける	老ける	4	ロウ・おいる
ふた	双	9	
ふだ	札	11	サツ

読み	漢字	回	ほかの読み方
ぶた	豚	10	
ふち	縁	10	エン
フツ	沸	16	わく・わかす
ブツ	仏	29	ほとけ
ふまえる	踏まえる	6	ふむ
ふむ	踏む	1・10	ふまえる
ふる (みぶり)	振る 身振り	2 9	シン
フン	奮	13	
フン	粉	20	こな・こ
フン	紛	25	まぎれる・まぎらわしい
フン	噴	28	
フン	憤	29	
フン	雰	30	

へ

読み	漢字	回	ほかの読み方
べ (はまべ)	浜辺	10	ヘン・あたり
ヘイ	塀	20	
ヘイ	並	22	なみ・ならぶ・ならびに
ヘイ	併	27	
ヘイ	幣	27	
へだてる	隔てる	2	カク
へび	蛇	11	ジャ
へる	経る	4	ケイ
ヘン	偏	21	かたよる
ヘン	遍	22	
ベン	弁	13	

ほ

読み	漢字	回	ほかの読み方
ホ	捕	24	とらえる・とる・つかまえる
ホ	舗	26	
ボ	模	13	モ
ボ	墓	21	はか
ボ	簿	23	
ホウ	奉	16	たてまつる
ホウ	抱	16	だく・いだく・かかえる
ホウ	倣	16	ならう
ホウ	褒	21	ほめる
ホウ	砲	24	
ホウ	崩	24	くずす
ホウ	邦	25	
ホウ	胞	28	
ホウ	飽	28	あきる・あくまで
ホウ	封	29	フウ
ボウ	冒	14	
ボウ	妨	16	さまたげる
ボウ	乏	17	とぼしい
ボウ	忙	17	いそがしい
ボウ	膨	18	ふくらむ
ボウ	肪	19	
ボウ	剖	19	
ボウ	房	20	
ボウ	紡	26	
ほうむる	葬る	6	ソウ
ほがらか	朗らか	8	ロウ
ボク	朴	18	
ボク	目	21	モク・め
ボク	僕	21	
ボク	牧	26	
ほこる	誇る	6	コ
ホツ	発	19	ハツ
ボツ	没	15	
ほどこす	施す	5	シ
ほめる	褒める	2	ホウ
ほる	掘る	2	クツ
ほる	彫る	2	チョウ
ほろびる	滅びる	6	メツ
ホン	翻	23	
ボン	凡	18	
ボン	盆	28	

ま

読み	漢字	回	ほかの読み方
マ	魔	18	
マ	麻	19	あさ
マ	摩	28	
マイ	埋	26	うめる
まう	舞う	3	ブ
まかなう	賄う	5	
まぎらわしい	紛らわしい	7	フン・まぎれる
まぎれる	紛れる	6	フン・まぎらわしい
マク	膜	28	
マク	幕	30	

読み	漢字	回	ほかの読み方
ユウ	雄	29	おす
ゆえ	故	8	コ
ゆずる	譲る	2	ジョウ
ゆみ	弓	11	
ゆらぐ	揺らぐ	5	ヨウ・ゆれる
ゆるい	緩い	7	カン・ゆるやか・ゆるめる
ゆるめる	緩める	6	カン・ゆるい・ゆるやか
ゆるやか	緩やか	8	カン・ゆるい・ゆるめる
ゆれる	揺れる	2	ヨウ・ゆらぐ

よ

読み	漢字	回	ほかの読み方
ヨ	誉	21	
ヨ	預	27	あずける
よい	良い	7	リョウ
よう	酔う	1	スイ
ヨウ	揺	16	ゆれる・ゆらぐ
ヨウ	溶	28	とける
ヨウ	謡	30	
ヨク	抑	16	おさえる
よしあし	善しあし	9	ゼン
よめ	嫁	9	

ら

読み	漢字	回	ほかの読み方
ラク	酪	26	
ラン	覧	13	
ラン	濫	16	
ラン	欄	22	

り

読み	漢字	回	ほかの読み方
リ	痢	19	
リ	里	21	
リ	履	27	はく
リキ	力	30	リョク・ちから
リョ	慮	14	
リョ	虜	25	
リョウ	良	13	よい
リョウ	寮	20	
リョウ	僚	25	
リョウ	糧	26	
リョウ	陵	28	
リン	隣	22	となり
リン	臨	26	のぞむ
リン	倫	29	

れ

読み	漢字	回	ほかの読み方
レイ	励	16	はげむ・はげます
レイ	零	22	
レイ	霊	29	
レキ	暦	22	こよみ
レツ	裂	16	さく
レツ	烈	18	

ろ

読み	漢字	回	ほかの読み方
ロ	露	16	ロウ・つゆ
ロウ	露	16	ロ・つゆ
ロウ	廊	20	
ロウ	朗	23	ほがらか
ロウ	浪	27	

わ

読み	漢字	回	ほかの読み方
わ	我	8	ガ・われ
わかい	若い	9	ジャク・もしくは
わく	枠	10	
ワク	惑	14	まどう
わざ	技	11	ギ
わずらわしい	煩わしい	7	
わるい	悪い	9	アク
われ	我	9	ガ・わ

著者
石井怜子
青柳方子　　淑徳日本語学校、てくてく日本語教師会
大野純子　　公益財団法人アジア学生文化協会　日本語コース
木村典子
斎藤明子　　フジ国際語学院
塩田安佐　　学校法人長沼スクール　東京日本語学校
鈴木英子　　国際善隣学院、てくてく日本語教師会
松田直子
岑村康代
村上まさみ　早稲田大学日本語教育研究センター、一橋大学国際教育センター、
　　　　　　神奈川県立国際言語文化アカデミア
守屋和美　　亜細亜友之会外語学院
山崎洋子　　学校法人長沼スクール　東京日本語学校

装幀・本文デザイン
糟谷一穂

イラスト
柴野和香

新完全マスター漢字　日本語能力試験Ｎ１

2010年10月12日　初版第１刷発行
2019年２月22日　第 10 刷 発 行

著　者　石井怜子　青柳方子　大野純子　木村典子　斎藤明子
　　　　塩田安佐　鈴木英子　松田直子　岑村康代　村上まさみ
　　　　守屋和美　山崎洋子
発行者　藤嵜政子
発　行　株式会社　スリーエーネットワーク
　　　　〒102-0083　東京都千代田区麹町３丁目４番トラスティ麹町ビル２Ｆ
　　　　電話　　営業　03(5275)2722
　　　　　　　　編集　03(5275)2725
　　　　http://www.3anet.co.jp/
印　刷　松澤印刷株式会社

ISBN978-4-88319-546-6 C0081
落丁・乱丁本はお取替えいたします。

■ 新完全マスターシリーズ

●新完全マスター漢字
日本語能力試験N1
1,200円+税　〔ISBN978-4-88319-546-6〕
日本語能力試験N2（CD付）
1,400円+税　〔ISBN978-4-88319-547-3〕
日本語能力試験N3
1,200円+税　〔ISBN978-4-88319-688-3〕
日本語能力試験N3 ベトナム語版
1,200円+税　〔ISBN978-4-88319-711-8〕

●新完全マスター語彙
日本語能力試験N1
1,200円+税　〔ISBN978-4-88319-573-2〕
日本語能力試験N2
1,200円+税　〔ISBN978-4-88319-574-9〕
日本語能力試験N3
1,200円+税　〔ISBN978-4-88319-743-9〕
日本語能力試験N3 ベトナム語版
1,200円+税　〔ISBN978-4-88319-765-1〕

●新完全マスター読解
日本語能力試験N1
1,400円+税　〔ISBN978-4-88319-571-8〕
日本語能力試験N2
1,400円+税　〔ISBN978-4-88319-572-5〕
日本語能力試験N3
1,400円+税　〔ISBN978-4-88319-671-5〕
日本語能力試験N3 ベトナム語版
1,400円+税　〔ISBN978-4-88319-722-4〕
日本語能力試験N4
1,200円+税　〔ISBN978-4-88319-764-4〕

●新完全マスター単語
日本語能力試験N2 重要2200語
1,600円+税　〔ISBN978-4-88319-762-0〕
日本語能力試験N3 重要1800語
1,600円+税　〔ISBN978-4-88319-735-4〕

●新完全マスター文法
日本語能力試験N1
1,200円+税　〔ISBN978-4-88319-564-0〕
日本語能力試験N2
1,200円+税　〔ISBN978-4-88319-565-7〕
日本語能力試験N3
1,200円+税　〔ISBN978-4-88319-610-4〕
日本語能力試験N3 ベトナム語版
1,200円+税　〔ISBN978-4-88319-717-0〕
日本語能力試験N4
1,200円+税　〔ISBN978-4-88319-694-4〕
日本語能力試験N4 ベトナム語版
1,200円+税　〔ISBN978-4-88319-725-5〕

●新完全マスター聴解
日本語能力試験N1（CD付）
1,600円+税　〔ISBN978-4-88319-566-4〕
日本語能力試験N2（CD付）
1,600円+税　〔ISBN978-4-88319-567-1〕
日本語能力試験N3（CD付）
1,500円+税　〔ISBN978-4-88319-609-8〕
日本語能力試験N3 ベトナム語版（CD付）
1,500円+税　〔ISBN978-4-88319-710-1〕
日本語能力試験N4（CD付）
1,500円+税　〔ISBN978-4-88319-763-7〕

■読解攻略！ 日本語能力試験 N1レベル
1,400円+税
〔ISBN978-4-88319-706-4〕

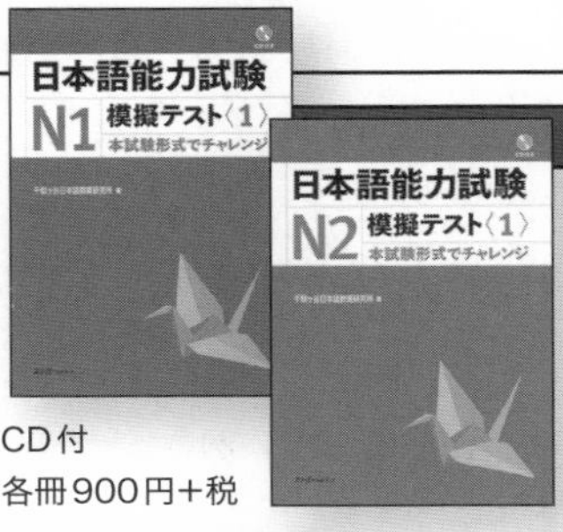

CD付
各冊900円+税

■ 日本語能力試験模擬テスト

●日本語能力試験N1 模擬テスト
〈1〉〔ISBN978-4-88319-556-5〕
〈2〉〔ISBN978-4-88319-575-6〕
〈3〉〔ISBN978-4-88319-631-9〕
〈4〉〔ISBN978-4-88319-652-4〕

●日本語能力試験N2 模擬テスト
〈1〉〔ISBN978-4-88319-557-2〕
〈2〉〔ISBN978-4-88319-576-3〕
〈3〉〔ISBN978-4-88319-632-6〕
〈4〉〔ISBN978-4-88319-653-1〕

スリーエーネットワーク
ウェブサイトで新刊や日本語セミナーをご案内しております。
http://www.3anet.co.jp/

新完全マスター漢字
日本語能力試験 N1

別冊（べっさつ）

スリーエーネットワーク

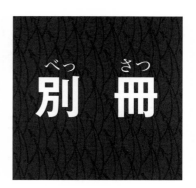

テストの解答

第1回

I　①3　②2　③1　④4　⑤4　⑥3　⑦2

II　a　いたす　b　ともなう　d　したがう
e　ちかう　f　くりかえす
①f　②e　③d　④b

III　①b　あって　②a　かわいたら　③a　さし
④a　はいて

IV　①踏む（ふむ）　②誘った（さそった）
③飼う（かう）　④脱いで（ぬいで）
⑤弾ける（ひける）

V　a　うち　b　あつかって　c　よって
d　さわいだ　e　えがいて　f　くるった

第2回

I　①1　②2　③3　④2　⑤2　⑥2　⑦4

II　a　すすめる　b　かねる　c　もぐる
d　なぐさめる　e　ゆれる　f　とる
①b　②d　③a　④e　⑤f

III　①a　ふえて　②b　のった

IV　①納めた（おさめた）　②褒める（ほめる）
③攻める（せめる）　④飽きない（あきない）
⑤怠けて（なまけて）

V　a　めぐって　b　たくわえた
c　くわだてて　d　うったえられる
e　さけられない　f　おとって
g　すきとおって　h　にごって

第3回

I　①2　②2　③4　④3　⑤3　⑥4　⑦3

II　a　ついやす　b　こころざす　c　すずむ
d　とく　e　いとなむ　f　めす
①a　②e　③c　④d　⑤b

III　①富（とんだ）　②導（みちびく）
③築（きずいた）　④担（になう）
⑤養（やしなう）

IV　a　おった　b　まけて　c　あぶない
d　あやぶまれる　e　あるく　f　あゆみ
g　にげる　h　のがして　i　たった
j　ことわる　k　いかす　l　なま

第4回

I　①3　②2　③2　④2　⑤1　⑥4　⑦4

II　a　もうける　b　つのる　c　あやまる
d　やわらげる　e　うかる　f　あげる
①a　②b　③d　④e　⑤f

III　①省（かえりみる）　②乱（みだれて）
③告（つげる）　④練（ねって）
⑤敗（やぶれた）

IV　a　おとずれた　b　たずねた
c　こころみ　d　ためし　e　まさって
f　かつ　g　おいた　h　ふけた
i　まじわって　j　かわす　k　はえる
l　うつって

第5回

I　①4　②4　③4　④4　⑤2　⑥2　⑦3

II　a　つくす　b　つむ　c　おかす　d　なつく
e　うながす　f　うるおう
①f　②e　③c　④a　⑤b

III　①a　おびやかされる　②b　はげます
③a　のぞんで

IV　a　ゆらいだ　b　つらぬいた
c　なげいても　d　あおいだ
e　くつがえす　f　したわれて
g　おしまれ　h　おもむいた　i　よりそい
j　ひたして　k　まかなって

第6回

I　①3　②2　③4　④2　⑤4　⑥1　⑦2
⑧3　⑨1

II　a　きたえる　b　とげる　c　ひかえる
d　たえる　e　ほこる　f　たずさわる
①f　②a　③b　④c　⑤d

III　①a　そまって　②a　おこたる
③a　つきた

IV　a　おとろえて　b　ほろびた　c　すたれて
d　くちた　e　さえぎって　f　あせる
g　さとった　h　はかる　i　たまわりたい
j　かけて　k　かかげ　l　となえ
m　おさえて　n　いためた

第7回

Ⅰ ①2 ②3 ③2 ④4 ⑤1 ⑥3 ⑦1 ⑧1

Ⅱ ①良く（よく） ②激しい（はげしい） ③寂しい（さびしい） ④臭い（くさい） ⑤尊い（とうとい）

Ⅲ ①g すっぱい ②h さわがしい ③b こころよい ④f くわしい ⑤a きびしい ⑥c ゆるい

Ⅳ a あやうく b かたい c しぶい d あらい e おしい

第8回

Ⅰ ①1 ②2 ③3 ④1 ⑤3 ⑥3 ⑦3 ⑧2

Ⅱ ①d ならびに ②a すでに ③c かりに ④d わすれがたい ⑤a かいがんぞい ⑥c わがこ

Ⅲ ①哀れな（あわれな）
②和やかな（なごやかな）
③速やかに（すみやかに）
④健やかな（すこやかな）
⑤朗らかな（ほがらかな）

第9回

Ⅰ ①(1)1 (2)3 ②2 ③3 ④(1)1 (2)2 ⑤(1)2 (2)3 ⑥3

Ⅱ a くせ b たな c はじ d きず e くさり f かがみ
①a ②e ③f ④d ⑤c

第10回

Ⅰ ①(1)1 (2)3 (3)3 ②(1)3 (2)4 ③4 ④(1)2 (2)2 (3)2 ⑤1 ⑥3 ⑦3

Ⅱ ①きり e ②しも a ③しお d ④とうげ f

第11回

Ⅰ ①(1)2 (2)2 ②3 ③2 ④(1)3 (2)4 ⑤1 ⑥(1)4 (2)2

Ⅱ ①えもの c ②よふかし d ③さかり a

第12回

Ⅰ ①4 ②3 ③1 ④4 ⑤1 ⑥2 ⑦4

Ⅱ ①2 ②2 ③3

Ⅲ ①充実（じゅうじつ） ②休憩（きゅうけい） ③記憶（きおく） ④納得（なっとく） ⑤掲示（けいじ）

Ⅳ ①3 ②2

Ⅴ a くっせつ b おうえん c ぶんせき d ほうしゃせい e えいきょう f きゅうげき g ちゅうけい h じゅんかん

第13回

Ⅰ ①3 ②3 ③3 ④2 ⑤4 ⑥2

Ⅱ ①3 ②4

Ⅲ ①視（c しや d してん）
②創（e そうりつしゃ f どくそうてき）
③免（g めんきょ h まぬかれて）
④裁（i さばかれ j せいさい）

Ⅳ ①4 ②2

Ⅴ a だいきぼ b もけい c こうふん d よきょう e こんきょ f しょうこ g そざい h すばらしい

第14回

Ⅰ ①4 ②2 ③2 ④3 ⑤3 ⑥3 ⑦4 ⑧3

Ⅱ ①4 ②1

Ⅲ ①悪（a わるく b あっか）
②革（c かくめい d かいかく）
③荒（e あれて f こうはい）
④徹（g てつや h てっした）

Ⅳ ①4 ②2

Ⅴ a じまん b かいさい c はいりょ d ほうき e ぼうけん f めんじょ

第15回

Ⅰ ①1 ②4 ③3 ④2 ⑤2 ⑥4 ⑦4

Ⅱ ①1 ②1 ③4

Ⅲ ①指摘（してき） ②挑戦（ちょうせん） ③獲得（かくとく） ④訂正（ていせい）

Ⅳ ①3 ②1

Ⅴ a はいじょ b だとう c べんしょう

d ちんもく　e じょうほ

第16回

Ⅰ　①4　②3　③2　④2　⑤3　⑥2　⑦4
⑧1　⑨4　⑩4　⑪2

Ⅱ　①3　②1　③1

Ⅲ　①探検（たんけん）　②還元（かんげん）
③破裂（はれつ）　④承諾（しょうだく）

Ⅳ　①1　②2

Ⅴ　a そし　b はんえい　c せっちゅう
d ふはい　e かいたく　f すいたい

第17回

Ⅰ　①1　②1　③2　④1　⑤1　⑥2　⑦2
⑧4

Ⅱ　①3　②2　③1

Ⅲ　①優秀（ゆうしゅうで）　②愉快（ゆかいな）
③頑固（がんこだ）　④多忙（たぼうな）
⑤丈夫（じょうぶで）

Ⅳ　a びんぼう　b ひんじゃく
c ほうちょう　d ていねい
e じゅうなん　f せいじつ　g だいたん
h けいかい　i やっかい

第18回

Ⅰ　①2　②3　③1　④1　⑤2　⑥2　⑦2
⑧2

Ⅱ　①4　②4

Ⅲ　①鮮（しんせん）　②重（きちょう）
③気（むじゃき）　④命（けんめい）

Ⅳ　①1　②4

Ⅴ　a げんじゅう　b はんじょう
c とつじょ　d きゅうくつ　e あくま
f ひさん　g そくざ　h きょういてき
i さいく　j けねん

第19回

Ⅰ　①1　②1　③3　④2　⑤3　⑥4　⑦1

Ⅱ　①2　②3

Ⅲ　①汚（おせん）　②労（ひろう）
③眠（すいみん）　④講（ちょうこう）

Ⅳ　①1　②1

Ⅴ　a かんじゃ　b せっしゅ　c しせい
d にんしんちゅう　e しかいいん
f げねつ　g しょうにか　h ようじ
i しぼう　j ますい　k さいきん

第20回

Ⅰ　①2　②2　③2　④1　⑤4　⑥2　⑦2
⑧4　⑨2　⑩3

Ⅱ　①4　②2

Ⅲ　①3　②3

Ⅳ　a げんかん　b しゅうぜん　c かんづめ
d いしょう　e けしょう　f せん
g しょさい　h せんぷうき
i けいこうペン　j ビールびん
k せんざい

第21回

Ⅰ　①4　②3　③3　④3　⑤1　⑥1　⑦4
⑧3　⑨3

Ⅱ　①1　②3

Ⅲ　①誕生（たんじょう）　②先輩（せんぱい）
③余暇（よか）　④優越（ゆうえつ）
⑤忍耐（にんたい）

Ⅳ　①3　②3

Ⅴ　a ていさい　b きょうぐう
c じょうだん　d しんし　e せいじゅく
f ぼく　g おじょうさん

第22回

Ⅰ　①4　②1　③2　④2　⑤4　⑥3　⑦2
⑧1　⑨1　⑩3

Ⅱ　①2　②2　③2

Ⅲ　①圏（しゅとけん）　②網（はんばいもう）
③旬（げじゅん）　④欄（とうしょらん）

Ⅳ　①1　②2

Ⅴ　a きょり　b ゆいいつ　c けいい
d へいこう　e れいてん　f 21せいき
g 6かしょ

第23回

Ⅰ　①3　②4　③3　④2　⑤3　⑥3　⑦3
⑧3　⑨2　⑩4　⑪1

Ⅱ　①1　②2

Ⅲ　①専攻（せんこう）　②掲載（けいさい）
③模擬（もぎ）　④基礎（きそ）
⑤奨学金（しょうがくきん）

Ⅳ ①1 ②2

Ⅴ a めいぼ b ねんがん c てんけい
d けんい e くとうてん f ずいぶん
g けっさく h さくいん i ようし
j げんこう

第24回

Ⅰ ①4 ②(1)4 (2)2 (3)1 ③2 ④1
⑤1 ⑥3 ⑦2

Ⅱ ①3 ②1

Ⅲ ①犠牲（ぎせい） ②共鳴（きょうめい）
③避難（ひなん） ④反撃（はんげき）

Ⅳ ①4 ②1

Ⅴ a そうおん b そしょう c はかい
d はいけい e ちつじょ f けい
g じゅう h ぎぞう i たいほ

第25回

Ⅰ ①4 ②1 ③2 ④1 ⑤(1)1 (2)4
⑥3 ⑦2 ⑧2

Ⅱ ①3 ②2 ③2

Ⅲ ①投票（とうひょう） ②侵入（しんにゅう）
③福祉（ふくし） ④実施（じっし）

Ⅳ ①4 ②1

Ⅴ a きょうはく b どうめい c ないかく
d せんきょけん e ふんしつ
f ひってき g はけん h こうせい

第26回

Ⅰ ①3 ②1 ③2 ④(1)3 (2)4
⑤(1)3 (2)3 ⑥2

Ⅱ ①3 ②3

Ⅲ ①料（a ひりょう b ねんりょう）
②急（c きんきゅう d おうきゅう）
③時（e りんじ f じこくひょう）
④装（g ほそう h ほうそう）

Ⅳ ①4 ②2

Ⅴ a だったい b しょくりょう
c きょうさく d しゅっか e だげき
f でんえん

第27回

Ⅰ ①3 ②4 ③1 ④2 ⑤4 ⑥2 ⑦2
⑧3 ⑨2

Ⅱ ①3 ②1 ③2

Ⅲ ①益（a ゆうえき b しゅうえき）
②企（c きかく d きぎょう）
③需（e じゅよう f ひつじゅひん）
④宣（g せんげん h せんでん）

Ⅳ ①4 ②3

Ⅴ a よゆう b けっかん c そしき
d けいやく

第28回

Ⅰ ①4 ②1 ③1 ④2 ⑤1 ⑥4 ⑦1
⑧3 ⑨4 ⑩1

Ⅱ ①4 ②2 ③2

Ⅲ ①氷河（ひょうが） ②暑中（しょちゅう）
③山脈（さんみゃく） ④全滅（ぜんめつ）

Ⅳ a しいく b じゅりつ c ちょうじゅう
d さんがく e とうみん f かんれい
g まさつ h ふんしゅつ i がんせき

第29回

Ⅰ ①2 ②4 ③2 ④(1)4 (2)3
⑤(1)1 (2)2 ⑥(1)2 (2)3 ⑦2
⑧(1)2 (2)1 ⑨1

Ⅱ ①2 ②2

Ⅲ ①a りんり ②a おん ③b ふんしつ

Ⅳ ①孤立（こりつ） ②英雄（えいゆう）
③宗教（しゅうきょう） ④追跡（ついせき）

Ⅴ a しんせいな b しんこうしん
c ぶじょく d てつがく e めいしょう
f じごく

第30回

Ⅰ ①2 ②1 ③3 ④3 ⑤4 ⑥4 ⑦1
⑧1 ⑨3 ⑩4

Ⅱ ①2 ②1

Ⅲ ①a まく ②b しゅし

Ⅳ ①添付（てんぷ） ②拍手（はくしゅ）
③演奏（えんそう） ④楽譜（がくふ）

Ⅴ a ぎきょく b きげき c がっしょう
d しきさい e しゅくが f かようきょく

第31回

Ⅰ ①3 ②4 ③4 ④2 ⑤1 ⑥2 ⑦1
⑧2 ⑨1

Ⅱ　a　いなか　b　かぜ　c　おまわりさん
　d　ここち　e　さしつかえ　f　でこぼこ

模擬問題

第１回

[1] 4　[2] 3　[3] 1　[4] 4　[5] 3　[6] 2　[7] 1
[8] 1　[9] 4　[10] 1　[11] 4　[12] 4　[13] 1　[14] 3
[15] 2

第２回

[1] 4　[2] 3　[3] 2　[4] 4　[5] 1　[6] 3　[7] 1
[8] 4　[9] 3　[10] 2　[11] 3　[12] 2　[13] 4　[14] 4
[15] 3

第３回

[1] 2　[2] 2　[3] 4　[4] 2　[5] 2　[6] 3　[7] 3
[8] 2　[9] 3　[10] 3　[11] 1　[12] 1　[13] 2　[14] 1
[15] 1

第４回

[1] 2　[2] 2　[3] 3　[4] 1　[5] 3　[6] 3　[7] 2
[8] 4　[9] 1　[10] 3　[11] 1　[12] 1　[13] 4　[14] 3
[15] 4

第５回

[1] 3　[2] 2　[3] 2　[4] 4　[5] 2　[6] 4　[7] 2
[8] 2　[9] 3　[10] 4　[11] 4　[12] 1　[13] 4　[14] 4
[15] 2

チャレンジ　漢字の意味

1．①(1)B　さんしゅつ　(2)B　めいさん
　(3)C　しさん　(4)A　さんご
②(1)A　しゅくじ　(2)B　じたい
　(3)B　じにん
③(1)B　じゅうしん　(2)B　えんしんりょく
　(3)C　しんぱくすう　(4)A　しんちゅう
④(1)A　じゅうりょく
　(2)C　じゅうふく（ちょうふくも可）
　(3)B　じゅうてん　(4)A　かじゅう
⑤(1)D　ちゃっこう　(2)C　ちゃくしょく
　(3)B　せんちゃく　(4)B　ちゃくせき
　(5)A　ちゃくよう

2．①2　②1　③3　④1　⑤(1)3　(2)3
　⑥1　⑦2

チャレンジ　読解

Ⅰ　②a　職場の人や友人　b　家族
③1　すいい　2　げんしょうけいこう
⑤○は1，2，5
⑥1　かんこうちょう　2　しゅりゅう
　3　じゃくねんそう　4　せつやくしこう
　5　はんげん　6　したび　7　きはく

Ⅱ　②a　温水洗浄(せんじょう)便座（進化したトイレ）
　b　環境（エコ）　c　浪費
③1　ろうひ　2　しゅっか　3　おんすい
　4　ないかくふ　5　おうべい
　6　ようしき
⑤○は1，3，4，6
⑥1　いちいん　2　せっすい　3　びぞう
　4　れんしゃ　5　たいきでんりょく
⑦1　住宅／設備／機器／メーカー
　2　温水／洗浄(せんじょう)／便座／付き／トイレ
　3　超／新型（超／新／型）
　4　環境／戦略／部長
　5　全／消費／電力

Ⅲ　②a　くらしやすい　b　技術　c　色
　d　音声（声）
③目が見えない人（意味が合っている表現ならよい）
⑤1　視覚障害者　障害者　高齢者
　色弱(しきじゃく)の人　視力を失った（浅川さん）
　2　健常者　若者
⑥障害を持つ技術者
⑦a　視覚障害者　b　障害者　c　健常者
　d　ユニバーサル・デザイン
⑨3
⑩障害者（聴覚障害者）の仕事が減ってしまったこと
⑪1　じゅしょう　2　おんせい
　3　ちょうかく　4　しえん　5　てだすけ

教師用手引き

1．本書の目標

本書の目標は次の力を身につけることである。

①Ｎ１レベルまでの語[1]のうちで、通常漢字で表記される語[2]を読んだり、一部は書いたりするのに必要な漢字力

②本書を通じて習得される漢字力を、未知語の読みと理解に応用できる運用力

③本書を通じて習得される漢字語[3]に接辞的に働く漢字をつけたり、他の漢字語と組み合わせて複合語を作ったりすることができる運用力

2．本書の学習の範囲

本書で学習する漢字の範囲は、次の通りである。

①Ｎ１レベルの常用漢字 880 字[4]のうち、Ｎ１レベルまでの語を表記するのに必要な漢字 677 字、及びその読み方

②Ｎ２レベルの漢字の『新完全マスター漢字　日本語能力試験Ｎ２』で扱わなかった読み方[5]

3．学習の進め方と使い方

⑴全体の学習の流れ

第１部の訓読みから始めて、第２部音読み・特別な読み方に進む。第１部の訓読みで漢字の意味の理解をしながら基礎を作り、その上に第２部の音読みで漢字語彙を積み上げる。

⑵各回の学習

まず学習のページにある練習問題と漢字リストを使って漢字とその語彙を学習し、その上でテストにより定着したかを確認する。テストは教室で一緒に練習してもよい。

Ｎ１レベルになると、未習語が増えかつ語の理解が難しいため、学習のページで漢字と語の理解を深められるようにした。

テストは、原則としてその回の範囲から出題している。ただし、第２部音読みでは、漢字リストにはないが、そこまでの漢字の音読みの知識と音変化のルールを知っていれば読める語も、少数だが出題してある。これは、前述の目標②に沿うものである。

なお、学習のページの漢字リストは、「第１部訓読み」と「第２部音読み」では、掲載した語の扱いが以下のように異なっているので、指導の際留意されたい。

第１部訓読みの漢字リストの見出し語は、訓読みの学習に必要な基本的な語とした。派生語、関連語等については次のようにした。

①動詞：自動詞・他動詞があるものは一方を見出し語とし、他方を例文の後に載せた[6]。派生語（「扱う」の「扱い」など）は、文法知識によって理解が可能であるので、省略した。複合動詞は載せていない。

②名詞、形容詞：複合語は、意味が類推できるものについては例文の後に載せ、それ以外は載せていない。

③リストに載せなかった語については、最後に参考資料として一覧が載せてある。これらは、訓読みの知識を使って読むことは可能であっても、意味・用法は別途学習が必要であると考えられる。教

えるかどうかは、学習者の状況に応じて適宜判断されたい。

第２部音読みの漢字リストに載せてある語は、学習対象漢字を使った語で、Ｎ１レベルで必要と考えられる語である。これ以上に拡張して教えることは、多くの学習者にとっていたずらに負担を増やすことになりかねない。むしろ、学習の段階で漢字の音読みとリストの語をしっかり学び、未知語に出合ったときに持てる知識を応用できるようにすることを目指してほしい。音読みの漢字リストには、既習の訓読みをつけた。ただし、類推が可能なものは省略した。個々の漢字の音訓の確認は、これを利用していただきたい。

⑶その他

広がる広げる漢字の知識

ここでは、主に目標の②と③の運用力に必要な知識を紹介し、練習をする。

模擬問題

学習の総まとめと実力の確認のためのテストである。能力試験の形式にのっとった訓読み、音読み、熟字訓の読み方と、語形成の問題から成っている。

チャレンジ

「漢字の意味」は、漢字の意味に注意を向けることを目的とした練習と、漢字語の意味推測の手掛かりの一つである文脈に注意を向ける態度を養うための練習である。「読解」は、現実場面の読む活動に本書で身につけた漢字力を生かすことを意図した練習である。

本書全体とこれらの練習を通じて、新しい日本語能力試験が求める「コミュニケーション上の課題を遂行する能力」につながる漢字力が養われることを願っている。

---

[1] 本書では、「日本語能力試験 出題基準」（1994 年公開、2002 年改訂）の１級語彙表をもとに、必要度や難易度の調査に基づいて調整を加えたものを、Ｎ１レベルの語彙としている。

[2] 本書では、「通常漢字で表記される語」の基準として、『現代国語表記辞典　第二版』の「標準的な現代表記」、「両様の形が行われているほかの表記」、「公用文や新聞で用いている別の形」を用いる。

[3] 本書では、音読みの熟語だけでなく、表記のすべてまたは一部に漢字が含まれる訓読みの語といわゆる熟字訓の言葉を含めて「漢字語」としている。

[4] 常用漢字 1945 字の中から、Ｎ２レベルの漢字 1046 字と、「日本語能力試験 出題基準」で除外字とされた 19 字（翁、虞、嚇、且、侯、勺、爵、薪、帥、錘、畝、銑、但、脹、朕、奴、婆、匁、隷）を除いた残りの漢字である。

[5] Ｎ２レベルの漢字だが、それが作る語がＮ１レベルのものなど（例：「負」の読み「おう」）がこれに当たる。

[6] 自動詞・他動詞の区別は、『新明解国語辞典　第五版』による。

手引きの見方

太字　：その回で学習する漢字または漢字の語
□　　：その語・漢字が提出されている回
下線　：注意を要する部分
×　　：誤りやすい字
特に表示がないものは、Ｎ２で学習済み

第１部　訓読み

訓読みは品詞別にし、さらに動詞は語と漢字の難しさによるレベル別、形容詞は語の形、名詞は分野別で構成した。学習は動詞Ａレベルから始めるが、学習者の状況によっては動詞Ｂ、Ｃレベル（第３～６回）が難しいこともある。その場合は、身近な名詞を先に学習してもよい。

複数の訓読みがある漢字については、学習する回の一覧表を Web で提供している。また、同訓異義語についてもまとめを Web で提供している（URL：http://www.3anet.co.jp/ukky/shinkanzen_k_n1.html)。それぞれ必要に応じて復習に活用されたい。

なお、他の回で学習する関連語、及び学習ページのリストに載せてない関連語や複合語等については、最後（p.19）に表にまとめて示す。複合語などの学習は、学習者の状況に応じて判断されたい。また、以下の動詞は動詞Ｂレベルに相当するが、既習語から類推可能と考えられるため、第３、４回を通じて省いた。

自他の一方から類推：荒らす、改まる、埋まる、植わる、遅らす、治まる、収まる、欠く、傾ける、備わる、務まる、慣らす、震わせる、負かす、満たす、休める

「～せる→～す」の形：合わす、済ます、悩ます、任す

形容詞から類推：固める、親しむ、高まる、強まる、鈍る、早める、広まる、深める、丸める、弱る

名詞から類推：束ねる

第１回

第１回と第２回は、漢字はＮ１レベルだが、語としてはＮ２レベルの動詞を学習する。多くは学習者が既に語としては知っており、また日常生活でもよく使われるものであるので、読み方中心に学習する。一部の未習と考えられる語は、例文とともに意味も理解できるようにする。

［留意点］

(1)アクセント、特に**飼う**などの２拍の語に注意し、声に出して覚える。

(2)「繰る」は、複合語の**繰り返す**を学習する。

第２回

［留意点］

(1)「～に**至る**」「～を**巡る**」「～に～を**譲る**」は助詞に注意する。

(2)「透く」は複合語の**透き通る**を学習する。

第３回

第３回と第４回は、漢字はＮ２レベル以下だが、語としてはＮ１レベルの動詞を学習する。既習漢字であるが、語としては難しいので、意味・用法を押さえる。

［留意点］

(1)学習のページⅡは、同じ字の既習音読みの復習も兼ねている。

(2)読み方が複数あるものは、他の訓読みを参考にしてよく確認し、意味・用法の違いも理解しておく。**逃す**と「逃がす」は送り仮名の違いにも注意。

(3)「～に**背く**」「～に**富む**」は助詞に注意。

(4)「計らう」は複合語の**見計らう**を学習する。

(5)**抜かす、冷やかす、恵む**の意味に注意。**冷やかす**は平仮名で書かれることも多い。

第４回

［留意点］

「～に～を**強いる**」「～に**値する**」は助詞に注意。

第５回

第５回と第６回は、漢字と語がともにＮ１レベルの動詞を学習する。学習者にとってかなりの漢字と語が未習でかつ字形が難しいというだけでなく、抽象語、ニュアンスが複雑な語が増えるので、読み方・意味を例文とともにしっかり覚える。

［留意点］

(1)「～に**懐く**」「～に**挑む**」「～に**凝る**」の助詞に

注意。特に「～に**臨む**」「～を望む」は助詞を間違えやすい。

(2)**脅す、脅かす**は「脅かす1」とともに読み方、送り仮名、意味の違いをここで復習する。

(3)**添う**は「付き**添う**」「寄り**添う**」など、**継ぐ**は「受け**継ぐ**」「引き**継ぐ**」などの複合動詞の形で使用されることが多いことに触れたほうがよい。「受け**継ぐ**」はテストで出題しているが、意味が分かれば選ぶのは難しくない。

第6回

動詞の最後の回。

［留意点］

(1)同訓異義語は、**障る、諮る**の意味、**顧みる**と「省みる4」、**堪える**と**耐える**の違いに注意する。

(2)**懲りる**と「凝る5」も間違えやすい語。

(3)「締まる」は複合語の**取り締まる**を学習する。

(4)この回で、動詞の同訓異義語、他の訓読みの復習をするとよい。

第7回

「い形容詞」を学習する。意味が理解しにくい語もあるので、例文と問題で意味・用法の理解を図る。

［留意点］

(1)送り仮名に注意。関連する動詞がＩグループの場合、活用するところから送るのが基本だが、例外もある。

(2)**粗い**と「荒い」、**堅い**と「固い、硬い」、**尊い**と**貴い**は意味の違い・用法にも注意する。

(3)以下のものは、動詞との意味の違いに注意。**惜しい**－惜しむ5、**悔しい**－悔やむ1、**懐かしい**－懐く5、**悩ましい**－悩む、**慌ただしい**－慌てる2、**紛らわしい**－紛れる6（**尊い**－尊ぶ3、**緩い**－緩める6、**騒がしい**－騒ぐ1は動詞との関連で理解しやすい）

(4)**汚らわしい**と「汚い」の違いに注意する。

(5)**良い**は、平仮名で書くのが一般的。

第8回

な形容詞と副詞その他を学習する。意味が理解しにくい語や読み方が難しく定着しにくい語があるので、読み方を例文とともにしっかり覚える。

［留意点］

(1)複数の訓読みがある漢字が多く難しいので、この回までに学習したものの復習をするとよい。

(2)副詞その他の**～難い**、**飽くまで**は現代では平仮名で書かれることも多く、**既に、及び、若しくは**は平仮名のほうが一般的。

(3)**月並み**は送り仮名に注意（Ｎ２で学習した「並木」は送り仮名を入れない）。

(4)**我が～、来る、～沿い**の読み方・意味・用法に注意。

第9回

第９～11回は、名詞を分野別に学習する。名詞は、意味が具体的で比較的理解しやすいが、意味の確認が必要な語もある。学習者にとって未習語も多いと思われるので、絵や例文を通して意味を確認しながら、読み方を中心に学習する。

［留意点］

(1)**網、綱、縄**は字形に注意。

(2)**善しあし**は「良し」にしない。

(3)**怒り**は「怒る（おこる）」の名詞形がないことの確認とともに、読みの定着を図る。

(4)**供**と「共」の使い方を間違えやすいので注意。

(5)**柄**の関連語の大柄、小柄は、「おおがら／こがらな人」の意では「大がら／小がら」と書くこともある。

(6)「利く」は複合語の**左利き**を学習する。

●広がる広げる漢字の知識　1　音の濁り

本書を学習する学習者なら、２語がつながった場合に連濁が起こることを経験的におおよそ知っていると思われる。ここでは、その正確なルールを学習する。

第10回

具体的なものが大部分だが、いくつか意味が似ていて区別が難しいものがある。

［留意点］

(1)**稲光、道端、矢印、井戸**の連濁に注意。ただし、端（はた）は本書では**道端**のみを扱う。

(2)**霧、霜、雷、渦、潮**は結びつく動詞とともに覚えるようにする。テストにある「(**潮**が) 満ちる」はＮ２で学習しているが、例文の学習のとき、「引く」の対語として確認しておいたほうがよい。

(3)**丘**と**峰**と**峠**、**跡**と「後」、**街**と「町」の意味の違い、**墓**と「暮」、**縁**と「緑」、**塊**と「魂[9]」の字形の違いに気をつける。

(4)**筋**は多義だが、例文で使用されている意味とストーリーの筋の２つをまずは押さえる。

(5)**頂**－頂く、**敷地**－敷く[1]、**踏切**－踏む[1]＋切るは、動詞とは意味が異なるので、注意させる。

第11回

この回で訓読みが終了する。

［留意点］

(1)**刃**と**刀**、**技**と「枝」、**暦**と「歴」の字形に注意。

(2)**影**と**陰**の意味の違いを理解する。多義でもあるので、注意。

(3)**公**、**手際**、**延べ**、**半端**、**趣**は、例文で意味の理解を図る。

(4)**残高**は、「残」が音読みだが、「売上高」「生産高」などの「～高」の使い方として、訓読みで学習する。濁ることに注意。

(5)**上**、**下**が作る語は「川**上**／川**下**」「**上**座／**下**座」「**上**半期／**下**半期」は押さえておきたい。このほか「**下**二けた（桁×）」なども学習者によっては導入してもよい。

(6)「更かす」は複合語の**夜更かし**を学習する。「夜」の読み方にも注意。

(7)**富**－富む[3]、**お釣り**－釣る[2]、**折**－折る、**果て**－果てる[4]は、動詞から単純に意味が導けないので、意味の違いの確認が必要。

(8)テストⅠ⑤はリストにない語の問題。例文の学習のとき、**下**半期の対語として確認しておいてもよい。

●広がる広げる漢字の知識　２　言葉の構成

第２部音読みに入る前に、熟語の構成と複合語の形成を学習する。『新完全マスター漢字　日本語能力試験Ｎ２』が学習済みの場合は、「熟語の構成」は復習となる。

熟語の構成は、ｅは語例が少なく、ｆは否定の漢字のどれがつくかが難しい。共に学習者に例を挙げさせたり作らせたりする練習は、注意が必要。クイズ２は、漢字はＮ２レベルで語としてはＮ１レベルの語や未習語が含まれており、学習者に考えさせることを意図している。

複合語については、どういう語で複合語が作れるかは、言語の慣習によるところもあるため、学習者に例を挙げさせたりする練習は注意が必要。

第２部　音読み

音読みは、造語力がある重要な漢字を１回にまとめ、それ以外はその漢字によって構成される主な語の品詞別に提出している。さらに名詞を構成する漢字は、「する」をつけて動詞となる漢字とそれ以外に分けている。学習は、「する」がつく名詞を作る漢字から始めて、途中に重要な漢字を挟んでいる。その後は、形容詞、副詞その他、名詞と進む。前半に重要な漢字が多く含まれており、意味理解が難しい回が続くが、ここを乗り越えることが、漢字力獲得の大きなかぎである。

音読みのポイントの一つは、正確な読み方の定着と字形の区別である。そのため各回に「読み方のポイント」を載せ、声部が共通するものの読み方の異同がまとめてある。その回で提示してもよいし、あるいは第30回まで学習してからまとめて整理してもよい。なお、声部が共通する文字としてまとめたものの中には、形声文字ではないものと音符が異なるものが一部含まれている。これらは、学習者の便宜の観点から同じグループに入れたものである。

音読みの漢字語の多くは２字の組み合わせであるため、一方の字が未提出の漢字語はその回のリストには載せていない（例：「歓」は第12回で学習するが、「声」は第25回で学習するため、「歓声」は第12回には載せておらず、第25回の「声」の欄に載せてある）。そのような他の回で学習する漢字語の一覧をWebで提供しているので、参考にされたい（URL：http://www.3anet.co.jp/ukky/shinkanzen_k_n1.html）。

第12回

第12回と第14～16回で、「する」をつけて動詞としても使われる名詞を中心に学習する。中でもこの回で扱っている漢字と語は、使用頻度の高いものである。ただし、「する」がつけられない語や、**退屈**のようにな形容詞としても使われるものも含まれている。

［留意点］

⑴学習のページⅠは、既習の和語の動詞と漢語の動詞の関係を理解する。和語はすべてＮ２レベル、漢語も「**納入**する」以外はＮ２レベルである。学習のページⅡは、答えの漢語はすべてＮ２レベルであり、「むかえる」などの和語動詞を手掛かりに推測して熟語を作る。

⑵「名詞＋する」の動詞には、自動詞になるもの、他動詞になるもの、自他両方に使われるもの（「縮小する」など）があるので、語ごとに確認する。

⑶**援助・応援・救援、採択・選択**は、意味と用法にも注意。

［読み方のポイント］

悟：共通声部（五）、五・語・**悟**はすべて「ゴ」であることを確認するとよい。以下の回の［読み方のポイント］も同様。なお、形声文字の声部と読み方の関係については、第17回の後の「広がる広げる漢字の知識　4　形声文字」で学習するので、ここで触れる場合は、確認を促す程度でよい。

第13回

造語力がある基本的な漢字（Ｎ１レベルまでの語が３つ以上あるもの）を学習する。語の数が多いだけでなく、Ｎ１レベルの語が多いので、第２部では学習者にとって一つの山である。だが、Ｎ２レベルの語が含まれる漢字、訓読みが既習の漢字も多いので、それらを手掛かりに読み方と意味を身につける。他の回の漢字と組み合わせるものも多く、ここでしっかり覚えることが後の学習につながる。なお、**拠**、**薦**は語が３語ないが、熟語の関係でこの回に入れてある。

［留意点］

⑴学習のページⅠは、⑤以外はＮ２レベルの語で導入するようになっている。

⑵**興**（「楽しむ」と「始まる、盛んになる」）、**謝**（「お礼を言う」「謝る」「断る」）、**推**（「推す」と「推測する」、ただし「推す」は本書では学習しない）、**素**（「もともと持っているもの」と「もとになるもの」）、**微**（「印」と「強制的に取る」）は、複数の意味に注意させる。**弁**は「話す」の意味の語を作ることも確認する。

⑶**源**（収入**源**など）、**策**（解決**策**など）、**視**（重要**視**など）は他の語について多くの新しい言葉を作り出す漢字。

⑷**拠**、**興**、**素**、**模**は２種の読みに注意。特に**興**は、「楽しむ」の意味は「キョウ」、「始まる、盛んになる」は「コウ」と、ほぼ規則的に対応する。

⑸**概要・概略**、**簡素・質素**、**謝絶**、**徴収**、**精密**は、意味と用法にも注意。

⑹テストⅢは一部訓読みの復習もある。

●広がる広げる漢字の知識　3　音の変化

『新完全マスター漢字　日本語能力試験Ｎ２』が学習済みの場合は、復習が中心となるが、ルールの定着はなかなか難しく、繰り返して学習することが必要である。クイズ１はすべて既習漢字だが、未習語が含まれており、学習者に考えさせることを意図している。

第14回

主にＮ１レベルの語を作る漢字であるため、第12回に比べると難しいが、複数の熟語を作るものが多く、基本的な漢字である。

［留意点］

⑴学習のページⅠは和語動詞との対応を理解し、読み方をしっかり覚える。学習のページⅡは対語の関係を使って意味を理解する。

⑵「する」がつく名詞は、技術**革新**、**抗議**行動、学費**免除**など、複合語を作る語が多い。

⑶**後悔**、**勘定**は読み方に注意。

⑷**革新・革命・改革・変革**、**破棄・放棄・廃棄**、**反抗・抵抗**は、意味と用法にも注意。

第15回

第15回と第16回で学習する漢字の熟語は、ほとんどがＮ１レベルである。この回は、その中でも複数の熟語や日常よく使われる熟語を構成する漢字を学習する。学習者にとっては未習語が多いと思われるので、語の意味とともに読み方を覚える。

［留意点］

⑴学習のページⅠは和語動詞を手掛かりにして意味を理解し、読み方をしっかり覚える。学習のページⅡは、Ⅰよりも使用頻度が高い語の問題で、名詞と結びつけて覚えるようにする。

⑵学習のページⅢはどのような複合語が作られるかの理解を意図している。
⑶**弁償・補償**、**補償**・保障13・保証は、意味と用法にも注意。
⑷**交代**は、本書では「交替」（N２で学習済み）と区別していない。**寄贈**は「キソウ」とも読むが、本書では「キゾウ」のみとした。
［読み方のポイント］
勧：共通声部（雚）、**勧**・観・歓12は「カン」、権のみが「ケン」。

第16回

ほとんどが１漢字１熟語なので、語として学習するのが効率的。ただし、**還**、**繁**は３つ以上、**抑**、**励**、**裂**は複数の語を作る。第15回以上に未習語が多いと思われるので、丁寧に意味を確認する。
［留意点］
⑴学習のページⅠは、和語動詞を手掛かりに意味を理解して、読み方を確認する。和語動詞は、②「はばむ」、④「はげます」の復習が必要な場合もあろう。
⑵学習のページⅡは、組み合わせる③「規制」、④「内部」がN２では学習していないので、意味が分かっているかの確認が必要な場合がある。
⑶**辛抱**（濁る）に注意。**暴**は、「あばれる」の意味では「ボウ」、「あばく」の意味では「バク」とほぼ規則的に対応するが、「あばく」の意味では**暴露**を押さえるだけでよいので、あえて触れなくてもよい。
⑷**還**（環×）は字形に注意。

第17回

第18回と併せて、な形容詞として使われる語を構成する漢字を学習する。この回は、主に人に関係する（人や人の部分・行為を形容する、心情を表す）形容詞を中心に、プラスイメージの言葉（Ⅰ）、マイナス・中立イメージの言葉（Ⅱ）に分けて提出した。ただし、**頑**のように**頑固**・**頑丈**と両方で使われるものもある。また、他の品詞の語を構成する漢字も含まれている。
［留意点］
⑴意味が難しいものが多いので、意味を押さえる。プラスとマイナスに分けてあるが、反対語（**敏感**と**鈍感**など）は対応させて教える。
⑵接尾辞「〜さ」を伴って名詞化する語が多いが、つけられないものもある（**不吉**など）。
⑶**慎重**は、読み方に注意。
⑷**軽べつ**は「けいべつ」と平仮名表記されることが多い。**駄**の「駄目」は、「〜したらだめだ」「結果はだめだった」の意味のときは平仮名表記が一般的であるため、本書では取り上げていない。**吉**は「キチ」と読む語は本書では扱わない。
［読み方のポイント］
謙：共通声部（兼）、兼15・嫌・**謙**すべて「ケン」。ただし、嫌の音読み語で学習するのは、「機嫌」のみで「ゲン」と濁る。

●広がる広げる漢字の知識　４　形声文字

第２部音読みの第12、15、17回の「読み方のポイント」で、共通声部を持つ漢字について触れており、また経験的にある程度の知識を持っている学習者もいると思われる。ここでは、読み方が同じになる場合と異なる場合があることを含めて、改めてルールを整理し、共通声部に注目する態度を養うことを目的とする。
クイズの漢字はすべて既習であるが、共通声部を持ち違う発音となる漢字の例では、（ａ）の「請25」、（ｂ）の「疲19」、（ｃ）の「眼19」がこの時点では未習である。

第18回

主に判断・評価を表すな形容詞と副詞を構成する漢字を学習する。学習する漢字の数と語の数が多いので、必要に応じて例文などの提示を工夫されたい。
［留意点］
⑴学習のページⅢは第17回で提出されたものも含まれている。
⑵**驚異**、**抽象**はな形容詞としては「〜的」が必要。**過剰**は、複合語を作ることも多い（**過剰**生産など）。
⑶副詞は「に・と」が必要なものと不要なものがあるので、語の形にも注意させる。
⑷**奇数**は、対語の偶数も確認するとよい。
⑸**肝心**（濁る）、**貴重**、**細工**、**懸念**は読み方に注

意。

(6)**徐**（除×）は字形に注意。

(7)**膨張**は、膨脹も可だが、本書では一般的な表記の**膨張**のみとする。**邪魔**は、平仮名表記されることもある。

[読み方のポイント]

盛：共通声部（成）、成・**盛**（「ジョウ」とも）・誠[17]は「セイ」、城のみ「ジョウ」。

烈：共通声部（列）、列・**烈**・裂[16]は「レツ」、例のみ「レイ」。

第19回

第19～30回までは、主に名詞を構成する漢字を分野別に学習する。この回は、実生活に必要な語が多く、意味は比較的理解しやすい。

[留意点]

(1)学習のページⅠは実際の場面に即して、Ⅱは絵によって、語の理解と定着を図る。

(2)**患者**（濁る）、**下痢**は読み方に注意。

(3)**診察・診断・診療**は、意味と用法にも注意。

(4)**消耗**は、慣用的な読み方の「ショウモウ」のみ扱う。

[読み方のポイント]

娠：共通声部（辰）、振[14]・**娠**・震すべて「シン」。

胴：共通声部（同）、同・**胴**・銅は「ドウ」、筒のみ「トウ」。

疲：共通声部（皮）、皮・披[16]・**疲**は「ヒ」、波・破は「ハ」。

第20回

この回も生活に密着した語が中心だが、学習者にとっては未習と思われる語も含まれる。１漢字１語が多いので、絵を利用して、語の意味・読み方の定着を図る。

[留意点]

(1)「～**棟**」は、具体的に名詞を入れて確認する（研究**棟**などのほか、病**棟**も。テストに出題）。

(2)**天井**は濁るが、「ショウ」と読む語はないので、このまま語として覚えればよい。**扇子**は読み方に注意。**井**は「セイ」の読み方は本書では扱わない。

(3)テストのⅠ⑥、⑩、Ⅳｉは漢字リストにない語を出題しているが、読み方は難しくない。「官**邸**」は使用頻度の高い語。

[読み方のポイント]

荘：共通声部（壮）、壮[18]・**荘**・装（「ショウ」とも）すべて「ソウ」。

邸：共通声部（氐）、低・底[14]・抵[14]・**邸**すべて「テイ」。

第21回

意味が難しい名詞が多い（**貫録**、**体裁**、**面目**など）ので、学習のページだけでなく、必要に応じて例文を提示するなど、工夫されたい。

[留意点]

(1)**自己**は、さまざまな語と結びついて複合語を作るので、それらにも注意させる（**自己**紹介は既知の学習者も多いだろう）。また、**自己**・自分・自身・自我[14]の意味と用法の違いにも注意。

(2)複合語の**礼儀**正しい、親**孝行**なども、実際の使用例が多い。テストにも出題。

(3)**女房**、**相性**、**根性**（濁る）、**体裁**は、読み方に注意。

(4)**遇**（偶×）、**孝**（考×）、**墓**（募×、暮×、慕×）は、字形に注意。

(5)**休暇・余暇**、**郷土・故郷・郷里**は、意味と用法にも注意。

(6)**貫録**は、「禄」が表外字のため、この表記が一般的。**お辞儀**は平仮名表記が一般的。

[読み方のポイント]

忠：共通声部（中）、中・**忠**・衷[16]すべて「チュウ」。

第22回

[留意点]

(1)学習のページⅠは未習語が多いが、絵を見れば意味の確認は易しい。

(2)学習のページⅡの接辞はテストにも出題してあり、学習者の状況に応じて、さらにいろいろな言葉につけて応用練習をさせるとよい。

(3)**唯一**は読み方に注意。

(4)**箇所**、**括弧**、**途端**は平仮名表記されることが多い。**～遍**は平仮名表記が一般的。

[読み方のポイント]

緯：共通声部（韋）、偉・違・**緯**は「イ」、衛[13]のみ「エイ」。

紀：共通声部（己）、**紀**・記・起は「キ」、改は

「カイ」、己[21]は「コ」。
距：共通声部（巨）、巨・拒[15]・**距**すべて「キョ」。
遍：共通声部（扁）、偏[21]・**遍**・編すべて「ヘン」。

第23回

身近な語が多い一方、学習者にとって未習と思われる語もいくつか含まれる。

［留意点］

学習のページⅡは、学習者にとって身近な語を会話を通じて身につける。学習のページⅢは未知語が多いと思われるので、意味を確認する。

［読み方のポイント］

攻：共通声部（工）、工・功[12]・巧[18]・**攻**・紅・貢[12]すべて「コウ」。
旨：共通声部（旨）、**旨**・指・脂[19]すべて「シ」。
俳：共通声部（非）、非・悲は「ヒ」、**俳**・排[15]・輩[21]は「ハイ」。

第24回

ニュースや新聞でよく目にし、また耳にする言葉が多い。聞いても分かるように、読み方をしっかり覚える。

［留意点］

(1)**為**と**偽**は、共通声部を持ちながら読み方が違うので注意。
(2)**牲**（性×、姓×）、**堤**（提×）は、字形に注意。
(3)意味がよく似た言葉が多く、以下の言葉は意味と用法にも注意。**行為**・行動、**破壊**・**崩壊**、**群衆**・**群集**、**攻撃**・**襲撃**・**反撃**、**捜査**・**捜索**、**背景**・**背後**、**刑罰**・**処罰**。

［読み方のポイント］

犠：共通声部（義）、義・儀[21]・**犠**・議すべて「ギ」。
盲：共通声部（亡）、亡・忙[17]・望は「ボウ」、**盲**・網[22]は「モウ」。

第25回

［留意点］

(1)学習のページⅠを使って、近代国家の仕組みにかかわる語を学習する。学習者によっては、裁判制度や司法関係の語（裁判官、裁判員、検事、弁護士など）、地方自治などに拡張して学習することも可能である。
(2)**施**、**請**は熟語が多く、重要な漢字である。
(3)**天皇**は「オウ」が「ノウ」に変わる。皇（オウ）のほかの語は本書では扱わないので、このまま覚えることも可であるが、反応についても触れて、音の変化を確認するとよい。
(4)**郡**（群×）は、字形に注意。

［読み方のポイント］

申：共通声部（申）、**申**・神・紳[21]すべて「シン」。
侵：共通声部（⺔）、**侵**・浸[24]・寝すべて「シン」。
請：共通声部（青）、青・清・晴・精・静・**請**は「セイ」、情のみ「ジョウ」。
征：共通声部（正）、正（「ショウ」とも）・**征**・政・整は「セイ」、症・証は「ショウ」。
敵：共通声部（啇）、適・滴・摘[15]・**敵**すべて「テキ」。

第26回

［留意点］

(1)**穀物**は読み方に注意。
(2)**食糧**・食料は意味と用法にも注意。

［読み方のポイント］

栽：共通声部（𢦏）、裁[13]・載[23]・**栽**すべて「サイ」。
紡：共通声部（方）、方・放・訪・倣[16]は「ホウ」、坊・防・妨[16]・肪[19]・房[20]・**紡**は「ボウ」。
酪：共通声部（各）、各・格・閣[25]は「カク」、客は「キャク（カクとも）」、落・絡・**酪**は「ラク」、略は「リャク」。
幹：共通声部（干）、干[14]・刊・肝[18]・**幹**は「カン」、岸は「ガン」、軒は「ケン」。
掌：共通声部（尚）、尚[17]・**掌**・賞・償[15]は「ショウ」、常は「ジョウ」、党は「トウ」、堂は「ドウ」。
舗：共通声部（甫）、捕[24]・補・**舗**すべて「ホ」。

第27回

［留意点］

(1)学習のページⅠは「お金の流れ」を概観する。単に問題の語を読ませるだけでなく、図の中の「家計、投資、利子」などのN1レベルの語の読み方と意味、「公共団体、金融政策、金融機関、公共投資、労働力」などの複合語や接辞のついた語の読み方と意味も確認しておくとよい。学習者の状況によっては、流通、企業と労働者の関係、金融機関の仕組み等に発展させることも可能である。
(2)**融通**は、読み方に注意。
(3)**宣**（宜[18]×）は字形に注意。
(4)**織**は「ショク」の読み方は本書では扱わない。
［読み方のポイント］
倹：共通声部（㑒）、**倹**・剣[17]・険・検・験すべて「ケン」。
購：共通声部（冓）、構・講・**購**すべて「コウ」。
債：共通声部（責）、責・積・績は「セキ」、**債**のみ「サイ」。
組：共通声部（且）、阻[16]・祖・粗[18]・**組**は「ソ」、査は「サ」、宜[18]は「ギ」。
履：共通声部（复）、復・腹[28]・複・覆[24]は「フク」、**履**のみ「リ」。
浪：共通声部（良）、朗[23]・**浪**・廊[20]は「ロウ」、良のみ「リョウ」。

第28回

教科書を通じてはなかなか学習する機会がないと思われる語が多いが、実生活で使われる語も多い。学習のページⅠ、Ⅲの絵、Ⅱの文を通じて読み方と意味を学習する。
［留意点］
(1)**細胞**は、「ホウ」が濁るが、この漢字を使ったほかの語は本書では扱わないので、このまま覚えても可。［読み方のポイント］の項、参照。
(2)**海峡**（狭×、挟×）は字形に注意（海に関する語だが、偏は「山」）。
［読み方のポイント］
飼：共通声部（司）、司・詞・**飼**すべて「シ」。
星：共通声部（生）、生・姓・性・**星**・牲[24]はすべて「セイ」。「生」と「性」は「ショウ」の読み方も。
胞・**飽**：共通声部（包）、包・抱[16]・**胞**・砲[24]・**飽**はすべて「ホウ」。ただし、辛抱[16]、**細胞**が「ボウ」、鉄砲[24]が「ポウ」と変化するので、それも確認したほうがよい。
摩：共通声部（麻）、麻[19]・**摩**・魔[18]はすべて「マ」。

第29回

［留意点］
(1)「ちょっと一休み」は、クイズとして楽しめばよく、学習が目的ではない。②「正体」はＮ１レベルの語で、読み方と意味を確認したほうがよい。
(2)**道徳**・**倫理**の意味と用法に注意。公衆**道徳**、政治**倫理**などの複合語にも触れておくとよい。
(3)**封建**、**遺言**は読み方に注意。**遺言**は法律用語では「イゴン」だが、本書では扱わない。
(4)**憤慨**（噴[28]×、概[13]×）、**孤**（弧[22]×）、**宗**・**崇**は字形に注意。
(5)**喪失**・紛失[25]、**風俗**・習慣・慣習、**民俗**・民族は、意味と用法にも注意。
(6)**黄金**（コン×）は、黄は「コウ」の読み方は本書では扱わず、また金（コン）のほかの語も扱わないので、このまま覚えるのも可。**仰**は、「ギョウ」の読み方は本書では扱わない。
(7)**沈殿**は、「澱」が表外字なので、この表記を用いる。

第30回

［留意点］
(1)学習のページⅠは、IT関連で必要な語を取り上げた。既に日常生活で使っている学習者も多いだろうが、英語で済ませていることもあるので、読み方と意味を定着させるとともに、パソコン使用時に語が分かるようにする。③「圧縮」は12回で既習、②「容量」はＮ２で学習していないが、音読みの組み合わせで読ませたい。ここで取り上げた語のほかに、既習の「検索[23]」、「消去」（Ｎ１レベル語でＮ２では学習していない）なども確認するとよい。
(2)学習のページⅢは、名詞と動詞の結びつきについて、学習者の母語との違いに注意させる。**幕**は、膜[28]との違いにも注意。
(3)**趣旨**・要旨[23]は意味と用法にも注意。
［読み方のポイント］
怪：共通声部（圣）、径[22]・経・軽[17]は「ケイ」、**怪**のみ「カイ」。
監、**鑑**：共通声部（監）、**監**・艦[25]・**鑑**は「カン」、濫[16]のみ「ラン」。
彩：共通声部（采）、**彩**・採・菜すべて「サイ」。

拍：共通声部（白）、白・**拍**・泊・迫[25]・舶[26]すべて「ハク」。

雰：共通声部（分）、粉[20]・紛[25]・**雰**は「フン」、分は「ブン（フンも）」、貧[17]は「ヒン（ビンも）」、盆[28]は「ボン」。

魅：共通声部（未）、未・味・**魅**すべて「ミ」。

第31回

常用漢字表付表にあるいわゆる熟字訓の言葉の中で、Ｎ１レベルの語と、漢字がＮ１レベルであるためにＮ２では学習しなかったものを学習する。

[留意点]

(1)「叔」「伯」「撲」「凹」「凸」は特別な読み方の語としてのみ提示し、音訓は本書では扱わない。

(2)**叔父・伯父**、**叔母・伯母**は読み方のみ確認すればよく、その使い分けまでは必ずしも習得する必要はない。

(3)語としては、**玄人**、**素人**、**心地**、**名残**、**為替**、**差し支える**が難しいので、例文とともに意味を確認する。

(4)**心地**は、動詞マス形の「ます」を除いた部分と結びついて「乗り**心地**」などの語を作ること、その際連濁が生じることに注意させる。

(5)学習のページⅠの「**玄人**―プロ」「**素人**―アマチュア」は、意味として必ずしも同じではないので、用例を示して確認したほうがよい。

第３部　力試し

模擬問題

第４回[6]、[9]、[11]、第５回[6]、[7]は、漢字リストにはない語で、応用力を問う問題である。いずれも使用頻度が高い語が選んである。

チャレンジ　漢字の意味

複数の意味を持つ漢字がどの意味で使われているかを問う問題と、漢字の意味だけからは熟語の意味が分かりにくい語の意味を問う問題である。前者は、漢字が持つ複数の意味を覚えるというより、漢字の意味に注意を向ける態度を養うことを目的とする。後者は、推測に使える手掛かりをできるだけ多く利用できるように、文脈にも注意を向ける態度を養うことを目的とする。

チャレンジ　読解

実際の言語活動で漢字力を生かすことを意図した練習である。日本語の文章では、内容語の多くに漢字が含まれ、漢字語（特に熟語）がキーワードになることが多い。読むことが苦手な学習者は、文章の表層の言葉を一つ一つ追って読むことに多くの注意を割かれて、全体としてポイントがつかめないことが多い。この練習では、見出しと冒頭の部分で文章のテーマに見当をつけ、それを手掛かりにキーワードを見付けて全体の意味を大きくとらえる読み方を経験することを目的にしている。

参考文献

金田一京助・山田忠雄・柴田武・酒井憲二・倉持保男・山田明雄（編）（1997）『新明解国語辞典　第五版』三省堂
国際交流基金・日本国際教育支援協会（編）（2002）『日本語能力試験 出題基準　改訂版』凡人社
白川静（2003）『常用字解』平凡社
武部良明（編）（1992）『現代国語表記辞典　第二版』三省堂

回	語		他の回で学習する関連語	関連語・複合語・その他 （本書では扱っていない。（Ｎ２）とあるものは『新完全マスター漢字　日本語能力試験Ｎ２』で学習）
1	3	**沿う**	～沿い 8	
	5	**酔う**		酔っ払い
	12	**扱う**		扱い、取り扱う、取扱い
	19	**吐く**		吐きけ
	25	**響く**		響き
	28	**稼ぐ**		共稼ぎ
	29	**騒ぐ**	騒がしい 7	騒ぎ
	34	**励ます**	励む 5	
	35	**繰り返す**		引っ繰り返す、引っ繰り返る
	41	**踏む**	踏まえる 6　踏切 10	踏み込む
	42	**恨む**		恨み
	43	**縮む**		縮まる
	44	**悔やむ**	悔しい 7	
	45	**膨らむ**		膨れる
2	2	**釣る**		釣り合う
	4	**振る**	身振り 9	振り向く、振り返る、振り仮名、振り出し
	7	**盛る**		盛り上がる、目盛り
	10	**飾る**		飾り、着飾る、首飾り
	33	**訴える**		訴え
	35	**掛ける**		掛け～、～掛け、腰掛ける、出掛ける、心掛ける、仕掛ける、手掛ける、お出掛け、思い掛けない、腰掛け、心掛け、仕掛け、手掛かり
	40	**焦げる**		焦げ茶
	43	**慌てる**	慌ただしい 7	
	46	**兼ねる**		気兼ね
	49	**締める**		締め切る、締め切り
	50	**攻める**		攻め
	53	**勧める**		勧め
	54	**眺める**		眺め
	56	**揺れる**	揺らぐ 5	揺さぶる
3	7	**恥じらう**	恥じる 4、恥 9	恥ずかしい（Ｎ２）
	18	**逃す**		見逃す
	21	**志す**	志 9	
	22	**明かす**		明ける（Ｎ２）
	23	**生かす**		生きる（Ｎ２）
	24	**抜かす**		抜く（Ｎ２）、抜ける（Ｎ２）

	25	**生やす**		生える（N２）
	31	**尊ぶ**	尊い 7	
	33	**富む**	富 11	
	35	**歩む**		歩み
	38	**恵む**		恵み、恵まれる（N２）
	40	**危ぶむ**	危うい 7	
4	3	**煙る**		煙（N２）、煙い（N２）、煙たい
	10	**群がる**		群れ（N２）
	12	**交わる**		交じる
	14	**強いる**		強いて
	16	**恥じる**	恥じらう 3、恥 9	恥ずかしい（N２）
	17	**重んじる**		重い（N２）
	20	**試みる**		試み
	22	**絶える**		絶えず（N２）、途絶える
	24	**構える**		構え、構う（N２）
	35	**果てる**	果て 11	果たす（N２）
	40	**値する**	値 11	
5	1	**添う**	添える 6	
	10	**懐く**	懐かしい 7	
	14	**継ぐ**		受け継ぐ
	16	**揺らぐ**	揺れる 2	揺さぶる
	22	**催す**		催し
	24	**尽くす**	尽きる 6	
	29	**励む**	励ます 1	
	33	**惜しむ**	惜しい 7	
	34	**織る**	織物 9	
	35	**凝る**		凝らす
	37	**漏る**		漏れる
6	4	**粘る**		粘り
	6	**誇る**		誇り
	16	**取り締まる**		取り締まり、戸締まり
	17	**尽きる**	尽くす 5	
	19	**滅びる**		滅ぶ
	23	**据える**		据え付ける
	24	**添える**	添う 5	
	30	**控える**		控室
	32	**踏まえる**	踏む 1	
	33	**駆ける**		駆け足
	38	**緩める**	緩い 7、緩やかな 8	
	41	**紛れる**	紛らわしい 7	

7	1	**良い**		良し
	7	**緩い**	緩める [6]、緩やかな [8]	
	8	**尊い**	尊ぶ [3]	
	12	**危うい**	危ぶむ [3]	危ない（N２）
	13	**惜しい**	惜しむ [5]	
	17	**悔しい**	悔やむ [1]	
	23	**騒がしい**	騒ぐ [1]	
	24	**懐かしい**	懐く [5]	
	26	**甚だしい**	甚だ [8]	
	27	**華々しい**	華やかな [8]	
	29	**慌ただしい**	慌てる [2]	
	31	**紛らわしい**	紛れる [6]	
8	6	**盛んな**	盛り [11]	
	9	**細やかな**		細かい（N２）
	13	**華やかな**	華々しい [7]	
	14	**緩やかな**	緩める [6]、緩い [7]	
	15	**清らかな**		清い（N２）
	18	**月並みな**		並（並み）（N２）、軒並み
	20	**我が〜**	我々 [9]	
	23	**〜沿い**	沿う [1]	
	28	**甚だ**	甚だしい [7]	
	34	**並びに**		並ぶ（N２）
9	21	**我々**	我が〜 [8]	
	29	**織物**	織る [5]	
	30	**柄**		間柄、事柄、人柄
	42	**身振り**	振る [2]	
	43	**恥**	恥じらう [3]、恥じる [4]	恥ずかしい（N２）
	46	**志**	志す [3]	
	48	**情け**		情けない
10	29	**筋**		大筋、一筋
	39	**跡**		跡継ぎ
	48	**敷地**		座敷、屋敷
	49	**踏切**	踏む [1]	
11	24	**富**	富む [3]	
	26	**値**	値する [4]	
	31	**小遣い**		〜遣い、仮名遣い、言葉遣い、 無駄遣い（17回　25駄に提示）
	39	**夜更かし**	更ける [4]	
	47	**果て**	果てる [4]	
	50	**盛り**	盛んな [8]	